The best preparation for
IELTS

The best preparation for IELTS `Listening`

지은이 김영균
펴낸이 임상진
펴낸곳 (주)넥서스

초판 1쇄 발행 2009년 5월 5일
초판 18쇄 발행 2018년 3월 15일

출판신고 1992년 4월 3일 제311-2002-2호
10880 경기도 파주시 지목로 5
Tel (02)330-5500 Fax (02)330-5555

ISBN 978-89-6000-498-6 18740

www.nexusbook.com

The IELTS

best preparation for

김영균 지음

Listening

넥서스

머리말

경험에 비춰봤을 때 학생들의 영어 실력 향상과 관련된 강의 중에서 강사가 학생들에게 조력을 해줄 수 있는 영역 중 가장 애매한 부분이 Listening이라고 생각합니다. Listening 실력을 향상시키기 위해 무조건 들어야 함에도 불구하고 이에 대한 방법을 학생들에게 적절히 제시하지 못해서 입장이 곤란해질 수 있기 때문입니다. Listening은 다른 영역과는 달리 특정 공부 방법이 없다고 생각합니다. 물론 IELTS가 다루고 있는 특이한 문제 유형들에 대한 섭렵과 이에 대한 연습을 지속적으로 해야 하는 것은 당연하지만 Listening 실력의 궁극적인 향상 자체에 미흡한 것 또한 사실입니다. Listening을 잘하기 위해 많이 들어야 한다는 것만큼 당연한 말이 없지만, 또 이 말처럼 부적절한 말도 없는 것 같습니다.

IELTS Listening이라고 해서 영어의 일반적인 Listening과 다르지는 않습니다. 하지만 그렇다고 해서 일반적인 Listening만 연습해서 시험을 준비할 수 있는 것도 아닙니다. 워낙 IELTS Listening이 타 시험과 다르기 때문에 이에 대한 대비를 철저히 해야 합니다. 문제의 유형 또는 영연방 국가들의 발음 등 학생들이 유의해야 하는 점들이 많습니다. 하지만 중장기적으로 시험에 대비하는 학생들이 이러한 IELTS 시험 문제들만 접하는 것은 무리가 있어 보입니다. 다양한 문화 매체를 이용한 Listening 공부에 많은 시간을 할애하는 것을 기본으로 하고 난 뒤 IELTS의 문제 풀이를 실력 확인 정도로 생각하는 것이 가장 적합해 보입니다.

저자의 입장에서도 IELTS Listening 문제에 대한 더 많은 연구가 필수이지만 학생들의 Listening 실력을 늘릴 수 있는 방법이 다양한 문제와 이에 대한 듣기 자료(Tape, CD 등)를 가능한 한 많이 제공하는 것 외에는 특별한 방법이 없다는 것이 일종의 딜레마입니다. 문제를 많이 다루어 보면서 IELTS 시험을 준비하는 학생들이 Listening 문제에 대한 이해도를 높이고, 실전의 감을 높여서 IELTS 시험에서 자신이 가지고 있는 Listening 실력을 최대한 발휘할 수 있도록 도움을 주는 것이 이 교재를 준비하는 저자의 목표이자 바람입니다.

마지막으로 본 교재의 번역과 자료 정리에 도움을 준 김윤진 씨와 박홍구 씨께 감사를 표합니다. 그리고 직장 생활뿐 아니라 아이들 교육을 위해 여념이 없는 아내, 열심히 공부하고 있는 소희, 현민이에게도 격려의 말을 덧붙입니다.

김영균(Young Kim)

Contents

이 책의 구성 및 활용법

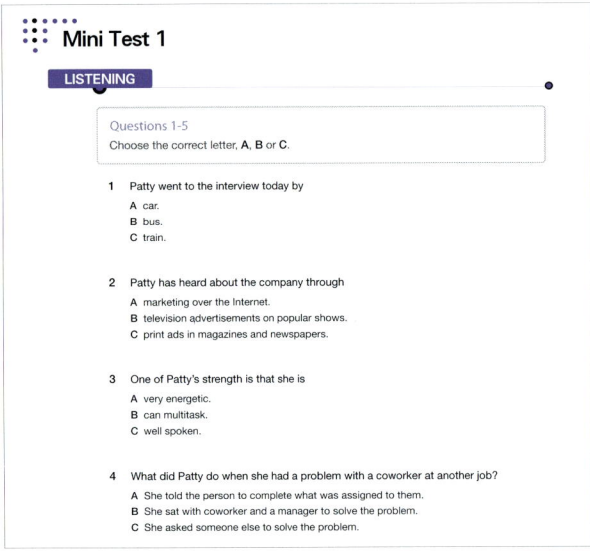

Part 1

- Part 1에서는 IELTS Listening의 여섯 가지 문제 유형에 대한 소개와 Mini Test를 풀어본다.

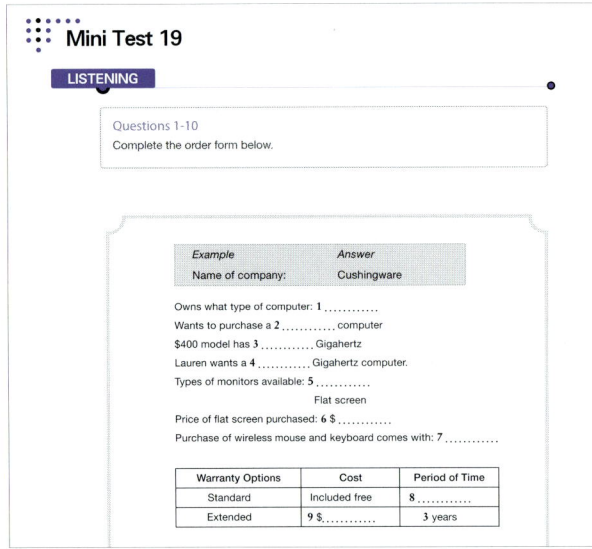

Part 2

- Part 2에서는 각 Section별 문제를 통해 보다 정확한 유형을 파악하고, Mini Test를 풀어본다.

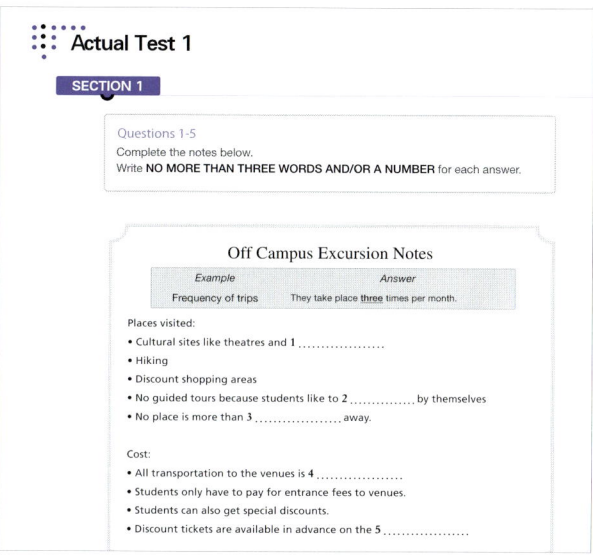

Part 3

• Part 3에서는 실전과 똑같은 형태의 Actual Test 5회분을 제공한다. 해설은 부록에 수록되어 있다.

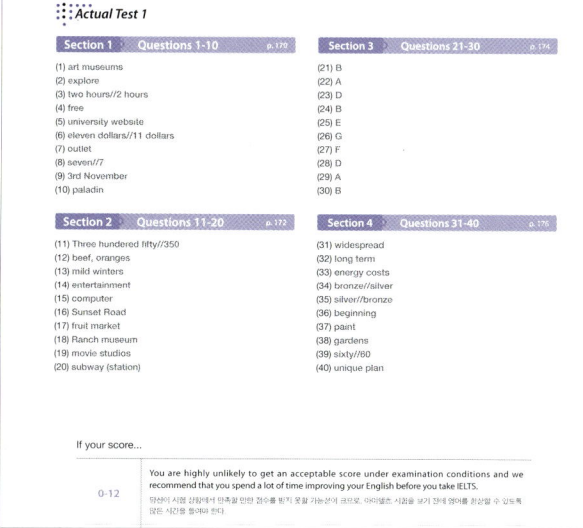

Answers

• Actual Test 5회분에 대한 스크립트와 해석을 확인할 수 있다.

이 책의 특징

1. IELTS Listening 시험에 나오는 유형들을 모두 여섯 가지로 분류해 놓고, 학생들이 쉽게 이해할 수 있게 했다.

2. '문제 유형별 공략 – Section별 공략 – Actual Test 5회분'으로 구분하여 문제 유형에서부터 각 Section별 유형 파악까지 자연스레 이어지게 하고 있다.

3. Mini Test를 이용한 기초 단계부터 응용 단계를 거쳐서 실전 문제까지 다루고 있어서 체계적인 학습이 가능하다.

4. 초급자들도 알기 쉽게 각 Mini Test마다 충실한 해설로 이해도를 높일 수 있게 하였다.

5. 실제 시험과 가장 유사한 영연방 국가의 발음 및 속도를 제공하여 Listening의 감을 잡을 수 있게 하였다.

6. 최신 경향의 Actual Test 5회분을 통해 초급자들의 실전 감각을 극대화시킬 수 있게 하였다.

7. 해설에서는 정답에 해당되는 내용이 정확히 지문의 어느 부분에 있는지를 밝혀주었다.

8. Actual Test 5회분의 스크립트와 해석을 따로 부록에 담아서 쉽게 본문 내용과 비교해 볼 수 있게 하였다.

효과적인 학습 방법

1. Part 1에서는 여섯 가지 문제 유형을 철저히 익힌다. 문제 유형에 대한 친숙도를 높이고 나면 스크립트에 대한 내용을 확실히 이해할 때까지 공부한다. 그리고 반복 청취를 통해 언제 들더라도 내용을 알 수 있도록 듣기 연습을 계속한다.

2. Part 2에서는 Section별 문제 유형을 철저히 파악한다. 혹시나 잘 모르는 문제 유형이 나왔다면 다시 한 번 Part 1의 여섯 가지 문제 유형을 살펴본다.

3. Part 3에서는 실제 IELTS 시험을 본다는 가정하에 문제를 푼다. 문제의 스크립트 연구와 듣기 연습을 충분히 한 뒤 다음 Actual Test를 푸는 것이 좋다. 이때 Actual Test를 한꺼번에 푸는 것은 도움이 되지 않는다. 오히려 한 개의 Test를 끝내고 나서 해당 Test에 대한 공부를 더 많이 하면 할수록 도움이 된다. 이 경우 공부를 한다는 것은 스크립트와 문제 정답을 확인하고, 이해하는 것이 하나이고 해당 스크립트에 대한 CD를 듣고 모두 파악하는 것까지를 포함한다.

5. Actual Test는 적당한 간격을 두고, 문제를 풀면서 자신의 실력을 가늠해 보고 점수의 향상 폭을 확인하는 것이 좋다. 이때 점수는 오르락내리락 하는 것이 보통이므로 한 개의 점수보다는 전체적으로 점수의 어느 범위 안에 있는지를 확인하고, 이 평균치가 자신의 실력에 대한 가늠치가 될 것이다.

이것이 IELTS(아이엘츠)다

● IELTS(아이엘츠)란?

IELTS(International English Language Testing System)는 영국 캠브리지 대학(University of Cambridge Local Examinations Syndicate), 영국 문화원(The British Council) 그리고 호주대학 연합회인 IDP 산하 기관 IELTS Australia가 공동 개발, 주관하는 국제적인 영어 능력 평가 시험입니다.

IELTS는 미국, 영연방 국가(영국, 호주, 뉴질랜드, 캐나다 등)로의 유학이나 이민, 취업 등을 희망하는 응시자의 영어실력을 평가하는 시험으로 미국, 영국, 호주, 뉴질랜드, 캐나다, 유럽 및 아시아 영어권 학교, 이민성과 주한 캐나다 대사관에서 인정되고 있습니다.

IELTS는 전세계 105개국, 230개의 IELTS 시험 센터(IDP 호주대학연합과 영국 문화원)에서 시행되고 있으 며 각 센터마다 시험 날짜나 횟수가 다릅니다. 우리나라에서는 IDP 호주대학연합(서울, 분당, 부산)과 영국 문 화원(서울)에서 주관하고 있습니다.

● 시험 구성

IELTS는 Listening, Reading, Writing, Speaking으로 구성됩니다.

구 분		시 간	문제수	시 간
Briefing		09:00 ~ 09:20		
Listening		09:20 ~ 10:00	40문항	40분 (답안 작성 시간 10분 포함)
Academic Reading	General Reading	10:05 ~ 11:05	40문항	60분
Academic Writing	General Writing	11:15 ~ 12:15	2문항	60분
Speaking		13:00 이후(약 15분)	1:1 인터뷰	약 15분

* Speaking의 경우 시험 당일 3~4시간 이상 걸리기도 하며, 다음 날이나 이틀 후에 치루기도 합니다.

IELTS는 크게 Academic Module과 General Module로 구분됩니다. 주로 Academic Module은 학사, 석사, 박사 등 학위 과정을 이수하기 위한 유학이나 미국 간호사, 미국 수의사, 호주, 뉴질랜드, 캐나다 간호사 등 전문직 취업을 목적으로 할 때 필요하고, General Module은 영국, 호주, 캐나다, 뉴질랜드 이민 등을 목 적으로 할 때 필요하게 됩니다. Speaking과 Listening은 Module의 구분없이 공통 출제되고, Reading과 Writing은 Module에 따라 차이가 있습니다.

a) Listening

총 40문항으로 이루어져 있으며, 30분 동안 진행되고, 10분 동안 답을 적을 수 있는 시간이 주어집니다. 모두 4-Section으로 이루어져 있습니다. Section 1~2는 일상생활에 관한 주제로 구성되어 교통, 여행 예약, 주택 임대, 학생 서비스, 대학 시설, 직업 등의 주제에 대한 대화 및 설명 내용입니다. Section 3~4는 좀 더 난이도가 높은 강연이나 연구 과제에 관하여 교수와 학생들 간의 대화 등이 보통 2~4명의 대화로 이루어집니다. 문항들은 표나 테이블의 완성 및 연결하기, 문장 완성, 요약, 다항식 선택 등의 유형들로 이루어집니다.

b) Reading

이 영역 역시 40문항으로 이루어져 있으며, 여기서는 Academic Module과 General Module로 나누어집니다. 각 Part별로 3개의 Passage로 이루어져 있으며, Listening과 같이 답을 옮겨 적는 시간이 따로 주어지지 않고 60분 동안 진행됩니다.

Academic Module의 경우 잡지, 저널 등에서 발췌한 고급 지문으로 이루어져 있습니다. 또한 수험자가 후에 대학이나 대학원 과정에서 배우게 될 주제와, 최근에 부각되는 Issue를 다루고 있는 것이 특징입니다. 논리적인 논쟁의 글과 그림, 도형, 그래프, 삽화를 통해 설명되는 본문이 출제된다는 것이 General Module과의 또 다른 차이입니다.

General Reading의 경우 게시문, 광고, 공식 서류, 책자, 신문, 카탈로그, 안내 전단, 시간표, 책과 잡지에서 발췌한 지문으로 이루어져 있습니다. 첫 번째 Passage는 사회생활에 필요한 주제와 관련 있으며, 일상생활에서 정보를 이해하고 전달하는 능력을 평가하는 데 초점을 맞추고 있습니다. 두 번째 Passage는 예를 들면, 학습 과정이나 복지 시설을 이용할 때 필요한 것 등 학습 생활에 필요한 점에 초점을 둔 문제들이 출제됩니다. 세 번째 Passage는 논쟁적인 주제보다는 묘사적, 서술적인 주제들이 출제되는 것이 특징입니다.

c) Writing

Writing 역시 Academic Module과 General Module로 나누어집니다. 각 유형별로 두 가지 문제로 구성되어 있고, 총 60분 동안 진행됩니다.

첫 번째 문제는 기본 150단어 이상으로 작성하며, General Module은 요구, 불만, 제안 등의 편지 쓰기 문제가 출제되며, Academic Module은 그래프, 도표, 테이블에 제시된 정보를 이용하여 데이터를 비교, 분석하고 그러한 데이터에 이르게 한 과정에 대해 설명하는 부분입니다.

두 번째 문제는 기본 250자 이상으로 작성하며, General Module과 Academic Module 모두 제시된 특정 문제나 논의에 대한 문제 해결 방법 제시, 방법과 의견에 대한 타당성 제시, 상대방 설득 등의 능력을 봅니다. 이 영역의 주제들은 특정 전공과는 관계없는 일반적인 관심사이며, Essay나 보고서의 형식으로 논술하는 문제입니다.

d) Speaking

이 영역은 시험관과 일대일 인터뷰로 이루어집니다. 응시자는 간단한 질문에 답하고, 시험관이 주는 주제에 따라 정확한 답변을 요하는 시험입니다. Speaking 시험은 다음과 같은 단계로 이루어집니다.

- 1단계는 취미, 고향, 음식, 가족 등에 관한 친숙한 주제에 대해서 질문합니다.
- 2단계는 Topic Card를 주고 거기에 적힌 일정한 주제에 대해 1~2분간 Presentation을 한 후, 그 주제에 관한 몇 가지 질문에 대답하도록 합니다.
- 3단계는 2단계에서 주어졌던 주제에 관해서 시험관과 함께 좀 더 심층적인 토론을 하게 됩니다.
  총 12분~15분 사이에 IELTS Speaking 시험이 이루어지게 됩니다.

● 시험 접수 및 점수 확인

1. 시험 접수는 영국 문화원과 호주 IDP 교육에서 가능하며 지역별로 서울(광화문, 강남), 분당, 부산 세 곳에서 가능하고, 응시 제한은 따로 없습니다.
2. 시험 접수는 수시로 가능하지만 시험일로부터 2주 전 금요일에 해당 시험을 마감합니다. 최근에는 응시생이 많아 추가 접수를 받기도 하므로 접수 일정을 영국 문화원이나 호주 IDP 교육 웹사이트에서 수시로 확인하는 것이 좋습니다.
3. 시험일 변경이나 취소 신청은 시험 5주 전 금요일까지 할 수 있으며 1회에 한합니다. 연기할 경우 18,000원의 수수료가 부과되며, 취소할 경우에는 접수비의 75%만을 환불 받을 수 있습니다.
4. 시험 장소는 시험일로부터 2~3일 전에 시험 접수한 센터 홈페이지에서 확인할 수 있습니다.
5. 시험 당일에는 반드시 신분증(원서에 기입한대로 여권 또는 주민등록증, 운전면허증)을 지참하고 시작 30분 전까지 입실해야 합니다. 시험장에는 신분증 외에 가방, 필기구, 사전 등 어떠한 것도 휴대할 수 없습니다.
6. 시험 결과는 직접 받을 경우 2주 후 금요일까지, 우편으로 받을 경우 2주 이상 지난 후에 직접 받아볼 수 있습니다.
7. 성적표 재발급은 해당 센터를 통해 받을 수 있습니다.
8. 시험 성적의 유효기간은 보통 2년이지만, 각 학교나 기관에 따라서 그 이상 유효한 경우도 있습니다.

● 점수대별 능력 차이

IELTS는 네 영역 각각의 점수가 Band 1~Band 9로 0.5점 단위로 성적이 매겨지며 이 Band들의 평균은 Overall Band로 표시되고, 이것이 응시자의 성적에 나타납니다.

※ IELTS에서 점수가 가지는 의미를 쉽게 경험적으로 말해보면 아래와 같습니다.

1점에서 9점이 있는데 모국어로 영어를 쓰는 사람이 예를 들어 Speaking 9점이 나오는 것은 당연하므로 이를 제외한다면 우리나라 학생은 1점에서 8점까지를 원칙으로 보면 됩니다. 이 중에서 8점을 받는 사람들은 일반인이 볼 때 거의 원어민 수준의 실력을 가지고 있다고 느껴질 정도의 전문가이므로 이를 제외한다면 1점에서 7점 정도를 가리킵니다. 이 중에서 가장 흔한 점수는 5~7점입니다. IELTS를 준비하는 사람은 대부분 이 범주에 속합니다.

▶ **5점**　이 점수는 영어 관문을 통과하는 점수로 여기면 될 것 같습니다. 초보자는 맞을 수 없는 점수지만 그렇다고 아주 어려운 점수는 아니어서 일반 대학생이 영어를 제법 했다고 한다면 이 정도는 나와야 합니다. 토익으로 치면 약 600점 정도, 토플은 PBT 487(CBT 163)점 정도입니다. 실제 현장에서 느끼는 것은 토익의 경우 실질적인 실력 향상보다는 단기간의 실전 유형 분석으로부터의 점수 향상이 있을 수 있어서 약간 점수를 높이 올려 잡았습니다. 우선 초보자는 이 점수를 첫 목표로 삼아야 하며, 이민 또는 유학을 준비

하고 있는 대상자 중에서 영어를 접하지 않고 있었던 사람이라면 우선 이 점수에 도달함을 기본으로 해야 합니다. 일반 수험자 중 거의 대부분의 초보 수험자들이 이 정도의 점수를 따지 못하는 경우가 많습니다.

*주의 IELTS는 네 가지 영역(Reading, Listening, Writing, Speaking)을 골고루 정확히 다루는데, 점수를 비교할 때 Speaking 영역은 토익시험에서는 빠져 있으므로 이를 유의해야 합니다. 예를 들어 5점을 맞을 수 있는 Speaking 실력은 자기 소개 정도는 실수를 범하더라도 할 수 있으며 대답을 전혀 못한다든지 알아듣지 못한다든지 하는 경우는 없습니다. 어려운 주제를 만났을 때 단어와 문법이 틀릴 수는 있지만 최소한 자신의 생각을 전달할 수 있어야 합니다. 일반적인 회화 Level이 초급 상이나 중급 초정도는 되어야 합니다.

▶ **6점**   유학을 준비하는 학생이라면 반드시 이 정도의 실력은 갖추어야 합니다. 여러분 주위에서 저 친구는 진짜 영어를 열심히 한다는 정도의 이야기를 들을 수 있어야 합니다 미국권 학교라면 대부분 토플 PBT 550점을 요구하고 있습니다. 마찬가지로 IELTS에서도 6.0이상의 점수를 대부분의 학교들이 채택합니다. 6.0~6.5의 점수를 요구하는 학교가 가장 많고 일류 학교들은 간혹 7.0을 요구합니다. 만약 여러분이 공부에 상당히 진지한 학생이라면 이 점수에 도전해야 합니다. 거의 대부분의 학생은 이 범주에 들지 않습니다. 5점 이하의 학생들에게는 많은 노력이 가해져야 가능하다는 것을 명심해야 합니다.

또 6점 실력의 학생이라면 이제 당신은 영어가 무엇인지를 알고 있으며 어떻게 공부해야 하는지도 알고 있습니다. 5점의 학생이 6점이 되기가 아주 힘든 것처럼 6점 학생이 7점이 되는 것도 그만큼이나 힘들다고 생각하면 됩니다. 객관적인 1점의 차이를 시간으로 따진다면 6개월~1년 반 정도의 차이로 보여집니다. 절대로 포기하지 말고 다음 단계인 7점에 도전하도록 합시다. 하지만 7점은 아무에게나 허용하지 않는다는 것을 기억해야 합니다.

*주의 6점의 실력자는 Speaking에서 웬만한 질문에는 막히지 않습니다. 물론 일상 회화 정도의 질문과 대답은 쉽게 해결합니다. Listening도 제법 좋아서 원어민과의 회화 정도는 큰 부담이 없습니다. 간혹 문법적인 실수를 하지만 큰 맥락에는 지장이 없으며, 일반적으로 회화를 잘한다는 소리를 들을 수 있습니다. 일반적인 Level이 중급 이상이 되어야 합니다. 만약 여러분의 토익이 현재 760점인데 회화 학원에서의 Level이 중·중~중·상에 들지 못한다면 여러분의 Speaking 실력은 다른 부분에 비해 떨어진다고 생각하면 됩니다.

▶ **7점**   이 점수는 학생들 사이에서 최고라는 호칭을 들을 수 있는 정도가 됩니다. 이 점수대의 학생들 배경을 보면 대부분 1년 이상의 국외 체류 경험을 가지고 있습니다. 경험적으로 보면 1년~2년 사이가 가장 많은 것 같습니다. 네 가지 영역에서 모두 이 점수를 가지고 있다면 당신은 각 부분에 있어 일반적으로 최고의 실력자라고 할 수 있습니다. 혹시 이 점수 이상을 받는다면 아마도 외국에서 정상적인 학위(학사, 석사)를 따낼 수 있는 언어 실력의 기초는 갖추었다고 보여집니다.

*주의 간혹 토익 900점 또는 토플 CBT 250(PBT 600) 점수대의 학생 중 회화를 거의 못하는 경우가 있습니다. 이때 그 학생은 IELTS Speaking에서 기껏해야 5점대를 넘기기 힘듭니다. 7점의 학생들은 거의 최고의 회화를 구사합니다. 보통 논리력뿐만 아니라 원어민과도 대화를 주도할 정도가 됩니다. 어려운 주제에도 자신의 생각을 무리없이 전달합니다.

● IELTS/토플/토익 점수 비교표

상기의 표는 시험별 유형의 차이가 크므로 절대적인 기준이 될 수는 없으며, 각 시험 기관에서 일반적으로 인정하는 점수대별 영어 능력이라고 볼 수 있습니다.

IELTS	TOEFL			TOEIC	TEPS
	PBT	CBT	IBT		
9.0	677	300	120	990	953 ~
8.0	630~	269~	112~	960~	913~952
7.5	623~630	264~268	101~111	945~959	897~912
7.0	570~622	230~263	91~100	785~944	709~896
6.5	550~569	213~229	81~90	730~784	638~708
6.0	540~549	197~212	76~80	675~729	569~637
5.5	510~539	180~196	65~75	620~674	505~568
5.0	487~509	173~179	57~64	487~619	473~504

● 시험 전 & 시험 중 이것만은 명심하자.

1. 시험 입실 시 신분증을 확인할 때는 반드시 원서에 체크했던 신분증을 가지고 가야 합니다. 예를 들면 Passport에 체크했다면 반드시 여권을, National Identity Card에 체크했다면 주민등록증 또는 운전 면허증을 지참하여야 합니다.

2. Listening 시험으로 시작해서 Reading 시험이 끝날 때까지는 쉬는 시간이 없으므로 이점을 유의해야 합니다. 간혹 화장실에 가길 원하는 학생은 자신의 시험 시간을 할애하여야 하므로 불이익이 생길수 있습니다.

3. Speaking 시간은 시험 당일 공지되므로 반드시 시간 확인 후 그 시간보다 30분 전에는 대기해야 합니다. 간혹 앞사람이 Speaking 시험을 응시하지 않아 응시자의 시간이 앞당겨질 수도 있음을 유의해야 합니다.

4. Speaking 시험은 시험 당일 오후나 저녁 또는 다음 날에 치를 수도 있으므로, 시간과 페이스(pace)를 잘 유지해야 합니다.

5. 본인이 응시해야 하는 IELTS Module이 General인지 Academic인지 정확히 판단하고, 응시해야 하며 시험장에 도착했을 때도 이를 반드시 확인해야 합니다.

● 타 어학 시험에 비해 IELTS가 가지는 장점

1. IELTS는 다른 외국어 능력 시험과는 다르게 시험이 생겼을 때부터 학생들의 고른 Speaking 능력을 측정해오고 있습니다.

   Speaking Questionnaire들을 살펴보면 세 가지 부분으로 나누어졌으며, Part 1에서는 Casual Speaking 구사 능력을, Part 2에서는 각 사회, 문화, 학문 분야별 Topic Based된 Description을 요구하며 Part 3에서는 Part 2에서 나온 Topic에 대한 좀 더 심화된 질문들을 다루고 있어 학생들로 하여금 이민과 학업에서 필요한 실제적 Speaking Fluency를 준비하게끔 만들어져 있습니다. 따라서 많은 학생들이 진학을 위한 필수 점수인 Band Score 6.0을 목표로 학습했을 때 일반 영어회화 구사 능력보다 우월한 영어 구사 능력이 생깁니다.

2. Reading과 Listening의 합리성과 학문과의 연계성이라고 할 수 있습니다.

   토익은 일상생활과 business에 관한 용어들을 위주로 독해 문단과 Listening Situation이 주어지고 토플은 IELTS와 유사성을 보이는 Reading 혹은 Listening Situation을 가지고 있습니다. 하지만, IELTS의 경우 Reading 부분은 이민자들을 위한 General Module과 유학준비들을 위한 Academic Module을 따로 가지고 있어 목표가 다르고 영어의 쓰임이 다른 수험자들에게 효율적인 Target English를 제공하고 있습니다. 게다가 Academic Module의 경우 학생들이 진학을 해서 학습을 할 때 필요할 기본적인 언어적인 면과 학문 전반에 대한 배경 지식(Background Knowledge)를 배양해준다는 데 가장 큰 의의가 있습니다. 토플과 비교해봤을 때, 토플은 지나치게 몇몇 실제 전공 위주의 단어들과 국소적인 배경 지식들이 주를 이루고 있지만, IELTS의 경우에는 내용과 언어의 쓰임에 있어서 충실히 IELTS를 공부하고 간 학생들은 훗날 학업에 많은 도움을 얻게 됩니다. 게다가 질문의 유형 역시 단순한 사실적 이해보다는 주어진 Passage에 대한 정확한 이해와 논리력을 요구하는 문제가 많은 것이 큰 특징이라고 할 수 있습니다.

3. 토플과 토익과는 전혀 다른 IETLS Writing의 고유성입니다.

   Writing 역시 General Module과 Academic Module로 나눠져 있고 General Module은 이민준비자들이 현지에서 충분히 겪을 법한 상황의 Formal 그리고 Informal Letter를 쓰는 것이 특징입니다. Formal Letter를 써봄으로써 수험자들은 이민 생활에서의 적응과 발전에 큰 도움을 줄 것입니다. Academic Module의 특징은 Task 1의 Graph Writing입니다. 이 Writing을 통해 IELTS 시험은 수험자들에게 훗날 유학 생활에서 맞닥뜨리게 될 Academic한 통계치 분석 능력 등을 배양하게끔 하고 있습니다. 또한 토플과 유사한 형태를 보이는 Essay Writing은 토플 Essay의 단답적이고 틀에 박힌 형식을 지양하고 형식과 질문 역시 양론에 대해 균형적인 시각을 나타나게끔 유도하고 논제 안에서 문제 해결 과제를 주어 학생들로 하여금 스스로 현상에 관한 문제 해결 능력까지 배양시키고 있습니다. 따라서 IELTS는 General Module에서는 좀 더 실용적이고 현지 생활에 적응할 수 있는 영어를 배양시키고 있고, Academic Module에서는 학생의 실제 학업 수행을 위한 언어 준비 과정 또는 이 능력을 측정하는 시험이라고 할 수 있습니다.

Listening 시험의 구성

● Listening 시험 개요

Listening 시험은 총 4개의 Section으로 구성되어 있습니다. 총 30분 동안 테이프 내용을 듣고 이에 대한 내용이 끝나면 10분간의 시간이 더 주어집니다. 이 10분 동안 수험자들은 시험지에 표시해 놓았던 정답을 정답지에 옮겨 적어야 합니다. 따라서 약 40분 동안 Listening을 치르게 됩니다. 각 Section에서 약 10문제 정도를 다루며 총 40문제 정도 출제됩니다. 한 개의 Section이 두 개의 Part로 구분되어 있는 경우와 한 개의 Part만으로 구성되어 있는 경우가 있습니다. 두 개의 Part로 구분된 경우는 해당 문제를 읽을 수 있는 시간이 따로 주어집니다.

● IELTS Listening 시험 전 숙지 사항

1. IELTS Listening은 한 번밖에 들려주지 않으므로 테이프 내용을 잘 들어야 합니다. 그러므로 테이프에서 내용을 들려주기 전에 문제들을 미리 숙지하고 있어야 하며, 문제와 관련된 내용에 집중해야 합니다.
2. Listening의 문제 출제 진행 자체가 매우 빠르고 내용이 깁니다. 따라서 수험자들에게 주어진 문제를 읽는 시간(20~30초)을 잘 이용해야 합니다.
3. IELTS Listening은 주관식 문제가 있습니다. 따라서 문제 정답을 문제지에 빠르게 적는 것이 중요합니다. 또한 철자가 틀릴 경우 감점의 요인으로 작용하기도 합니다.
4. Listening이 끝난 후 10분 동안 정답지에 정답을 옮겨 적는 시간이 따로 주어집니다.
5. 틀린 문제에 대한 감점이 따로 있지 않으므로 정답을 모르더라도 정답지에 빈칸으로 비워두지 말고 정답을 예견해서 적어야 합니다.

● IELTS Listening 시험의 유의 사항

1. Section 1, 2 문제가 쉬울 것으로 생각하면 안됩니다. 간혹 Section 1, 2 문제가 어렵게 출제되는 경우, 크게 당황할 수 있으므로 조심해야 합니다. 또한 Section 1이 상대적으로 다른 Section보다 어려울 경우, 심리적으로 다른 Section에도 영향을 미칠 수 있습니다.
2. 문제의 지시 사항을 잘 읽어야 합니다. 특히 NO MORE THAN TWO/THREE WORDS 등의 단어 수를 제한한 문제는 더욱 조심해서 정답을 적어야 합니다.
3. 이름, 장소, 날짜, 주소, 전화번호뿐 아니라 특별히 숫자에도 주의를 기울여 들어야 합니다. 사람 철자 혹은 숫자 하나 때문에 문제를 틀리는 경우가 많기 때문입니다.

● IELTS 응시원서 작성 시 유의 사항

1. 신청서의 사진란에 반드시 사진(여권 사진 크기)을 붙이고, 다른 한 장은 클립으로 고정하여 제출한다. 두 장의 사진은 동일하여야 하며 사진이 없는 경우 시험 응시가 불가능하다.

2. 1번에 응시하고자 하는 날짜를 기입한다. 접수가 마감되지 않았음을 확인하고 응시하는 경우 응시 희망일을 하나만 기입한다. 우편 접수의 경우 마감 여부가 불확실할 때는 첫 번째 희망일을 기재하고 마감될 경우를 대비하여 두 번째 희망일까지 기입한다.

3. 2번, 4번의 이름은 한글과 영문 모두 기입하고, Family name과 Other name의 철자 및 띄어쓰기는 여권에 명시된 것과 동일해야 한다. 이름은 정확하게 써야 하며, 한 번 기입한 이름은 시험을 본 후에는 변경할 수 없으므로 유의해야 한다.

4. 5번 주소란은 한글로 작성하고, 우편 번호를 반드시 기입한다. 응시자에게는 이 주소로 성적표가 한 부만 발송되므로 정확하게 기입한다.

5. 6번 전화번호란에는 휴대 전화를 포함하여 주간에 연락 가능한 번호를 기입한다. 7번에는 본인이 매일 확인하는 이메일 주소를 기입한다. 일부 도메인의 경우 영국문화원의 이메일을 스팸 메일로 분류하여 자동 삭제하므로 이러한 기능의 설정 시 유의한다.

6. 8번에는 응시자의 생년월일을 적고, 9번에는 여자인 경우 F, 남자인 경우 M에 동그라미를 한다.

7. 10번에는 시험 당일 지참하는 신분증 번호를 기입한다. 즉 여권을 소지할 응시자는 여권 번호를, 주민등록증을 소지할 응시자는 주민등록번호를 기입한다.

8. 11번부터 15번까지는 원서에 첨부된 Code를 참조하여 작성한다.

9. 16번은 Academic 또는 General Training 중 하나를 선택한다.

10. 17번란에는 우리나라에서는 CB IELTS가 시행되지 않기 때문에 pen and paper test에 표시하면 된다.

11. 18번은 최근 2년 안에 IELTS를 치른 적이 있는 경우 반드시 작성한다. 2년 안에 시험을 본 적이 있으면 19번 Most recent IELTS test details란의 Centre name, Centre number, date를 정확히 기입한다.

12. 24번란은 IELTS 성적표를 보내고자 하는 대학의 부서, 대학교 명, 주소를 정확히 적는다. 또한 인터넷 성적 추가 발급 신청을 해야만 처리가 된다. 시험 후 2년 내에 추가로 발급을 신청하면 5개 학교나 기관은 무료로 발송해 준다(우편료는 별도이다).

13. 신청서는 빠짐없이 작성하고 작성 후 마지막 페이지의 제반 사항을 읽어 본 후 Signature란에 서명한다. 서명은 이 시험에 대한 제반 사항을 준수한다는 의미를 갖기 때문에 본인의 서명이 없는 원서는 접수되지 않는다.

● 자주 하는 질문들

1. 영국식 발음이 잘 들리지 않아요.

미국식 발음에 익숙한 수험자라면 충분히 미국식, 영국식 발음의 차이가 시험 성적에 영향을 미칠 수 있습니다. 이 경우에 오히려 초보자보다는 Listening의 미국식 발음에 익숙해져 있는 높은 레벨의 수험자에게 더 큰 영향을 미칠 수 있습니다. 영국식 발음에 약간의 적응 기간이 필요한데 2~3개월 정도 열심히 영국식 발음을 듣는다면, 발음 차이에 의한 문제는 어느 정도 해소될 것입니다.

2. 영국식, 미국식 Listening 공부가 다른가요?

초보자들이 간혹 묻는 질문입니다. 약간의 단어와 발음 외에는 큰 차이가 없습니다. 따라서 영국식 또는 미국식 Listening 공부가 따로 있다고 생각하는 것은 무리가 있습니다. 단지 IELTS 시험은 영연방 국가의 발음에 무게를 두므로 이 정도의 발음에 익숙해지는 어느 정도의 짧은 기간은 필요하지만 기본적으로 중장기적인 Listening 공부에서 이런 구분은 무의미합니다.

3. 무엇을 가지고 듣기 공부를 해야 하나요?

IELTS 문제 CD 혹은 Tape를 듣고 공부하는 것은 당연하지만 반드시 Listening 공부가 여기에 국한되어 있다고 생각해서는 안됩니다. 영어로 말하는 내용이라면 기본적으로 모든 것이 Listening 공부에 도움이 됩니다. 예를 들어 그것이 외국 영화이든 텔레비전에 나오는 드라마이든, 영어로 되어 있다면 최소한 Listening 기술을 향상하기 위한 자료가 됩니다. 다만 BBC, CNN 또는 다큐멘터리 채널 등을 시청하는 것이 영어 음악 프로를 시청하는 것보다 Listening 향상에 더 도움이 된다는 것입니다.

4. IELTS Listening 모의고사를 자주 치러야 하나요?

중장기적으로 Listening 실력을 향상시키기 위해서는 많은 시간 노력하고, 정기적으로 모의고사를 치는 것이 좋습니다. 예를 들어 열심히 듣기 공부를 하고 나서 한 3~4주 뒤에 한 번 모의고사를 쳐 본다면, 자신의 실력도 확인하고 문제에 대한 실전 감도 유지할 수 있을 것입니다.

5. 미국식, 영국식 단어 철자가 다른 경우는 어떻게 하나요?

단어 차이가 간혹 있는 단어들이 있는데 이는 매우 극소수입니다. 또한 미국식으로 단어를 표기했다고 해서 틀린 것이 아니므로 걱정하지 않아도 됩니다. 단지 영국식으로 발음이 될 때 미국식으로 발음하는 경우와 차이가 많이 나는 단어 같은 경우에는 문장의 이해에 영향을 미칠 수도 있으므로 주의를 요하는 것입니다. 하지만 따로 공부하는 것보다는 BBC 방송 등을 통해 자연스럽게 접하는 것이 가장 효율적입니다.

6. Listening 초보자인데 어느 정도 듣기 연습을 해야 하나요?

초보자인 경우, 최소한 3개월은 꾸준히 Listening 연습을 한 뒤 실력을 확인해 보는 노력을 해야 합니다. 초보자인 경우, 보통 3개월 정도 열심히 하고 나서 한 번씩 실력을 확인해 본다면 조금씩 향상되고 있다는 것을 발견할 것입니다. 이러한 노력을 최소한 1년 정도 지속한다면, 사람마다 차이는 있겠지만 중급 정도(5.5점)의 실력까지 도달할 수 있을 것입니다.

7. 나이가 많은 수험자인데 Listening 부분의 향상이 더딥니다.

간혹 나이가 많은 수험자들(50대 이상) 중 일부는 Listening 시험에서 유난히 어려움을 호소하는 경우가 많습니다. 나이가 IELTS 시험에 영향을 준다기보다는 수험자의 민첩성이 매우 중요하게 작용하므로 수험자의 반응에 대한 기동력을 요하는 시험이라고 할 수 있습니다. 매우 빠르게 단어를 받아 적고 하는 부분이 간혹 나이가 많거나 이러한 속도에 익숙하지 않은 나이가 많은 수험자에게 지장을 줄 수 있는 것이 사실이므로 민첩성을 높일 수 있도록 평소에 연습을 해야 합니다.

8. 문법 지식이 Listening 점수 결과에 영향을 미치나요?

네. 주관식으로 단어를 적어야 하는 문제에서 종종 수험자의 문법 지식이 정답에 영향을 미칠 수 있습니다. 예를 들어 문법 지식이 있는 수험자인 경우, 빈칸 채워 넣기에서 그 문제가 요구하는 형태(형용사 또는 명사 등)를 금방 알아차릴 수 있는 반면 문법이 약한 수험자는 Tape에서 비슷한 내용은 들었지만 정확한 답에서 약간씩 벗어나는 답을 적게 되어 감점되는 경우가 종종 있습니다.

9. 단어를 포함한 Reading 실력이 Listening에 영향을 미치나요?

Reading 실력이 당연히 Listening에 중요하기는 하지만 절대적인 부분은 아닙니다. 간혹 Reading 실력이 낮더라도 Listening 실력은 매우 높은 경우가 있는데, 이 경우는 소리 자체를 잘 알아듣는 수험자입니다. Listening을 많이 접하는 것이 Listening 점수에 가장 많은 영향을 끼칩니다. 따라서 Listening에 투자한 시간의 양이 Listening 실력 향상에 가장 중요하다고 여겨집니다.

10. 스크립트를 보지 않고 하는 Listening 공부와 스크립트를 보고 Listening 공부를 하는 것 중 어떤 것이 더 효율적일까요?

TV나 영화 시청처럼 스크립트 없이 Listening 연습을 하는 경우는 무작정 소리를 듣고 이해하는 반면 CD 혹은 Tape에 있는 스크립트 내용을 보면서 공부하는 경우에는 완전한 comprehension을 목표로 공부하는 경우입니다. 두 가지를 병행하는 것이 가장 좋습니다. 각각의 장단점이 있어서 두 가지를 같이 공부한다면 지루함도 없애고 각각의 단점도 보완할 수 있을 것입니다.

PART 1

● ●

문제 유형별 공략

IELTS Listening 시험에 나오는 문제는 다른 타 시험(토플, 텝스, 토익)과 그 유형이 상이하게 다르다. 우선 가장 큰 차이로는 대부분의 문제가 주관식으로 답을 직접 적어야 한다는 점과 녹음된 내용을 들으면서 문제를 풀어야 한다는 점이다. 이와 같이 특이한 IELTS Listening의 문제 유형 때문에 Listening 실력이 뛰어난 수험자라도 문제 형태를 미리 숙지하지 않으면 실력을 제대로 발휘할 수가 없다.

IELTS Listening 문제 유형을 Part 1에서 각각의 형태별로 살펴보자.

Chapter 1은 여섯 가지 문제 유형이다. Listening 문제는 Reading과 크게 다르지 않으므로 Reading 공부를 한 수험자라면 이 여섯 가지 문제 형태가 어렵게 느껴지지 않을 것이다. 다만 짧은 시간 안에 테이프를 들으면서 문제를 푼다는 정도의 차이만 있을 것이다.

Chapter 2는 Speaking에 나오는 인원수별 유형이다. Listening을 처음 경험하는 수험자라면 더더욱이 대화의 인원수에 따라 많은 차이를 느낄 것이다. 최대 3명까지 대화에 참여하며, 대부분은 1명 또는 2명으로 구성되어 있다.

Chapter 3은 문제 난이도별 유형이다. 문제 유형을 배우고, 대화 인원수별 문제를 다루어 보았지만 같은 유형과 같은 인원수일지라도 문제의 난이도가 다를 수 있기 때문이다. 문제 난이도를 조절하는 두 가지 방법이 있는데, 하나는 대화를 나누고 있는 화자들의 대화 속도이다. 아무리 쉬운 내용이라도 화자들이 빨리 말을 한다면 이해가 훨씬 어려울 수밖에 없다. 다른 하나는 대화 또는 정보의 수준에서 나오는 난이도의 차이이다. 예를 들면 어려운 어휘가 쓰여지고 문장 자체가 어려워서 스크립트를 보고도 잘 이해되지 않는 경우이다. 화자가 1명 또는 2명인 경우의 쉬운 문제와 어려운 문제를 각각 다루어 보자.

Chapter 1

여섯 가지 문제 유형

 Listening 문제 유형을 잘 살펴보는 것은 수험자의 성적과 직접적인 관계가 있다. 아무리 영어 Listening 실력이 좋더라도 특이한 IELTS Listening 시험의 유형을 모르고 시험을 치른다면 자기 실력의 50% 이하의 성적을 받을 수 있을 만큼 절대적이다. Listening에서 다루는 모든 문제를 여섯 가지 형태로 분류해 놓았으며, 이를 잘 이해한다면 최소한 문제가 요구하는 정답의 형태를 이해하느라 실전에서 시간을 뺏기지는 않을 것이다.

Unit 1 Multiple Choice

Unit 2 Completion

Unit 3 Matching

Unit 4 Classification

Unit 5 Labeling

Unit 6 Short Answer Questions

Overview

 Multiple Choice 문제는 수험자에게 가장 익숙한 문제로, 한 개의 답을 요구하는 경우(One Answer)와 두 개 이상의 답을 요구하는 경우(Multiple Answers)로 나뉜다.

1 One Answer

 각각의 문제에 한 개의 정답을 택하는 문제이다. Mini Test를 들으면서 5개의 문제를 풀어보자. Listening이 시작함과 동시에 문제를 읽는 것이 수험자 본인의 실력을 확인하는데 도움이 될 것이다.

▬● Tip 1
지시가 시작됨과 동시에 문제를 읽고, 5개 문제를 모두 이해하고 있어야 한다. 대화의 내용이 시작되기 전에 약간의 시간이 주어지므로 이를 적극 활용해야 한다.

▬● Tip 2
질문에 나오는 사람의 이름에 밑줄을 긋고, 대화를 들으면서 밑줄을 그은 사람이 누구인지를 먼저 확인해야 한다. 표시한 사람의 이름이 남자인지, 여자인지를 확인한다면 큰 도움이 될 것이다.

2 Multiple Answers

 문제를 읽고, 한 개의 정답이 아닌 두 개 이상의 정답을 골라야 한다. 이번에도 마찬가지로 지시를 듣기 시작함과 동시에 빠르게 문제의 내용을 읽고, 대화의 내용을 기다린다. 두 가지 이상의 정답을 들어야 하므로 보기에 나와 있는 내용을 꼼꼼히 확인해야 한다.

▬● Tip 1
대부분 정답에 해당되는 내용이 한 문장 안에 있으므로 한 문장을 놓치면 두 개의 정답을 놓치게 된다. 혹시 정답에 해당하는 두 개의 내용 중 한 개만 들었더라도 나머지 한 개는 추측해서 답을 고르도록 한다.

Mini Test 1

> ## Questions 1-5
> Choose the correct letter, **A**, **B** or **C**.

1 Patty went to the interview today by

   A car.

   B bus.

   C train.

2 Patty has heard about the company through

   A marketing over the Internet.

   B television advertisements on popular shows.

   C print ads in magazines and newspapers.

3 One of Patty's strength is that she is

   A very energetic.

   B can multitask.

   C well spoken.

4 What did Patty do when she had a problem with a coworker at another job?

   A She told the person to complete what was assigned to them.

   B She sat with coworker and a manager to solve the problem.

   C She asked someone else to solve the problem.

5 What is one idea Patty suggested to make the company better?

   A spend money for faster Internet access.

   B spend money to create new applications for the Internet.

   C spend money for more Internet advertisements.

Questions 1-5   **A, B** 또는 **C**를 고르시오.

1

Patty went to the interview today by A car. B bus. C train.	Patty는 오늘 ~로 면접을 보러 갔다. A 차 B 버스 C 기차

해설 by+교통 수단을 묻는 질문으로, 보기에 나와 있는 단어들을 잘 들어야 한다. train을 직접 언급했지만 were running on time으로 표현한 것을 빨리 답으로 알아채야 한다.

정답 C

2

Patty has heard about the company through A marketing over the Internet. B television advertisements on popular shows. C print ads in magazines and newspapers.	Patty는 ~을 통해 그 회사에 대해 들었다. A 인터넷의 마케팅을 통해서 B 인기있는 쇼의 텔레비전 광고를 통해서 C 잡지와 신문의 인쇄 광고를 통해서

해설 heard, company를 키워드로 들어야 한다. 보기 A의 marketing, B의 television advertisements, C의 print ads 중 대화에서 들리는 것이 정답이 된다. 본문의 online advertisements → marketing로 바꿔 말하고 있다.

정답 A

3

One of Patty's strength is that she is A very energetic. B can multitask. C well spoken.	Patty의 장점 중의 하나는 그녀가~ A 활동적이다. B 여러 가지 일을 동시에 처리할 수 있다. C 언변이 좋다.

해설 strength를 키워드로 들어야 한다. 본문의 handle many different tasks at once → multitask로 바꿔 말하고 있다. 여기에서 task는 일, 직무를 의미하며, spoken은 말씨가 ~한의 의미이다.

정답 B

4

What did Patty do when she had a problem with a coworker at another job? A She told the person to complete what was assigned to them. B She sat with a coworker and a manager to solve the problem. C She asked someone else to solve the problem.	Patty가 다른 직장에서 동료와 문제가 생겼을 때, 그녀는 무엇을 했는가? A 그녀는 그 사람에게 지정된 일을 끝내야 한다고 말했다. B 그녀는 문제를 해결하기 위해 동료와 과장과 같이 앉았다. C 그녀는 문제를 해결하기 위해 누군가에게 요청했다.

해설 have a problem, coworker를 키워드로 들어야 한다. 본문의 didn't work on her part more, then she would be replaced와 가장 가까운 의미의 말은 그 사람에게 주어진 일을 마치도록 말했다는 A이다.

정답 A

5

What is one idea Patty suggested to make the company better?

A spend money for faster Internet access.

B spend money to create new applications for the Internet.

C spend money for more Internet advertisements.

더 나은 회사를 만들기 위해 Patty가 제시한 방안은 무엇인가?

A 더 빠른 인터넷 접속을 위해 돈을 들여야 한다.

B 새로운 인터넷 응용 상품을 개발하기 위해 돈을 들여야 한다.

C 더 많은 인터넷 광고를 위해 돈을 들여야 한다.

해설 │ 들려주는 내용을 듣기 전에 미리 보기들을 읽고, 키워드를 찾아 표시를 해야 한다. A의 faster Internet access, B의 new applications for the Internet, C의 Internet advertisement를 키워드로 내용을 듣는다. 본문의 products that had to do with Internet technology와 가장 가까운 의미는 B이다. application은 컴퓨터 응용 프로그램을 의미한다.

정답 │ B

Patty	Hello, my name is Lorena Patty. I applied for the managerial position here.
Daniel	Yes, Patty, hello. Please, sit down. How was it getting here? Not too much trouble, I hope?
Patty	Oh, it was fine. **Q1** The trains were running on time today.
Daniel	That's good. Let me ask you this first: how did you hear about our company?
Patty	**Q2** I first heard about you through online advertisements on the Internet. I've seen them for a while. Actually, I really admire what the company does.
Daniel	Well, thank you so much for that. Now, could you name me one strength you have and one weakness?
Patty	**Q3** I am extremely organized and can handle many different tasks at once. Sometimes, though I am a little too honest criticizing others.
Daniel	This company certainly needs organized people. Tell me about a time you had a problem at work, and how you solved that problem.
Patty	I guess I can tell you about a project I was working on in a previous company. One of our team members wasn't contributing enough. I had to take that person aside and tell her firmly that the project was very important. **Q4** I told her that if she didn't work on her part more, then she would be replaced.
Daniel	I see. Sometimes situations come up like that. So, can I ask you then, if you were head of the company here, how would you make us more competitive?
Patty	Well, I would continue pushing our best brands, but also make sure money was being used to **Q5** research new products. Products that had to do with Internet technology, especially, would receive funding.
Daniel	OK, well, I think that's enough now. I'm glad that I got to talk to you.
Patty	Oh, the pleasure was mine. Thank you for considering me. I look forward to hearing from you.
Daniel	We will contact you by e-mail when we make our decision and then follow up with a phone call.
Patty	Sounds great. Thanks again.

Patty	안녕하세요. 저는 Lorena Patty입니다. 저는 여기 관리직에 지원했습니다.
Daniel	네, Patty. 안녕하세요. 앉으세요. 여기에 뭘 타고 오셨어요? 오는데 힘들지는 않았나요?
Patty	네. 괜찮았습니다. 오늘 기차가 제시간에 도착했어요.
Daniel	좋아요. 첫 번째 질문을 하겠습니다. 저희 회사를 어떻게 알게 되었나요?
Patty	인터넷 온라인 광고를 통해서 처음 알게 됐고, 얼마 동안 이 광고를 봤습니다. 사실 저는 회사가 하는 일을 동경합니다.
Daniel	그래요. 좋게 봐줘서 고맙습니다. 이제 자신의 장단점을 한가지씩 말해 보세요.
Patty	저는 꽤 계획적이어서 많은 과제를 한번에 처리할 수 있습니다. 하지만 때때로 다른 사람들을 평가할 때 너무 정직한 면이 있습니다.
Daniel	저희 회사는 확실히 계획적인 사람이 필요해요. 일을 하면서 문제가 있었던 때와 그 문제를 어떻게 해결했는지를 말해 보세요.
Patty	이전 회사에서 일했던 프로젝트에 관하여 말씀드리겠습니다. 저희 팀원 중 한 명이 열심히 일을 하지 않았습니다. 저는 그 사람을 따로 데리고 가서 진행하고 있는 프로젝트가 얼마나 중요한지를 강력히 말했습니다. 저는 그 사람에게 만약 자신의 임무를 더 열심히 하지 않는다면, 교체될 수 있다고 말했습니다.
Daniel	알겠습니다. 때때로 그와 같은 상황이 일어납니다. 그러면 당신이 이 회사의 사장이라면, 어떻게 저희 회사를 더욱 경쟁적으로 만들 수 있는지 물어봐도 될까요?
Patty	글쎄요. 저는 회사의 최상의 브랜드를 계속 밀겠습니다. 또한 돈은 새로운 상품을 연구하는데 반드시 사용하겠습니다. 특히 인터넷 기술과 관련있는 상품은 투자를 받을 것입니다.
Daniel	좋습니다. 이제 충분한 것 같습니다. 당신과 이야기하게 되어 기쁩니다.
Patty	네. 저 역시 즐거웠습니다. 저를 고려해 주셔서 감사합니다. 연락을 기다리겠습니다.
Daniel	결정을 내린 후, 이메일로 연락을 취하고 나서 전화를 드리겠습니다.
Patty	좋습니다. 다시 한번 감사드립니다.

apply for 지원하다, 신청하다　　**managerial** 관리의, 감독의　　**hear about** 정보를 얻다, 소식을 얻다　　**admire** 감탄하다, 탄복하다　　**name** ~을 말하다　　**strength** 강점, 장점　　**organized** 조직된, 계획된　　**task** 직무, 과제　　**at once** 동시에　　**criticize** 비평하다, 비난하다　　**contribute** 기여하다, ~의 도움이 되다　　**take a person aside** ~을 옆으로 데리고 가다　　**firmly** 확고하게, 단호하게　　**part** 몫, 역할　　**replace** 바꾸다, 대체하다　　**come up** 일어나다, 생기다　　**head** 사장, 우두머리　　**competitive** 경쟁의, 경쟁적인　　**be used to** ~에 익숙해져 있다　　**funding** 자금 제공, 융자　　**consider** 고려하다, 적당한지 생각하다　　**look forward to** ~을 기대하다, 고대하다　　**hear from** 연락을 받다, 소식을 듣다

LISTENING

Questions 1 and 2

Choose **TWO** letters **A-E**.

Which **TWO** groups of people are going to be invited to the English department banquet?

- A department faculty
- B building staff
- C students studying English
- D friends and relatives
- E the local community

Questions 3 and 4

Choose **TWO** letters **A-G**.

Which **TWO** products are something vegans never consume or eat?

- A avocados
- B peanuts
- C fruits
- D cheese
- E vegetables
- F eggs
- G soybeans

Question 5

Choose **TWO** letters **A-F**.

What **TWO** kinds of dishes will be served for those who do eat meat?

- A beef
- B pork
- C chicken
- D seafood
- E lamb
- F duck

Questions 1-2 **A-E** 중에서 2개 고르시오.

1-2

Which TWO groups of people are going to be invited to the English department banquet?

A department faculty
B building staff
C students studying English
D friends and relatives
E the local community

영어과 연회에 초대될 두 그룹은 무엇인가?

A 영어과 교직원
B 빌딩 직원들
C 영어를 공부하는 학생들
D 친구들과 친척들
E 지역 공동체

> **해설** 보기를 먼저 확인하고, 들려주는 대화에서 언급되는 단어가 정답이 된다. 이때 English department banquet를 키워드로 듣는다.
> **정답** A, C//C, A

Questions 3-4 **A-G** 중에서 2개 고르시오.

3-4

Which TWO products are something vegans never consume or eat?

A avocados
B peanuts
C fruits
D cheese
E vegetables
F eggs
G soybeans

완전 채식주의자들이 마시거나 먹지 않는 2가지 상품은 무엇인가?

A 아보카도
B 땅콩
C 과일
D 치즈
E 채소
F 계란
G 콩

> **해설** vegan, consume, eat을 키워드로, 들려주는 대화에서 언급되는 상품이 정답이 된다.
> **정답** D, F//F, D

Question 5 **A-F** 중에서 2개 고르시오.

5

What TWO kinds of dishes will be served for those who do eat meat?

A beef
B pork
C chicken
D seafood
E lamb
F duck

고기를 먹는 사람들에게 제공될 두 가지 종류의 음식은 무엇인가?

A 쇠고기
B 돼지고기
C 닭고기
D 해산물 요리
E 양고기
F 오리고기

> **해설** dishes, eat meat를 키워드로, 들려주는 대화에서 언급되는 음식이 정답이 된다.
> **정답** B, C//C, B

Walt	Hey, Oscar. I'm glad you finally made it.
Oscar	I know, I know, sorry, I'm a little late, my mother called me on my mobile phone.
Walt	OK, so, let's discuss what kind of food we're going to have for the English department banquet, then we can go get lunch OK?
Oscar	Alright, how many people are there going to be?
Walt	**Q1**, **Q2** I got a list of all students who are studying English from the department secretary, along with all the English department faculty and other guests, that would be about 75 people.
Oscar	Wow, we're going to have to order a lot of food. You know, with that many people, there are definitely going to be some vegetarians, maybe even some vegans too.
Walt	What? What's a vegan?
Oscar	A vegan is someone who doesn't consume, or even wear, for that matter, any product derived from an animal. **Q3**, **Q4** That includes milk, cheese, eggs, leather, and the like.
Walt	That's sounds very difficult to pull off.
Oscar	Oh, no worries. We'll include some tasty vegan options, since both vegetarians and meat eaters will like them too. We can also have a few dishes with meat, for those who absolutely must have some.
Walt	Alright, so what kind of meat dishes should we have? Some beef Wellington would be great.
Oscar	You are joking, right? That would be quite expensive.
Walt	Yes, yes, I know. No beef, then. **Q5** How about something with pork and then another dish with chicken? If someone is a meat eater, they'll almost certainly like at least one of those two.
Oscar	OK, that sounds like a good idea.
Walt	Now, I go online and find a list of caterers in the area.

Walt	안녕, Oscar. 네가 늦게라도 와 줘서 기뻐.
Oscar	그래. 그래. 미안. 내가 조금 늦었지. 엄마가 휴대 전화로 전화를 해주셨어.
Walt	좋아. 그러면 영어과 연회에서 어떤 종류의 음식을 먹을지를 얘기해 보자. 그리고 나서 점심을 먹으러 가는게 어때?
Oscar	좋아. 연회에 몇 명이나 오지?
Walt	영어과 조교로부터 영어과 교수님들, 다른 손님들 그리고 영어를 공부하고 있는 모든 학생들의 명단을 받았는데 약 75명인 것 같아.
Oscar	와! 많은 양의 음식을 주문해야 할 것 같아. 너도 알겠지만 많은 사람들 중에는 채식주의자들이 있을 거야. 완전 채식주의자들도 있을 거고.
Walt	뭐? 완전 채식주의자가 뭐야?
Oscar	완전 채식주의자란 동물에서 얻을 수 있는 것을 먹거나 입지도 않는 사람을 말하는 거야. 그건 우유, 치즈, 계란, 가죽과 같은 것을 포함해.
Walt	준비하는게 쉽지 않을 것 같은데.
Oscar	걱정하지 마. 우리는 채식주의자들과 육류 섭취자들 모두가 좋아할 수 있는 맛있는 채식주의 음식도 준비할 거야. 우리는 육류를 꼭 먹어야만 하는 사람들을 위해서 육류 요리도 준비할 수 있을 거야.
Walt	좋아. 그러면 어떤 종류의 육류를 준비해야 할까? Wellington 쇠고기면 좋을 것 같은데.
Oscar	농담이지, 그렇지? 그건 꽤 비쌀 거야.
Walt	응. 나도 알아. 그러면 쇠고기는 됐고, 돼지고기와 닭고기 요리는 어때? 육류 섭취자라면 둘 중 적어도 한 가지는 거의 틀림없이 좋아할 거야.
Oscar	그래. 좋은 생각인 것 같아.
Walt	나는 이제 인터넷에서 이 지역의 출장 연회업자들을 찾아 볼게.

make it 제시간에 도착하다, 나타나다　**banquet** (정식) 연회, 축하연　**secretary** 비서　**along with** ~와 함께, 같이　**faculty** (대학의) 학부, 학부의 교수단　**definitely** 명확히, 확실히　**vegetarian** 채식주의자　**vegan** 완전 채식주의자(의)　**for that matter** 그 일이라면, 그 일에 관해서는　**derive from** 파생하다, 나오다　**and the like** 기타, 같은 종류의 것　**pull off** ~을 달성하다, 성공하다　**dish** 요리, 음식　**almost certainly** 거의 확실하게, 거의 틀림없이　**caterer** 출장 연회업자

Unit 2	○	Completion

Overview

 Completion은 가장 다양한 형태를 가지고 있는 유형으로, 들은 정보를 채워 넣는 문제이다. 채워 넣는 문제의 형태에 따라 Note, Summary, Sentence, Table[Form]로 나뉜다. 대부분 세 단어 이내로 적어 넣기를 요구하며, 문제에 따라 단어의 수를 미리 지시하므로 이를 따라야 한다. Completion 문제는 대부분 들려주는 단어를 듣고 답안을 작성하게 되므로 주어진 form의 어느 부분을 말하고 있는지를 확인하고 있어야 한다. 내용을 들으면서 정답 부분이 나오면 바로 문제지에 옮겨 적어야 한다.

1 Note Completion

 Note가 주어지고 빈칸에 해당되는 내용을 채워 넣는 문제이다. 이미 중요 outline은 제시되어 있고 중간 중간 빠진 내용을 적는 것이다. 간혹 lecture 등의 내용이 이해하기 어려울 수 있지만 기본적으로 중요 사항들이 많이 적혀 있으므로 이를 잘 따라가다 보면 어떤 부분에 해당하는 내용을 중요하게 들어야 하는지를 알 수 있다. 이것이 정답을 찾는 데 매우 중요하게 작용한다.

> ■━● **Tip 1**
> 테이프를 들으면서 먼 산을 보면 안 된다. 테이프를 들으면서 반드시 note에 있는 내용을 확인하고 있어야 한다.
>
> ■━● **Tip 2**
> 정답에 해당하는 단어는 알아볼 수 있게 가능한 한 빨리 문제지에 적어야 하고, 이 경우에도 계속해서 테이프의 내용을 듣고 있어야 한다.

2 Summary Completion

 Note 채워 넣기와 거의 유사한 유형이다. 다만 노트 대신 summary가 주어져 있다. 전체 이야기에 대한 개요가 나와 있고, 주어진 빈칸을 채워 넣는 형태이다. 테이프의 내용에 대한 흐름이 주어진 summary의 내용과 거의 비슷하게 흘러가고 있으므로 테이프의 모든 내용을 이해하려고 노력하기보다는 대략 summary 내용의 어느 부분을 화자가 이야기하고 있는지를 알아야 한다.

3 Sentence Completion

각각의 문장에 빈칸이 주어져 있다. Note 또는 Summary 채워 넣기와 유사하지만 주어진 형태가 각각의 문장으로 이루어져 있다는 점에서 차이가 있다. 수험자들의 입장에서는 문장이 각각 독립적으로 이루어져 있어서 summary보다는 일단 시각적인 이해도가 나을 것이다.

4 Table[Form] Completion

Table[Form] Completion은 table 또는 특정한 form이라는 면에서 앞의 Completion 형태와는 약간 다르다. 앞의 세 가지는 모두 문장들로 구성되어 있는 반면, Table[Form] Completion은 문장이 아닌 일정한 형태(form)를 가지고 있기 때문이다. 테이프의 내용을 들으면서 문제의 번호를 따라 답을 채워야 한다. 문제가 흩어져 있어서 시각적인 혼란을 주므로 미리 문제를 확인해야 한다.

Questions 1-5

Complete the notes below.

Write **NO MORE THAN THREE WORDS AND/OR A NUMBER** for each answer.

Measuring the Weather

In the past, if someone was a farmer, the weather forecast was **1** .... to them.

Instruments used to measure the weather:

Thermometer

• measures the temperature of the air

• if the thermometer is exposed directly to **2** .... , it will give the wrong temperature.

Hygrometer

• measures humidity or the amount of water vapor in the air

• the more water there is in the air, the **3** .... people feel.

Barometer

• measures air pressure, which changes because the atmosphere of the Earth is constantly **4** ....

• bad weather is accompanied by **5** .... pressure.

Questions 1-5 아래 표를 완성하시오. 각각의 답을 세 단어 이하로 적으시오.

날씨 측정하기

과거, 농부에게 일기 예보는 매우 중요했다.

날씨를 측정하기 위해 사용된 기구들

온도계

대기의 온도를 측정한다.

만약 온도계가 햇볕이 직접적으로 비치는 곳에 있다면, 그것은 부정확한 온도를 가리킬 것이다.

습도계

습도나 대기에 있는 수증기의 양을 측정한다.

대기에 물이 많을수록, 사람들은 더 따뜻함을 느낀다.

기압계

공기 압력을 측정하는 기구이며, 기압은 지구의 대기가 지속적으로 움직이기 때문에 변한다.

안 좋은 날씨는 저기압을 동반한다.

1

In the past, if someone was a farmer, the weather forecast was . . . . to them.

과거, 농부에게 일기 예보는 매우 중요했다.

해설 farmer, weather forecast를 키워드로 잘 들어야 한다. 본문의 If you had to grow food so that you and your family could survive → farmer로 바꿔 말하고 있다.

정답 very important

2

if the thermometer is exposed directly to . . . . , it will give the wrong temperature.

만약 온도계가 햇볕이 직접적으로 비치는 곳에 있다면, 그것은 부정확한 온도를 가리킬 것이다.

해설 thermometer, directly, the wrong temperature를 키워드로 들어야 한다. 본문의 an inaccurate temperature → the wrong temperature로 바꿔 말하고 있다.

정답 sunlight

3

the more water there is in the air, the . . . . people feel.

대기에 물이 많을수록, 사람들은 더 따뜻함을 느낀다.

해설 hygrometer를 키워드로 들어야 하며, 빈칸에 들어갈 단어를 feel과 연관시켜 예측해야 한다. 본문의 the more humid it is → the more water there is in the air로 바꿔 말하고 있다.

정답 warmer

4

measures air pressure, which changes because the atmosphere of the Earth is constantly
. . . .
공기 압력을 측정하는 기구이며, 기압은 지구의 대기가 지속적으로 움직이기 때문에 변한다.

해설 barometer를 먼저 확인한 뒤, air pressure, atmosphere of the Earth를 키워드로 들어야 한다. 그리고 빈칸에 들어갈 품사(동사, 형용사)를 예측해 본다.

정답 moving

5

bad weather is accompanied by . . . . pressure.
안 좋은 날씨는 저기압을 동반한다.

해설 bad weather를 키워드로 들어야 하며, storms, hurricanes에 집중하느라 빈칸에 들어갈 단어를 놓치면 안 된다. 이때 accompany는 ~을 수반하다, 동시에 일어나다의 의미이다.

정답 low

These days, talking about the weather is considered 'small talk.' But in the past, it used to be one of the most important things that a person could talk about. That was, of course, during very different times when most people made a living off the land. **Q1** If you had to grow food so that you and your family could survive, then the weather forecast would be very important. There are various instruments that measure the current state of the weather. A thermometer measures the temperature of the air. **Q2** When using a thermometer, be sure to put it in a shady area placing it directly in sunlight will give you an inaccurate temperature. A hygrometer is used to measure the relative humidity. In other words, how much water vapor there is in the air. Humidity is important because some plants like a moist environment while others like a dry environment. **Q3** Also, the more humid it is, the warmer the air feels to people. One other aspect of the weather is air pressure. Air pressure can be measured using a barometer. **Q4** The atmosphere of the Earth is constantly moving. This change is what makes our weather happen. Areas of different pressure move across the face of the planet. Good weather, like sunny, clear days, can occur when there is high atmospheric pressure. **Q5** Bad weather, like storms and hurricanes, are accompanied by low pressure. No one can be right about the weather one hundred percent of the time. Current forecasts usually get the weather right. However, it's always best to be prepared for any possibility.

요즈음 날씨에 관해 이야기하는 것은 잡담으로 여겨진다. 그러나 과거에는 사람들이 나눌 수 있는 가장 중요한 화제 중 하나였다. 또한 날씨에 관한 대화는 대부분의 사람들이 농업에 생계를 의지하는 동안에도 마찬가지였다. 만약 당신과 당신 가족이 생계를 위해 농작물을 재배해야 했다면, 일기 예보는 매우 중요했을 것이다. 현재의 날씨 상태를 측정하는 다양한 기구들이 있다. 온도계는 대기의 온도를 측정한다. 온도계를 사용할 때는 그늘진 곳에 두어야 한다. 햇빛이 직접적으로 비치는 곳에 두면 부정확한 온도가 측정될 것이다. 습도계는 상대 습도를 측정하는 데 사용된다. 다시 말하면 대기에 있는 수증기의 양을 알 수 있다. 어떤 식물은 축축함을 좋아하고 다른 식물들은 건조한 것을 좋아하기 때문에 습도가 중요하다. 또한 습기가 많을수록 사람들은 대기가 더 따뜻하다고 느낀다. 날씨의 또 다른 측면은 기압이다. 기압은 기압계를 이용하여 측정한다. 지구의 대기는 지속적으로 움직이고 있다. 이러한 변화로 날씨가 발생한다. 압력차가 있는 부분들이 행성쪽으로 움직인다. 햇빛이 있는 맑은 날의 좋은 날씨는 고기압일 때 발생할 수 있다. 폭풍우와 허리케인 같은 안 좋은 날씨는 저기압에 의해 발생한다. 누구도 일정한 시간의 날씨에 대해서는 100% 정확하지 않다. 최근의 일기 예보는 대부분의 날씨를 정확히 맞추고 있다. 그러나 날씨의 변화 가능성에 대해 항상 준비하는 것이 최선이다.

small talk 잡담, 세상 이야기　　**make a living** 생계를 꾸리다　　**forecast** 예상, (날씨의) 예보　**instrument** 기계, 기구　　**measure** 측정하다, 재다　　**thermometer** 온도계　　**shady** 그늘이 많은, 그늘진　**be sure to do** 틀림없이 ~하다　　**sunlight** 햇빛, 햇빛이 비치는 장소　　**inaccurate** 부정확한, 정밀하지 않은　　**hygrometer** 습도계　　**relative** 비교상의, 상대적인　　**water vapor** 수증기　**aspect** 양상, 관점　　**air pressure** 기압　　**barometer** 기압계　　**constantly** 끊임없이, 자주　**accompany** ~을 수반하다, 동시에 일어나다　　**atmospheric pressure** 기압

LISTENING

Questions 1-5

Complete the summary below.

Write **NO MORE THAN THREE WORDS AND/OR A NUMBER** for each answer.

Alice's Flight

Alice is talking to her friend Danny about the flight she just took. She says it was one of the most difficult experiences she had. It started at the airport where she boarded. The way the security **1** .... handled procedures seemed inefficient. The flight was also very lengthy. Alice has never been on a **2** .... hour flight before. She slept most of the way, though, occupied herself by reading and playing **3** .... There were also individual screens where one could watch movies and play **4** .... games. After telling her story, Danny suggests going somewhere to get a drink and to **5** ....

> **Questions 1-5** 아래 개요를 완성하시오. 각각의 답을 세 단어 이하로 적으시오.

> ### Alice의 비행기 여행
>
> Alice는 방금 마친 그녀의 비행에 관하여 친구인 Danny에게 이야기하고 있다. 이번 여행은 그녀가 겪었던 경험 중 가장 힘들었다고 말한다. 이것은 그녀가 탑승했던 공항에서부터 시작됐다. 보안 직원들이 처리한 수속 절차는 비효율적인 것 같았다. 또한 비행은 꽤 길었다. Alice는 이전에도 13시간 동안 비행을 해본 적이 없었다. 그녀는 비행의 대부분을 잠을 자거나, 책을 읽거나, 카드 놀이를 하면서 시간을 보냈다. 그리고 영화를 보거나 비디오 게임을 할 수 있는 개인용 스크린도 있었다. 그녀의 이야기가 끝난 후, Danny는 무언가를 마시면서 편히 쉴 수 있는 곳으로 가자고 제안한다.

1

The way the security . . . . handled procedures seemed inefficient.

보안 직원들이 처리한 수속 절차는 비효율적인 것 같았다.

해설 the security, procedures, inefficient를 키워드로 들어야 한다.

정답 staff

2

Alice has never been on a . . . . hour flight before.

Alice는 이전에도 13시간 동안 비행을 해본 적이 없었다.

해설 빈칸에 시간을 나타내는 숫자가 들어갈 것을 예측하고 들어야 한다. 본문의 I don't think I've ever been → Alice has never been로 인칭을 바꿔 말하고 있다.

정답 thirteen//13

3

She slept most of the way, though, occupied herself by reading and playing . . . .

그녀는 비행의 대부분을 잠을 자거나, 책을 읽거나, 카드 놀이를 하면서 시간을 보냈다.

해설 slept, reading, playing을 키워드로, 빈칸에 들어갈 품사(명사, 형용사)를 예측하며 들어야 한다. 본문의 For the last four hours of the flight → most of the way, 본문의 I tried reading a book and playing cards → occupied herself by reading and playing cards로 바꿔 말하고 있다. occupy oneself by dong(~에 빠지다, 몰두하다) 표현을 알아두자.

정답 cards

4

There were also individual screens where one could watch movies and play . . . . games.

그리고 영화를 보거나 비디오 게임을 할 수 있는 개인용 스크린도 있었다.

해설 movies, play games를 키워드로, 빈칸에 들어갈 단어를 예측하며 들어야 한다. 본문의 a selection of

4

There were also individual screens where one could watch movies and play . . . . games.

그리고 영화를 보거나 비디오 게임을 할 수 있는 개인용 스크린도 있었다.

해설 movies, play games를 키워드로, 빈칸에 들어갈 단어를 예측하며 들어야 한다. 본문의 a selection of movies and even video games → where one could watch movies and play video games로 바꿔 말하고 있다.

정답 video

5

After telling her story, Danny suggests going somewhere to get a drink and to . . . .

그녀의 이야기가 끝난 후, Danny는 무언가를 마시면서 편히 쉴 수 있는 곳으로 가자고 제안한다.

해설 Danny의 대사에 집중하되 go somewhere, get a drink를 키워드로 들어야 한다. 그리고 to 이하에 동사가 나올 것을 예측해야 한다. 본문의 go get some coffee → go somewhere to get a drink, 본문의 this great place where we can relax → relax로 바꿔 말하고 있다.

정답 relax

Alice	Hi, Danny.
Danny	Hey, Alice. Oh, it's so good to see you. How was your flight?
Alice	He he he, oh you can't tell? Well, I've flown on planes before, but I must say, this was one of the most difficult experiences I've ever had.
Danny	Oh my, what happened?
Alice	Well, it started at the airport where I boarded my flight. The line to enter the restricted area was just incredible. I understand the need for caution, of course. **Q1** The way the security staff handled procedures at the airport, though, seemed extremely inefficient.
Danny	I hope the flight was OK, at least.
Alice	The flight actually went well for the most part. It was really long. **Q2** I don't think I've ever been on a thirteen hour flight before.
Danny	Wow, weren't you bored at all?
Alice	Yes, I was a little bit. Fortunately, I slept through about three-quarters of the way. **Q3** For the last four hours of the flight or so, I tried reading a book and playing cards.
Danny	Was the in-flight entertainment good?
Alice	It was not that bad at all, really. Each person had an individual screen. It's mounted on the back of each seat. **Q4** They have a selection of movies and even video games.
Danny	Then I suppose everything went well when you landed.
Alice	Oh, that was also a huge hassle. Since I'm not a citizen here, I had to go to the 'foreign visitors' line to get processed. Again, it was not very efficient at all.
Danny	You know, **Q5** we should go get some coffee. I know this great place where we can relax.
Alice	Sounds good to me.

Alice	안녕, Danny.
Danny	안녕, Alice. 만나서 반가워. 여행은 어땠어?
Alice	헤헤, 말도 마. 이전에도 비행기를 탔었지만 이번 여행이 가장 힘들었던 것 같아.
Danny	오, 무슨 일이 있었는데?
Alice	글쎄. 그건 비행기를 탑승했던 공항에서부터 시작됐어. 제한 구역에 들어가는 줄이 굉장했어. 물론 나는 조심해야 한다는 것을 알았지만. 공항 보안 직원들이 처리한 수속 절차는 아주 비효율적인 것 같았어.
Danny	적어도 비행은 괜찮았으면 좋았을 텐데.
Alice	사실 비행은 대체로 좋았어. 정말 긴 시간이었어. 13시간 비행이라는 건 이전에는 생각도 못했었거든.
Danny	와우! 지루하지 않았어?
Alice	응. 조금 지루했어. 다행히도 비행의 거의 4분의 3 이상을 잤어. 비행 중 마지막 4시간 정도는 책을 읽고 카드 놀이를 했어.
Danny	비행 중의 오락거리는 좋았어?
Alice	정말 좋았어. 각자 개인용 스크린이 있었어. 그건 좌석 뒤에 설치되어 있었어. 영화뿐 아니라 비디오 게임도 선택할 수 있었어.
Danny	네가 도착한 다음에도 모든 게 다 괜찮았는지 모르겠네.
Alice	오, 그게 엄청 지겨웠어. 나는 이곳 시민이 아니어서 수속을 밟기 위해 외국인 방문객 줄에 서 있어야 했거든. 정말 비효율적이었어.
Danny	우리 커피를 마시러 갈까? 우리가 쉴 수 있는 좋은 장소를 알거든.
Alice	좋아.

flown 비행기로 날다(fly의 과거분사) **I must say** 진짜로, 정말로 **board** 타다, 탑승하다 **restricted** 제한된 **incredible** 놀라운, 믿어지지 않는 **need** 필요, 요구 **caution** 조심, 경계 **procedure** 절차, 수속 **inefficient** 무능한, 비능률적인 **at least** 적어도, 최소한 **quarter** 4분의 1 **in-flight** 비행 중의, 기상의 **mount** 설치하다 **hassle** 혼전, 혼란 **get processed** 줄지어 가다, 행진하다 **efficient** 능률적인, 효과가 있는

Mini Test 5

> **Questions 1-5**
>
> Complete the sentences below.
> Write **NO MORE THAN THREE WORDS AND/OR A NUMBER** for each answer.

Organic Gardening Lecture

1 The speaker says that there are things to eat and drink on the .... next to the conference room door.

2 The speaker wants to give some advice that will help make people's gardens healthier and ....

3 It is possible to get rid of dangerous substances from around one's home using .... defenses against insects.

4 The most beneficial thing about composting is that it .... and is great for plants.

5 Having a garden with many .... of healthy plants will help control insect populations.

Questions 1-5 아래 문장을 완성하시오. 각각의 답을 세 단어 이하로 적으시오.

유기농 원예에 관한 강의

화자는 회의실 문 옆에 있는 둥근 녹색 테이블 위에 먹고 마실 것이 있다고 말한다.
화자는 사람들의 정원을 더 건강하고 아름답게 가꿀 수 있는 몇 가지 요령을 알려주려고 한다.
집 주위의 자연 방어물을 이용해서 곤충과 같은 위험한 물질을 제거할 수 있다.
퇴비 만들기의 가장 큰 혜택은 비용이 들지 않고 식물에게도 좋다는 것이다.
다양한 많은 종류의 건강한 식물이 있는 정원은 벌레 개체 수를 조절하는데 도움을 줄 것이다.

1

The speaker says that there are things to eat and drink on the . . . . next to the conference room door.

화자는 회의실 문 옆에 있는 둥근 녹색 테이블 위에 먹고 마실 것이 있다고 말한다.

해설 본문의 the refreshments → things to eat and drink로 바꿔 말하고 있다.

정답 round green table

2

The speaker wants to give some advice that will help make people's gardens healthier and . . . .

화자는 사람들의 정원을 더 건강하고 아름답게 가꿀 수 있는 몇 가지 요령을 알려주려고 한다.

해설 본문의 give you a few tips to help make → give some advice that will help로 바꿔 말하고 있다.

정답 more beautiful

3

It is possible to get rid of dangerous substances from around one's home using . . . . defenses against insects.

집 주위의 자연 방어물을 이용해서 곤충과 같은 위험한 물질을 제거할 수 있다.

해설 본문의 eliminate unsafe chemicals → get rid of dangerous substances로 바꿔 말하고 있다.

정답 natural

4

The most beneficial thing about composting is that it . . . . and is great for plants.

퇴비 만들기의 가장 큰 혜택은 비용이 들지 않고 식물에게도 좋다는 것이다.

해설 본문의 the best thing → the most beneficial thing로 바꿔 말하고 있다.

정답 costs nothing

5

Having a garden with many . . . . of healthy plants will help control insect populations.

다양한 많은 종류의 건강한 식물이 있는 정원은 벌레 개체 수를 조절하는데 도움을 줄 것이다.

해설 healthy plants, control insect populations를 키워드로 들어야 한다.

정답 different kinds

Hello, fellow gardeners. Thank you all for coming here today. If you haven't already tried the refreshments, please help yourself. **Q1** They are on the round green table next to the conference room door. I want to talk briefly about organic gardening techniques. Of course, I can't explain everything in great detail today. **Q2** I just want to give you a few tips to help make your garden healthier and more beautiful. Gardening is considered organic if it does not use mass-produced chemical fertilizers or pesticides. People generally use those two substances because they are convenient. There are some techniques, however, that don't take much effort but can help your garden grow and thrive naturally. **Q3** You can eliminate unsafe chemicals from the area around your home by composting and using natural defenses against insects. Anyone can make compost by taking leftover fruit and vegetable waste, grass cuttings, leaves and twigs and then putting them in a special place. There are a few detailed guidelines one needs to follow to get great compost. All that information is available on the Internet. **Q4** The best thing about composting is that it costs nothing and is great for your plants. Handling insects without the use of deadly pesticides is an art. But properly managed, your garden can be free of both pests and dangerous chemicals. **Q5** In general, having a garden with many different kinds of healthy plants will keep away insects. Biodiversity attracts different kinds of creatures that can manage pest populations. Healthy plants are also more resistant to pests and diseases.

안녕하세요, 정원사 여러분. 오늘 여기에 와 주신 여러분들에게 감사드립니다. 아직 다과를 들지 않았다면 편히 드시기 바랍니다. 다과는 회의실 문 옆에 있는 둥근 녹색 테이블 위에 있습니다. 저는 유기농 원예 기술에 대해 간단히 말하고자 합니다. 물론 오늘 저는 모든 것을 상세히 설명해 드릴 수는 없습니다. 저는 단지 여러분의 정원을 더 건강하고, 아름답게 가꿀 수 있는 몇 가지 요령을 알려드리겠습니다. 원예에서 대량 생산되는 화학 비료나 살충제를 사용하지 않는다면 이것은 유기 농법으로 간주됩니다. 일반적으로 사람들은 이 두 가지 물질이 단지 편리하기 때문에 사용합니다. 많은 수고를 들이지 않아도 정원이 저절로 자라서 무성해지도록 돕는 몇 가지 기술이 있습니다. 여러분은 비료를 주고 벌레에 자연 방어물을 사용함으로써 집 주변 지역으로부터 위험한 화학 물질을 제거할 수 있습니다. 누구든지 남은 과일, 채소 쓰레기, 목초 벌채들, 나뭇잎들, 잔가지들을 가지고 특별 장소에 모아둠으로써 퇴비를 만들 수 있습니다. 좋은 퇴비를 만들기 위해 따라야 하는 몇 가지 세부 지침이 있습니다. 모든 정보는 인터넷에서 찾을 수 있습니다. 퇴비 만들기의 최고의 장점은 비용이 들지 않고, 식물에게도 좋다는 것입니다. 치명적인 살충제를 사용하지 않고 벌레를 처리하는 것은 예술과 같은 일입니다. 그러나 적절히 사용한다면, 여러분의 정원은 해충과 위험한 화학 물질에서 벗어날 수 있습니다. 일반적으로 다양한 많은 종류의 건강한 식물이 있는 정원은 벌레가 없을 것입니다. 다양한 생물은 해충 개체 수를 조절할 수 있는 다른 종의 생물을 유인합니다. 또한 건강한 식물은 해충과 질병에 더욱 저항력이 있습니다.

fellow 동료의, 동업의　**refreshment** 가벼운 음식물　**help oneself** 자유로이 먹다　**organic** 유기 재배의, 유기 농법의　**mass-produced** 대량 생산되는　**fertilizer** 비료　**pesticide** 구충제, 살충제　**substance** 물질, 재질　**take effort** 노력을 필요로 하다　**thrive** 잘 자라다, 무성해지다　**compost** 비료, 퇴비, 퇴비가 되다　**unsafe** 위험한, 안전하지 못한　**chemical** 화학 제품(약품, 물질)　**leftover** 나머지의, 남은　**cutting** 오려낸 것, 베어낸 것　**twig** 잔가지　**guideline** 지침, 안내　**in general** 대개, 일반적으로　**convenient** 편리한　**eliminate** 제거하다, 삭제하다　**keep away** 가까이 가지 않다, 피하다　**biodiversity** 생물의 다양성, 종의 다양성　**attract** 끌어당기다, 유인하다　**creature** 생물, 사람　**pest** 해충, 작은 동물　**resistant** 저항하는, 저항력이 있는

Mini Test 6

Questions 1-5

Complete the sentences below.

High Speed Internet Plans

Name of Plan	Price*	Download Speeds	5 . . . . Speeds
Starter Plan	1 $ . . . . per month including modem	Two megabits per second	Five hundred thousand kilobits per second
2 . . . . Plan	Thirty dollars per month including wireless router	3 . . . . megabits per second	One and a half megabits per second
*For both plans the first month is 4			

아래 문장을 완성하시오.

초고속 인터넷 회선			
회선의 종류	가격	다운로드 속도	업로드 속도
기본 회선	모뎀을 포함해서 한 달에 $15	초당 2메가비트	초당 50만 킬로비트
고급 회선	무선기기를 포함해서 한 달에 $30	초당 4메가비트	초당 1.5메가비트
*두 회선 모두 첫 달은 무료입니다.			

1

$ . . . . per month including modem
모뎀을 포함해서 한 달에 $15

해설 Starter Plan, including modem을 키워드로, 가격이 언급된 부분을 잘 들어야 한다.

정답 fifteen//15

2

. . . . Plan
고급 회선

해설 plan이 들어간 단어를 잘 들어야 하며, thirty dollars가 뒤에 언급되면 앞서 언급한 plan이 정답이 된다.

정답 Advanced

3

. . . . megabits per second
초당 4메가비트

해설 thirty dollars 이후부터 megabits를 키워드로 잘 들어야 한다. 특히 숫자에 집중해야 한다.

정답 four//4

4

*For both plans the first month is . . . .
두 회선 모두 첫 달은 무료입니다.

해설 both plans, first month를 키워드로, 빈칸에 들어갈 품사(형용사)를 예측하며 들어야 한다.

정답 free

5

. . . . Speeds
업로드 속도

해설 speeds 단어가 나오는 앞뒤 문장을 잘 들어야 한다.

정답 upload

Assistant	Hello, Janus Internet Providers, how can I help you?
Shirley	Hi, I wanted to sign up for your high speed Internet plan.
Assistant	Well, I'll be happy to help you with that. Are you interested in television cable service and a telephone line as well? We can provide all three for you at one low price.
Shirley	No, I just want the broadband access. Thank you.
Assistant	No problem. We have two different plans. Our 'Starter Plan' provides 2 megabits per second of speed. **Q1**, **Q2** It's 15 dollars a month and includes a free modem. The second plan, our 'Advanced Plan,' is thirty dollars a month, but we can also throw in a free wireless router. **Q3** It provides four megabits per second of download speed. **Q4** For both plans, the first month is free.
Shirley	Oh, I see. They both sound like good plans. What are the upload speeds for both of them?
Assistant	**Q5** Well, upload speeds are, of course, always slower than the download speeds. For the first plan, it is 500 thousand bits per second. On the second plan, you can upload anything at up to 1.5 megabits per second.
Shirley	Hmm... you know, the prices are very reasonable, but those are the maximum download and upload speeds you offer? Isn't there anything else faster?
Assistant	The company is continually making upgrades to our service. You will be provided faster service as it becomes available.
Shirley	OK, then. I guess I will...

Assistant	안녕하세요. Janus 인터넷 회사입니다. 무엇을 도와드릴까요?
Shirley	안녕하세요. 초고속 인터넷을 등록하고 싶은데요.
Assistant	네. 제가 당신을 도와 드리게 되어서 행복합니다. 당신은 텔레비전 유선 방송과 전화 가입에 관심이 있으신가요? 저희는 세 개를 저렴한 가격에 제공하고 있습니다.
Shirley	아니요. 고맙지만 저는 초고속 인터넷만 등록하고 싶어요.
Assistant	알겠습니다. 저희는 두 가지 다른 상품이 있습니다. 첫 번째 상품인 Starter Plan의 속도는 초당 2메가비트입니다. 한 달에 15달러이며, 모뎀도 무료로 드립니다. 두 번째 상품은 Advanced Plan으로, 한 달에 30달러이지만 무선 라우터를 무료로 드립니다. Advanced Plan의 다운로드 속도는 초당 4메가비트입니다. 두 상품 모두 첫 달은 무료입니다.
Shirley	네. 알겠습니다. 두 상품 모두 좋은 것 같네요. 업로드 속도는 얼마인가요?
Assistant	물론 업로드 속도는 다운로드 속도보다는 더 느립니다. 첫 번째 상품은 초당 50만 비트입니다. 두 번째 상품은 초당 1.5메가비트까지 업로드할 수 있습니다.
Shirley	음... 가격은 꽤 저렴하지만 두 회선 모두 다운로드와 업로드가 최고 속도인가요? 더 빠른 것은 없나요?
Assistant	회사에서 지속적으로 서비스를 향상시키고 있으므로, 더 나은 것이 나오면 즉시 더 빠른 서비스를 제공할 수 있을 것입니다.
Shirley	좋아요. 그러면 저는...

provider 인터넷 접속 서비스업자(회사) **sign up for** 가입하다, 응모하다 **plan** 안, 방법 **as well** 게다가, 더욱이 **broadband** 광대역의 **access** 접근, 이용 **megabit** 메가비트(컴퓨터 데이터의 양을 나타내는 단위) **wireless** 무선의 **router** 라우터(데이터 전송시의 최적 경로를 선택하는 장치) **throw in** 덤으로 주다 **up to** ~까지, ~에 이르러 **reasonable** (가격이) 비싸지 않은 **available** 이용할 수 있는, 입수할 수 있는

Unit 3　Matching

Overview

　미리 일정한 보기를 주고 문제의 내용과 일치하는 항목을 고르는 문제이다. 보기의 항목들은 문제의 수보다 대부분 많이 주어지므로 일일이 확인하는데 시간이 걸릴 수 있다. 주어진 보기를 한눈에 들어올 수 있도록 하는 것이 중요하다. 문제에 나와 있는 중요 단어를 테이프에서 기다리면서 듣고, 시선은 보기에 초점을 두어야 한다.

Tip 1
문제의 키워드에 표시를 하고, 이를 테이프에서 들을 수 있도록 한다. 시선은 반드시 주어진 표의 보기를 응시하고 있어야 한다.

Tip 2
한 문제가 끝났다면 같은 방법으로 그 다음 문제의 키워드를 확인한다. 키워드는 약간씩 바뀌어서 나올 수 있다.

LISTENING

Questions 1-5

What are the solutions to Leon's problems?

Choose your answers from the box and write the letters **A-H**.

Solutions

A sit down and relax

B take medicine

C go tomorrow

D ask sister to pick up things

E watch TV

F drink some soda

G go next weekend

H check e-mail

Has a headache:	1 ....
Has stomach pain:	2 ....
Can't go to the park:	3 ....
Can't go food shopping:	4 ....
Might feel bored:	5 ....

해결책

A   앉아서 쉰다.
B   약을 먹다.
C   내일 간다.
D   누나에게 물건을 가져다 달라고 요청한다.
E   텔레비전을 시청한다.
F   소다를 마신다.
G   다음 주말에 간다.
H   이메일을 확인한다.

1

Has a headache: ....
두통이 있다.

해설   문제를 풀기 전, 미리 보기를 확인하고, 문제를 풀 때에도 보기를 응시하고 있어야 한다. headache를 키워드로, 본문의 for the headache 부분부터 잘 듣는다. 이때 문제의 보기를 응시하고 있어야 한다.

정답   A

2

Has stomach pain: ....
복통이 있다.

해설   문제 1번 바로 다음에 정답이 나오므로 계속 보기를 응시하고 있어야 한다. stomach pain을 키워드로, 본문의 If the stomach pain is not too bad 부분부터 잘 듣는다.

정답   F

3

Can't go to the park: ....
공원에 갈 수 없다.

해설   본문의 I really wanted to meet you at the park but... 다음 문장에서 문제 3번에 대한 답이 나올 것을 예측할 수 있어야 한다.

정답   G

4

Can't go food shopping: ....
음식을 사러갈 수 없다.

해설 본문의 I needed to do some food shopping but I can't 다음 문장에서 문제 4번에 대한 답이 나올 것을 예측하며 들어야 한다. 본문의 pick up some things → go food shopping로 바꿔 말하고 있다.

정답 D

5

Might feel bored: ....
지루하다.

해설 feel bored를 키워드로, 본문의 and if you get bored 다음 문장에서 문제 5번에 대한 답이 나올 것을 예측하며 들어야 한다.

정답 H

Leon	Hi, is that you Dorothy?
Dorothy	Leon, are you OK? Where are you?
Leon	Hey, Dorothy, I'm OK. I wanted to call you and tell you I couldn't make it to the park with you.
Dorothy	I'm sorry to hear that. Are you OK?
Leon	Oh, yeah, it's just that I've come down with a really bad headache. Actually, I have some stomach pains too. I think it must have been something I ate for lunch.
Dorothy	For the headache, **Q1** you should sit down and relax. If the stomach pain is not too bad, **Q2** maybe drinking some soda will help.
Leon	Actually, I did, just a few minutes ago. You know, I really wanted to meet you at the park but...
Dorothy	Oh, Leon. Don't worry about me, OK? **Q3** We can go to the park together next weekend. Just rest and feel better. Is everything else OK?
Leon	Well, I needed to do some food shopping but I can't do that right now. Hmm... let me see... **Q4** I think I will ask my sister to pick up some things for me.
Dorothy	OK, then, I will let you rest.
Leon	Thanks for the understanding. I just feel bad for leaving you alone.
Dorothy	Don't worry about it. It's totally fine. You know, it might be nice for you to have some quiet time, and if you get bored, **Q5** you can always check your e-mail.
Leon	Alright, then.
Dorothy	Take care, OK?
Leon	Sure, I'll talk to you when I get better. See you later.
Dorothy	Alright, bye.

Leon	안녕, Dorothy니?
Dorothy	Leon, 괜찮아? 어디야?
Leon	응. Dorothy. 난 괜찮아. 너와 공원에 갈 수 없을 것 같아서 전화했어.
Dorothy	그런 말을 들으니 안타깝다. 괜찮은 거야?
Leon	응. 괜찮아. 단지 두통이 심할 뿐이야. 사실 복통도 있어. 점심에 먹었던 게 이상한 것 같아.
Dorothy	두통은 앉아서 쉬는게 좋아. 만약 복통이 심하지 않다면, 소다수를 마시면 괜찮아질 거야.
Leon	사실 몇 분 전에 마셨어. 있잖아. 공원에서 너를 꼭 만나고 싶었는데...
Dorothy	오, Leon. 내 걱정은 하지 마, 알았지? 다음 주말에 공원에 다시 갈 수 있으니깐 푹 쉬고 기분 전환해. 그 외에 다른 것은 괜찮아?
Leon	글쎄. 먹을 걸 좀 사야 하는데 지금은 사러갈 수가 없어. 음... 어디 보자... 누나에게 사달라고 부탁해야겠어.
Dorothy	좋아. 넌 좀 쉬어.
Leon	이해해줘서 고마워. 너 혼자 가게 해서 미안해.
Dorothy	걱정하지 마. 정말 괜찮아. 한적한 시간을 갖는 것이 네게 좋을 거야. 만약 심심하면 이메일을 확인해.
Leon	알았어.
Dorothy	건강 조심하고, 알았지?
Leon	응. 몸이 괜찮아지면 연락할게. 다음에 보자.
Dorothy	좋아. 안녕.

make it 제시간에 도착하다, 나타나다   **it's just that** 단지 ~해서 그럴 뿐이다   **come down with** 병에 걸리다   **stomach** 위, 배   **rest** 쉬다, 휴식하다   **pick up** 줍다, 고르다, 사다   **leave alone** ~을 내버려 두다, 간섭하지 않다   **take care** 조심하다

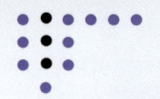

Overview

  Classification은 Matching과 거의 흡사하고, 넓게 보면 같은 틀 안에 있다고 할 수 있다. 다른 점이 있다면 Classification은 해당되는 문제의 부류를 따지고, Matching은 단순히 연관되는 것을 찾는다는 것 정도이다.

● Tip 1

주어진 보기를 확인하고, 그 차이를 이해하는 것이 가장 중요하다. 보기의 차이를 이해하지 못한다면 문제를 듣더라도 정답을 고르기가 쉽지 않다. 차이가 나는 부분에 줄을 그어 표시하는 것도 좋은 방법이다.

● Tip 2

보기의 차이를 이해했다면 문제의 번호에 시선을 고정하고, 테이프를 들으면서 문제를 따라가도록 한다.

LISTENING

Questions 1-5

Choose the correct letter.

> **A**   if the activity is for the 8-11 year old group
>
> **B**   if the activity is for the 12-15 year old group
>
> **C**   if the activity is for both groups

Kayaking excursion	1	....
Crafts fair	2	....
Forest ecosystem hike	3	....
Camp cooking outdoors	4	....
Closing ceremonies	5	....

> A 8-11세의 그룹에 적당한 활동
> B 12-15세의 그룹에 적당한 활동
> C 두 그룹 모두에게 적당한 활동

1

Kayaking excursion ··············
카약 소풍

해설 We have two groups of kids this year~ 문장에서 두 나이 대를 언급하고 있으나 이미 보기에 나이 대가 언급되어 있다. 문제 1번의 kayaking excursion이 A, B, C 중 어디에 속하는지를 확인하면서 정답을 찾아야 한다. 또한 들려주는 내용에서 older group이라고 간접적으로 나이 대를 언급하고 있음을 빨리 알아채야 한다.

정답 B

2

Crafts fair ··············
공예 전시회

해설 crafts fair를 키워드로, 어느 나이 대에 속하는지를 잘 들어야 한다. 그리고 older group에 이어 For the younger group으로 나이 대를 먼저 언급하면서 문장을 시작하므로 문제 2~5번을 계속 응시하고 있어야 한다. craft는 수공업, 공예의 의미이다.

정답 A

3

Forest ecosystem hike ··············
산림 생태계 등반

해설 forest, hike를 키워드로, 본문에서 eight to eleven라고 나이 대를 먼저 언급하고 있음을 확인해야 한다. 또한 forest ecosystem hike를 go on a short hike to learn about the forest ecosystem으로 길게 표현한 것을 놓치면 안 된다.

정답 A

4

Camp cooking outdoors   . . . .
야외 캠프 요리

해설 camp cooking outdoors를 키워드로 잘 들어야 한다. 본문에서 The twelve to fifteen group이라고 나이 대를 먼저 언급한 뒤에 문장을 시작하므로 그 다음 키워드를 듣고 문제 4번 혹은 문제 5번에 관한 답을 정확히 맞출 수 있다.

정답 B

5

Closing ceremonies   . . . .
폐회식

해설 문제 1~4번의 정답 중에서 보기 C가 언급되지 않았음을 확인하면서 마지막 문제를 듣는다. closing ceremonies 를 키워드로, 본문에서 involve both groups라고 나이 대를 언급한 것을 확인해야 한다. closing은 마지막의, 폐회의 의미이다.

정답 C

Presenter   Hello, everyone. Today, I want to introduce, Ms. Hinkel. She will talk about upcoming summer camp activities. Ms. Hinkel?

Ms. Hinkel   Thank you. I've given out a list of different activities we have for the children. I wanted to go over each of them to say what age group they are appropriate for. We have two groups of kids this year, one whose ages range from 8-11 and another whose ages range from 12-15. As is tradition every year, we start off with a campfire singing session that everyone attends. The next day there is **Q1** a kayaking excursion for the older group who will all be boating down the river to another campground. They will stay there for one night and sleep under the stars. **Q2** For the younger group that stays behind, there will be a crafts fair that includes activities like shirt coloring and basket weaving. There will be various booths where kids can learn how to do different projects. **Q3** The next day, the kids who are eight to eleven will go on a short hike to learn about the forest ecosystem. They will learn about the different parts of a healthy forest, like the trees and animals, and how they all depend on each other. **Q4** The twelve to fifteen group will come back later that day and will learn about camp cooking outdoors. That includes how to make a cooking fire and how to prepare basic meals out in the wild. **Q5** The closing ceremony at the end of the session will also involve both groups. I hope that answers everything. If you have any questions, please feel free to ask.

Presenter	여러분, 안녕하세요. 오늘은 Hinkel 양을 소개하고자 합니다. 그녀가 다가오는 여름 캠프 활동에 관하여 말해 줄 것입니다. Hinkel 양?
Ms. Hinkel	감사합니다. 어린이들의 다양한 활동 목록을 알려드리겠습니다. 저는 각각의 어린이들이 어느 연령 집단에 적당한지를 검토해 보았습니다. 올해는 8~11세, 12~15세의 두 그룹이 있습니다. 전통적으로 매년 하듯이, 저희는 모든 사람이 캠프파이어를 하며 노래를 부르는 것으로 시작합니다. 다음날 12~15세 그룹은 카약을 타고 강 아래의 다른 캠프지로 이동합니다. 이 그룹은 거기서 하룻밤을 보내고, 별 아래에서 잠을 잘 것입니다. 8~11세 그룹은 그곳에 계속 머무르면서 셔츠 색칠하기와 바구니 뜨기 같은 활동을 포함한 공예 전시회를 가질 것입니다. 그곳에는 어린이들이 여러 가지 과제를 배울 수 있는 다양한 부스들이 있습니다. 다음날 8~11세의 어린이들은 산림 생태계를 배우기 위해 단거리 등반을 할 것입니다. 그들은 나무, 동물과 같은 건강한 숲속의 요소들과 그들이 어떻게 서로에게 의존하는지를 배울 것입니다. 12~15세 그룹은 그 날 돌아와서 야외 캠프 요리에 관해서 배울 것입니다. 가령 취사용 불을 어떻게 만드는지, 야외에서 기본적인 식사를 어떻게 준비하는지를 포함합니다. 수업의 폐회식은 두 그룹 모두를 포함해서 진행됩니다. 충분한 답이 되었기를 바랍니다. 궁금한게 있으면 편히 질문해 주세요.

upcoming 다가오는   **give out** ~을 발표하다   **go over** ~을 세밀히 조사하다   **appropriate** 적당한, 알맞은   **range** ~범위에 이르다, 미치다   **start off** 출발하다, 일을 착수케 하다   **session** 수업 (시간)   **excursion** 소풍, 짧은 여행   **campground** 캠프 지정지, 야영지   **stay behind** 뒤에 남다, 잔류하다   **weave** 짜다, 뜨다   **fair** 박람회, 전시회   **ecosystem** 생태계   **outdoors** 옥외, 문밖   **ceremony** 의식   **involve** 포함하다, (필연적으로) 수반하다   **feel free to** 마음대로(거리낌없이) ~하다

Overview

IELTS Listening에서 흔히 질문되는 형태로, 그림을 이용한 문제이다. diagram 또는 map을 이용해서 테이프의 내용을 듣고, 해당되는 번호에 단어 또는 숫자를 적는 것이다. 시각적인 그림을 이용한다는 면에서 다른 문제와는 차이가 있다. 그림이 의미하는 것을 가능한 한 빨리 이해하고, 문제의 번호가 각각 어디에 있는지도 순서대로 확인한다.

1 Labeling a diagram

본문의 내용과 관련된 diagram이 주어져 있다. 여러 가지 형태의 그림이 나올 수 있지만 관련된 정보에 해당되는 문제에 이를 적어 넣으면 된다.

Tip 1

IELTS Listening에서 예측(prediction)을 하는 것은 매우 중요하다. 문제를 보고 정답을 미리 예측한 뒤 정답을 기다리는 것과 그렇지 않은 것은 차이가 크기 때문이다. 예측을 한 후 테이프 내용을 듣고 있다면 집중도가 높아져서 해당되는 내용을 찾기 쉬울 것이다.

Tip 2

일반 상식을 이용해서 정답을 예측해 본다. 테이프를 듣기 전, 주어진 정보(그림 등)에서 정답을 미리 예측한 뒤, 테이프를 들으면서 이를 확인해 보는 습관을 길러야 한다.

2 Labeling a map

지도(map)를 주는 형태는 IELTS Listening에서 매우 전형적인 문제이다. 수험자들이 지도상에서 얼마나 위치를 잘 찾아낼 수 있는가에 초점을 두고 있는 문제이다. 지도가 주어지는 문제는 정확도가 매우 중요하며 상하좌우에 해당되는 위치를 빨리 알아차리지 못한다면 문제 전체에 영향을 미칠 수도 있다.

Tip 1

항상 시작점을 확인해야 한다. 이는 시작점에서부터 테이프의 내용이 시작되기 때문이다. 만약 시작점에서부터 첫 번째 갈림길까지 옳은 방향을 잡지 못하면 다음 문제에 영향을 미칠 수 있고, 더 나아가서 전체 내용 파악에도 지장을 줄 수 있다.

Mini Test 9

Questions 1-5

Complete the diagram below.

Write **NO MORE THAN TWO WORDS** for each answer.

Speaker

Liquid Crystal **1** ....
shows phone information.

15:30

Send Button used to **4** ....
a call after the number is
dialed.

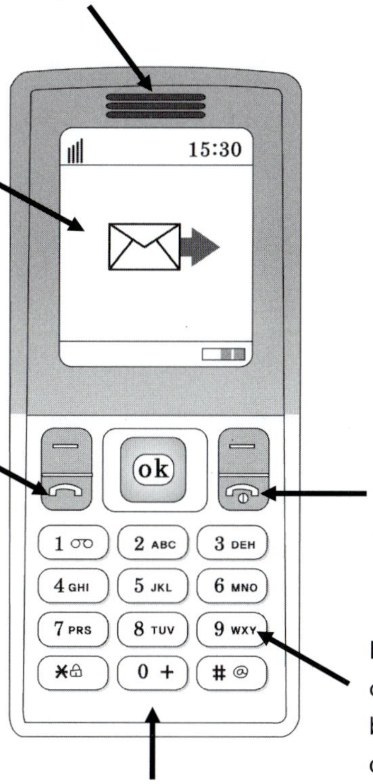

End Call Button used to turn
the phone's **5** .... on and
off.

Numeric Keypad **3** .... to
one on a landline telephone
but with a few important
differences.

Microphone where people's
voices are converted into digital
2 ....

Questions 1-5 아래 표를 완성하시오. 각각의 답을 두 단어 이하로 적으시오.

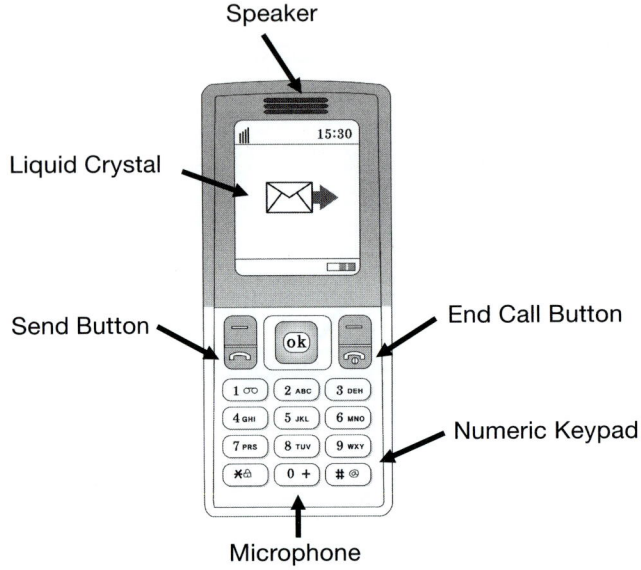

Speaker

Liquid Crystal

15:30

Send Button

End Call Button

Numeric Keypad

Microphone

1

Liquid Crystal .... shows phone information.
액정 표시 화면이 전화 정보를 보여준다.

해설 | Could you explain the different parts to me? 문장에서 휴대 전화에 관한 설명이 다음 문장에 나올 것임을 예측하며 들어야 한다. liquid crystal 다음에 나오는 단어를 잘 듣되 이것이 phone information과 관련이 있는지를 확인해야 한다.

정답 | display

2

Microphone where people's voices are converted into digital ....
사람들의 음성이 디지털 신호로 변환되는 곳이 송화기이다.

해설 | microphone, voices를 키워드로, microphone이 언급된 문장 다음부터 잘 들어야 한다. digital 뒤에 나올 수 있는 품사(명사)를 예측하여 들려주는 대화에서 digital + 명사의 형태로 답을 찾아야 한다.

정답 | signals

3

Numeric Keypad .... to one on a landline telephone but with a few important differences.
숫자판은 유선 전화기와 비슷하지만 몇 가지 중요한 차이점이 있다.

해설 | numeric keypad, landline telephone을 키워드로 들어야 하며, 빈칸에 들어갈 단어 다음에 to가 있는 것을 확인해야 한다.

정답 | similar

4

Send Button used to . . . . a call after the number is dialed.

송신 버튼은 숫자를 건 후에 전화를 걸기 위해 마지막에 사용된다.

해설 send button을 키워드로, a call 앞에 나올 수 있는 품사(동사)를 예측하며 들어야 한다. 이때 dial은 다이얼을 돌리다, 전화하다의 의미이다.

정답 complete

5

End Call Button used to turn the phone's . . . . on and off.

마지막 전화 버튼은 전화기의 파워를 켜고 끌 때 사용된다.

해설 문제를 이해했다면 일반 상식을 통해 답을 예측할 수 있다. end call button을 키워드로, turn과 on and off 사이에 들어가는 단어를 잘 들어야 한다.

정답 power

Salesman	Hi there, how can I help you today?
Customer	Yes, I need to buy a mobile phone, but I'm not really familiar with them.
Salesman	I see. What kind did you need?
Customer	Well, I just need a really simple one. Actually, I really don't know about them at all, could you explain the different parts to me?
Salesman	Sure, no problem. Here is a standard phone. **Q1** The part that looks like clear plastic is a liquid crystal display, or LCD. This is where you can see all the information on your phone.
Customer	OK, got it.
Salesman	The holes at the top are the speaker where you hear people on the other line, and at the bottom, of course, is the microphone. **Q2** This is where people's voices are converted into digital signals. It's sensitive, so you only need to speak into it using a normal voice.
Customer	Alright.
Salesman	The part with all the numbers is called the numeric keypad. **Q3** It is very similar to ones on landline telephones, but there are a few important differences.
Customer	Oh, what are they?
Salesman	There are other buttons specific to the mobile phone. **Q4** The send button is pressed after dialing in a number to connect the call. **Q5** The end call button is also used to turn the phone's power on and off.
Customer	That definitely is different from the telephones I'm used to.
Salesman	Don't worry about it, ma'am. This cellular device is very intuitive and user friendly.
Customer	Well, tell me about the prices for different phones.

Salesman	안녕하세요. 무엇을 도와드릴까요?
Customer	네. 휴대 전화를 사고 싶은데요. 제가 휴대 전화를 잘 몰라서요.
Salesman	알겠습니다. 어떤 종류가 필요하신가요?
Customer	글쎄요. 저는 매우 단순한 것을 원해요. 사실 제가 휴대 전화에 대해서 아는게 없거든요. 제게 차이점을 설명해 주시겠어요?
Salesman	네. 알겠습니다. 이것이 일반 전화입니다. 깨끗한 플라스틱처럼 보이는 부분이 액정 표시 화면 또는 LCD입니다. 액정 표시 화면으로 휴대 전화의 모든 정보를 볼 수 있습니다.
Customer	네.
Salesman	꼭대기에 있는 구멍이 스피커로, 상대방의 목소리를 들을 수 있습니다. 그리고 아래쪽에 있는 구멍은 송화기입니다. 사람들의 음성이 디지털 신호로 변환되는 곳입니다. 이것은 예민해서 평소의 목소리로 말해야 합니다.
Customer	네. 이해했어요.
Salesman	숫자가 있는 부분은 숫자판입니다. 이것은 유선 전화기와 비슷하지만 몇 가지 중요한 차이점이 있습니다.
Customer	아! 그게 뭔가요?
Salesman	휴대 전화에는 특이한 다른 버튼이 있습니다. 송신 버튼은 전화를 연결하고자 하는 숫자를 건 후에 누릅니다. 그리고 전원 버튼은 전화기 전원을 켰다, 껐다 할 때 사용됩니다.
Customer	그건 제가 익숙해져 있는 일반 전화기와는 많이 다르네요.
Salesman	걱정하지 마세요. 이 휴대 전화 장치는 이해하기 쉽고, 사용하기 쉽습니다.
Customer	여러 휴대 전화기들의 가격을 좀 알려주세요.

be familiar with ~에 친숙하다, 정통하다 **standard** 보통의, 무난한 **liquid** 투명한 **crystal** 수정 같은, 맑고 투명한 **display** 표시, 화면 표시 장치 **convert** 전환하다 **signal** 신호(기) **sensitive** 민감한, 예민한 **numeric** 수, 분수 **keypad** 키패드(키보드에 숫자 키와 수학 기호 키가 별도로 배치되어 있는 부분) **landline** 지상 통신선 **specific** 특수한, 특정의 **dial** ~의 다이얼을 돌리다, 전화를 걸다 **intuitive** 직관에 의한, 직관에 의해 인식된 **user-friendly** 사용하기 쉬운

LISTENING

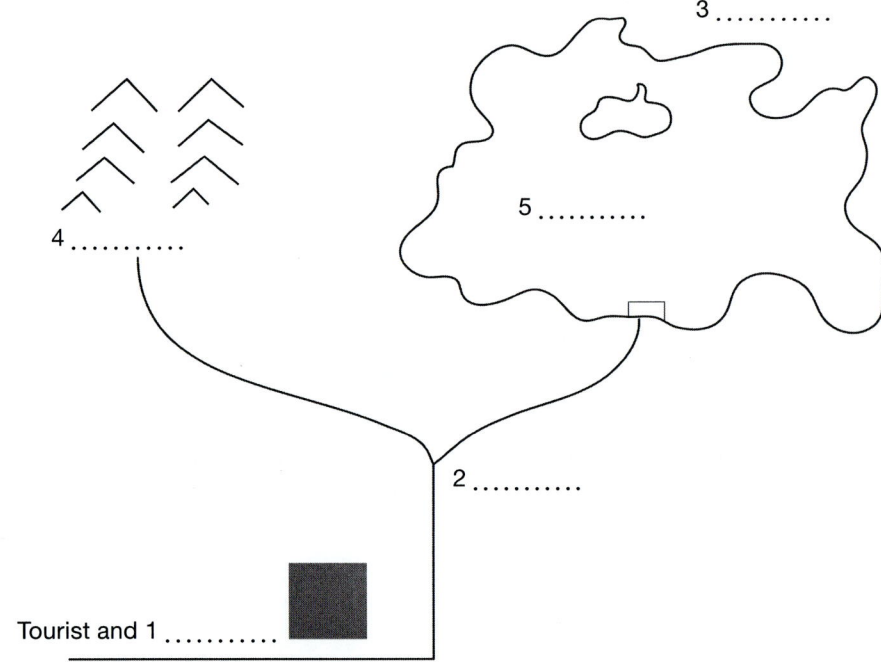

Questions 1-5   아래 지도에 표시하시오. 각각의 답을 세 단어 이하로 적으시오.

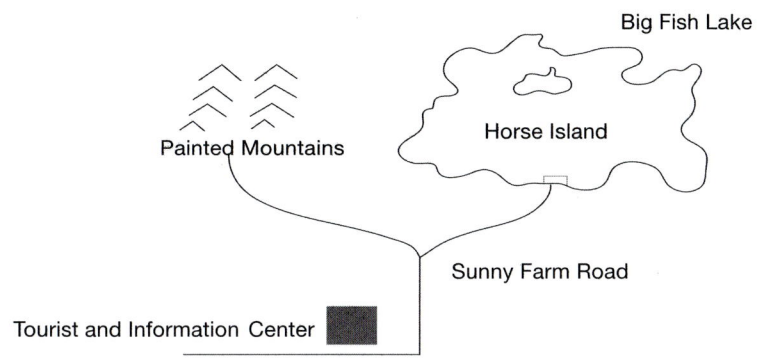

1

Tourist and ....

해설 tourist 다음에 나오는 단어를 잘 들어야 한다. 그림의 네모로 표시된 부분을 black square라고 부르는 것을 들려주는 내용에서 확인해야 한다.

정답 Information Center

2

....

해설 문제 1번을 설명한 후 문제 2번으로 이야기가 전개될 것을 예측하며 들어야 한다. 내용에서 언급한 Center는 Tourist and Information Center를 가리키는 것이다.

정답 Sunny Farm Road

3

....

해설 이 부분이 그림의 오른쪽에 해당되므로 방향과 관련된 문장 중에서 right에 해당된다면 정답이 될 가능성이 크다. 본문에서 the one going to the right here, heads toward the lake라고 언급하고 있으며 다음 문장에서 호수 이름을 알려주고 있다.

정답 Big Fish Lake

4

....

해설 4번의 방향이 3번과는 완전히 다른 방향이므로 반대되는 방향을 암시해 주는 단어를 예측해야 한다. 본문에서는 going the other way로 언급하고 있다.

정답 Painted Mountains

5

....

해설 island인지, lake인지 주어진 정보가 없으므로 잘 들어야 한다. 하지만 문제 3번에서 lake를 알았다면, 쉽게 island를 알아낼 수 있다. 혹 문제 3번을 통해서 예측할 수 없다면, 들려주는 내용에서 언급한 명칭을 답으로 적어야 한다.

정답 Horse Island

Guide	Hello, everybody. Welcome to the Central Valley Tourist and Information Center. I'm really happy that all of you are interested in exploring this part of the country. I'm going to tell you about the local area and about some of the places you can visit. Feel free to ask me questions at any time. On this map of the area, **Q1** the Tourist and Information Center is marked by a black square. The road you came from, the one in front of the Center, is called **Q2** Sunny Farm Road. This road is where people used to take their wheat and corn to market. It turns north and then forks. The east fork, the one going to the right here, heads toward the lake. We call this **Q3** Big Fish Lake. It's actually one of the largest lakes in the country. The west fork of the road, going the other way, leads to the mountains. The locals call these **Q4** the Painted Mountains because they look like someone used different colors to paint them. The mountains have hiking for all skill levels and the scenery is absolutely gorgeous.
Tourist	Excuse me, that island in the middle of the lake? Can we go there?
Guide	Yes, actually, thank you for reminding me. **Q5** That is 'Horse Island.' Named so because it is one of the few places where wild horses are allowed to roam free. You can take a ferry to the island and go camping. The ferry leaves from the Southern Terminal, on the bottom side of the lake here on the map. Are there any other questions? OK, now let me tell you about the first people to settle the area. They arrived over 35,000 years ago.

Guide	여러분, 안녕하세요. Central Valley 관광 안내소에 오신 것을 환영합니다. 저는 여러분 모두가 이 지역의 답사에 관심을 가지고 있다는 사실이 정말 행복합니다. 저는 이 지역과 여러분이 방문할 수 있는 장소들에 관해서 알려드리겠습니다. 언제든지 자유롭게 질문해 주시기 바랍니다. 이 지역의 지도상으로 관광 안내소는 검정색의 정사각형으로 표시됩니다. 여러분이 오신 센터 앞 길은 Sunny 농장 길이라고 부릅니다. 이 길은 사람들이 밀과 옥수수를 시장으로 가지고 가던 길입니다. 이 길은 북쪽으로 돌아서 갈래가 집니다. 여기에서 오른쪽으로 향하는 동쪽 분기점은 호수로 가는 길입니다. 저희는 이것을 Big Fish 호수라고 부릅니다. 이 호수는 이 나라에서 가장 큰 호수 중 하나입니다. 다른 방향으로 향하는 Sunny 농장 길의 서쪽 분기점은 산으로 가는 길입니다. 이 지역 사람들은 이 산이 여러 색깔을 이용해서 칠한 것처럼 보이기 때문에 Painted 산맥이라고 부릅니다. 이 산은 누구나 오를 수 있는 길이 있으며, 경치가 정말 좋습니다.
Tourist	죄송합니다만 그 호수 중간에 있는 섬은 무엇인가요? 거기에 갈 수 있나요?
Guide	네. 상기시켜 주셔서 감사합니다. 그것은 Horse 섬입니다. 야생말들이 자유롭게 다닐 수 있는 드문 지역 중 한 곳이기 때문에 그렇게 부릅니다. 여러분은 섬으로 가는 페리를 타고, 야영을 할 수도 있습니다. 그 페리는 지도상에서 호수의 아래쪽에 위치한 남쪽 터미널에서 출발합니다. 질문이 더 있으신가요? 자, 이제 이 지역에 최초로 정착한 사람들에 대해 알려드리겠습니다. 그들은 35,000년 전에 이곳에 도착했습니다.

explore 탐험하다, 답사하다   **at any time** 언제라도, 아무 때나   **mark** ~에 표(기호)를 하다, 나타내다   **square** 정사각형, 광장   **wheat** 밀, 소맥   **fork** 갈래가 지다, 분기하다   **the locals** 지역의 주민, 지역인   **scenery** 풍경   **absolutely** 절대적으로, 완전히   **gorgeous** 화려한, 굉장한   **remind** 상기시키다, 일깨우다   **allow** 허락하다, 허가하다   **roam** 배회하다   **ferry** 나룻배, 연락선   **settle** 자리잡게 하다, 살게 하다

Unit 6 ○ Short Answer Questions

Overview

　Short Answer Questions은 주관식의 답을 요구하므로 수험자가 상당히 어려움을 느낄 수 있는 형태의 문제이다. 객관식과는 달리 정답을 대충 알고는 맞출 수 없으므로 정확한 용어를 테이프에서 들어야 한다. 이를 가능하게 하기 위해서는 문제를 얼마나 정확히 이해하는가가 관건이다. 문제의 문장을 읽고, 중요 단어에 밑줄을 긋고, 어떤 정보를 들어야 하는지를 명확히 예측하고 있어야 한다. 예를 들어 시간이라면 시계의 숫자, 주소라면 숫자와 지명과 관련된 정보를 들어야 한다.

■● Tip 1

when, where, why 등의 문제가 요구하는 정답이 무엇인지를 정확히 확인하고, 이에 해당하는 정답의 형태를 예측하고 있어야 한다. 생각 없이 테이프를 듣고 나서 문제를 확인한다면 이미 정답을 적을 수 있는 기회를 놓치게 된다.

■● Tip 2

테이프가 시작되기 전, 문제를 다 읽고 다시 첫 번째 문제로 가서 한 번 더 문제를 읽는다. 첫 번째 정답을 찾고 나면, 두 번째 문제를 읽고, 테이프에서 문제가 나오기를 기다린다.

Mini Test 11

Questions 1-5

Write **NO MORE THAN THREE WORDS** for each answer.

1   What was wrong with the movie screens the last time they went?

....

2   Where was the new movie theatre built?

....

3   How much are tickets at new luxury movie theatre?

....

4   Where is another movie theatre located?

....

5   What is near the other movie theatre that makes it easy to get to?

....

> Questions 1-5   각각의 답을 세 단어 이하로 적으시오.

1

What was wrong with the movie screens the last time they went?

그들이 지난번에 갔던 영화관 화면의 문제는 무엇인가?

> 해설   movie screens, last time을 키워드로, 문제점을 들어야 한다.

> 정답   too small

2

Where was the new movie theatre built?

새로운 영화관은 어디에 지어졌는가?

> 해설   where로 묻고 있으므로 장소가 정답이라는 것을 알 수 있다. built 이후에 나오는 문장을 잘 듣는다.

> 정답   near the park

3

How much are tickets at new luxury movie theatre?

새로운 고급 영화관의 표는 얼마인가?

> 해설   luxury movie theatre와 관련된 내용 중에서 돈과 관련된 숫자가 나오면 이것이 정답이 된다.

> 정답   25 dollars//twenty-five dollars

4

Where is another movie theatre located?

또 다른 영화관은 어디에 있는가?

> 해설   where로 묻고 있으므로 장소가 정답이라는 것을 알 수 있다. another theatre를 키워드로, 장소를 들어야 한다.

> 정답   (at) the mall

5

What is near the other movie theatre that makes it easy to get to?

쉽게 갈 수 있는 다른 영화관 근처에는 무엇이 있는가?

> 해설   문제를 잘 이해한 후 키워드를 찾아 들어야 한다. what is near라고 물었으니 어떤 장소가 나올 것을 예측하고 들어야 한다.

> 정답   (the) bus station

David	So, do you still want to see a movie tonight?
William	Yeah, I think that would be really fun.
David	OK, you know, I don't want to go to the movie theatre we went to last time. It was really dirty, and **Q1** the screen was too small.
William	**Q2** You want to go to the new one they built near the park?
David	How much is it for a ticket?
William	You know what? I just remembered that I saw their website. It's a luxury movie theatre. They have leather armchairs to sit in and they also serve wine and restaurant quality food.
David	I see, so that would cost about...
William	I think **Q3** it would be 25 dollars including a meal and a drink.
David	I don't know about that.
William	Yeah, that is pretty expensive. What else were you thinking?
David	**Q4** Well, there is another theatre at the mall. They have undergone renovations, so the movie screens are really good. I like the big ones they make the film seem more alive.
William	How much is a ticket there?
David	The ticket is only ten dollars. If we want something to eat, there is a food court where we can get meals for about only five dollars.
William	That sounds good, let's go then. If I remember correctly, it is easy to get there. We just have to go to **Q5** the bus station right next to the theatre.
David	Yeah, I feel like having a drink beforehand. There's a good coffee shop next to the theatre, too.

David	그래서 너는 여전히 오늘 밤에 영화를 보고 싶어?
William	응. 그게 정말 재미있을 것 같아.
David	좋아. 하지만 우리가 지난번에 갔던 영화관에는 가고 싶지 않아. 거긴 정말 더럽고, 화면도 너무 작았어.
William	공원 근처에 지어진 새 극장에 가고 싶어?
David	영화 표는 얼마야?
William	있잖아. 그 극장의 웹사이트를 본 게 금방 떠올랐어. 거기는 고급 영화관이야. 가죽으로 된 팔걸이 의자에 앉을 수 있고, 와인과 레스토랑 수준의 질 좋은 음식을 제공해.
David	그렇구나. 그래서 비용이 얼마 정도...
William	내 생각엔 식사와 음료를 포함해서 25달러쯤 될 것 같아.
David	가격이 조금 마음에 걸리는데.
William	음, 꽤 비싸. 생각해 둔 곳이 있어?
David	글쎄. 쇼핑몰에 다른 극장이 있어. 그곳은 수리를 해서 영화 화면이 정말 좋아. 나는 큰 화면이 좋아. 큰 화면은 영화를 더 생동감있게 하는 것 같아.
William	거기 영화 표는 얼마야?
David	영화 표는 10달러야. 만약 우리가 무엇이 먹고 싶다면, 5달러로 식사를 할 수 있는 간이 식당가가 있어.
William	정말 좋은데. 거기로 가자. 내 기억이 맞다면, 거기에 가는 것은 쉬워. 영화관 바로 우측에 있는 버스 정류장을 이용하면 돼.
David	응. 그 전에 난 뭘 좀 마시고 싶어. 영화관 옆에는 좋은 커피 가게도 있어.

armchair 안락의자　**undergo** 겪다, 경험하다, 받다　**renovation** 수리, 개혁　**alive** 생생하여, 활발한　**beforehand** 미리, 벌써(부터)

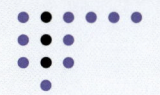

여섯 가지 문제 유형에 관한 TIP

Tip 1

지시가 시작됨과 동시에 문제를 읽는다. 5개 문제를 모두 이해하고 있어야 하며, 질문에서 키워드를 찾아 표시를 한다. 이름, 숫자, 주소 등을 꼭 확인해야 한다. 평상시에 받아 적기 연습을 하는 것이 큰 도움이 된다.

Tip 2

숫자가 나올 경우, 아라비아 숫자로 적는 것이 좋다. 정답지에 옮겨 적을 때, 아라비아 숫자로 적는 것이 감점되거나 오답이 되는 것은 아니다.

Tip 3

IELTS Listening에서 예측(prediction)을 하는 것은 매우 중요하다. 문제를 보고 정답을 미리 예측할 수 있어야 하며, 2개의 정답을 기입하는 문제에서 한 개를 듣지 못했더라도 예측해서 답을 골라야 한다.

Tip 4

정답에 해당하는 단어는 가능한 한 빨리 문제지에 적는다. 그 다음 문제에 해당하는 정답 문장이 연이어서 나올 수도 있기 때문이다. 그러므로 계속해서 테이프의 내용을 듣고 있어야 한다. 간혹 문제의 순서가 1~2 문제 바뀌는 경우가 있으나 큰 틀은 바뀌지 않으므로 당황하지 않도록 한다.

Tip 5

테이프의 내용을 듣기 전, 주어진 문제(표, 지도 등)를 꼼꼼히 살펴본다. 그리고 대화 진행이 거의 문제 순서대로 나오므로 문제 번호가 어디에 있는지를 꼭 확인해야 후에 문제를 놓치는 일이 발생하지 않는다.

Tip 6

한 문제를 놓쳤다고 해서 연연하면 안 된다. 바로 그 다음 문제를 읽고 확인해야 앞으로 더 큰 실수를 방지할 수 있다.

Tip 7

when, where, why 등의 문제가 요구하는 정답이 무엇인지를 정확히 확인한다. 문장 내 품사를 확인하고 미리 정답의 형태를 예측하며 테이프를 듣는다.

Chapter 2

인원수별 유형

　IELTS Listening에서 Section별 문제에 등장하는 화자의 인원수가 각각 다르다. 1명, 2명 또는 그 이상이 등장하기도 한다. 화자의 인원수가 달라지게 되면 내용 전달이 어떻게 달라지는지를 알아야 한다. 일반적으로 인원수가 늘어나게 되면, 수험자들이 당황하게 되는데 그 이유는 누가 어떤 정보를 말하는지를 알기 어려운 경우가 종종 있기 때문이다. 이러한 경우를 대비하여 화자 인원수를 1명, 2명, 3명으로 나누어서 연습해 보도록 하자.

Unit 1 One Person

Unit 2 Two People

Unit 3 Three People

Unit 1 ○ One Person

Overview

화자가 1명일 경우, 혼자서 전달하는 내용, 즉 강의와 같은 내용을 주로 이야기한다. 1명이 대화를 하는 경우는 2명 이상이 대화를 하는 경우보다 혼동의 가능성이 적다는 것이지 문제가 더 쉽다는 것을 의미하는 것은 아니다. 오히려 쉬운 대화보다는 내용상 더 어려울 수도 있고, 어려운 어휘를 쓸 수도 있다. 화자가 1명일 경우에는 어떤 사람이 어떤 말을 하는지에 관심을 두지 않으므로 그 내용에만 집중을 하면 된다.

> **Tip 1**
> 1명의 화자가 나오는 Section이 어디인지를 미리 알아두는 것이 도움이 된다. Section 2와 Section 4에서는 1명의 화자가 내용을 전달하는 경우가 많다.

Questions 1-5

Complete the notes below.

Write **NO MORE THAN THREE WORDS** for each answer.

Housing Overview

- All living quarters at school have **1** .... rooms.

- All dorms are co-educational with shared bathrooms.

- Student Fellows are supposed to help students get used to **2** ....

- People can apply to be Student Fellows at the end of their first year.

- There are regulations involving noise in a **3** ....

- In all 'Healthy Hallways,' there is no **4** .... allowed inside rooms.

- For Final Year Housing, every house has two full **5** ....

> **Questions 1-5**   아래 표를 완성하시오. 각각의 답을 세 단어 이하로 적으시오.

기숙사에 관한 소개

학교의 모든 기숙사는 1인실이다.
모든 기숙사는 공용 화장실을 갖춘 남녀 공동이다.
기숙사 회는 학생들이 대학교 생활에 익숙해지는 것을 도와준다.
사람들은 1학년 말에 학생회를 지원할 수 있다.
조용한 기숙사에는 소음과 관련된 규칙이 있다.
'건강한 복도'에서는 음주와 흡연이 실내에서 금지된다.
마지막 학년을 위한 기숙사는 모든 집에 2개의 화장실이 있다.

1

All living quarters at school have .... rooms.
학교의 모든 기숙사는 1인실이다.

해설 ┃ I would like to talk to you about your dormitories 문장을 통해 기숙사에 관한 소개가 다음 문장에 나올 것을 알 수 있다. rooms를 키워드로, 빈칸에 숫자가 들어갈 것을 예측하고 들어야 한다. quarters는 주거, 숙소를 의미한다.

정답 ┃ single

2

Student Fellows are supposed to help students get used to ....
기숙사 회는 학생들이 대학교 생활에 익숙해지는 것을 도와준다.

해설 ┃ student fellows, help students를 키워드로, to 이하에 들어갈 단어를 예측하며 듣는다. 본문의 help ease your transition into university life → help students get used to로 바꿔 말하고 있다.

정답 ┃ university life

3

There are regulations involving noise in a ....
조용한 기숙사에는 소음과 관련된 규칙이 있다.

해설 ┃ regulations, noise를 키워드로, 빈칸에 들어갈 명사를 들어야 한다. 본문의 observe the special rules regarding noise → regulations involving noise로 바꿔 말하고 있다.

정답 ┃ quiet hall

4

In all 'Healthy Hallways,' there is no . . . . allowed inside rooms.

'건강한 복도'에서는 음주와 흡연이 실내에서 금지된다.

해설 Healthy Hallways, inside rooms를 키워드로, 뒷문장을 잘 들어야 한다. 이때 무엇이 허용되지 않는지를 예측 하고 들어야 한다.

정답 smoking and//or drinking

5

For Final Year Housing, every house has two full . . . .

마지막 학년을 위한 기숙사는 모든 집에 2개의 화장실이 있다.

해설 Final Year Housing을 키워드로, two가 가리키는 것을 잘 들어야 한다.

정답 bathrooms

Good morning. I'm glad that everyone arrived safely. As part of your orientation here, I would like to talk to you about your dormitories. **Q1** All the dormitories at our school have single rooms. Each dorm building is co-ed with two to three shared bathrooms per hallway. There are individual stalls, showers, and sinks in every bathroom, so privacy is not an issue. Every 10-15 people will be assigned to a student fellow. Residential life trains **Q2** these student fellows to help ease your transition into university life. They can answer questions you have about the dorms or about academics or they can guide you to the right person if you need more help. At the end of this year, all of you can apply for a student fellowship position for the next incoming class. **Q3** Please observe the special rules regarding noise if you live in a quiet hall. This year, we are also trying out a program called 'Healthy Hallways.' **Q4** No smoking or drinking is allowed inside the rooms of these hallways. I ask you to respect the wishes of people who have chosen to live there. During your last year at the University, if you so desire, you may choose up to four people to live with in Final Year Housing. **Q5** These are five bedroom detached housing units that have two full bathrooms, a full kitchen, and a common dining area. Groups who want to apply for this housing have to submit an application together. Residential life then conducts a random drawing to assign houses if there are more applicants than there is space available.

안녕하세요. 여러분 모두 무사히 도착해서 기쁩니다. 여러분의 사전 교육의 일환으로 숙소에 관하여 말하고자 합니다. 저희 학교의 모든 기숙사는 1인실입니다. 각각의 기숙사 건물은 복도마다 2~3개의 공용 화장실이 있는 남녀 공동입니다. 모든 화장실에는 개인용 진열대, 샤워기, 싱크대가 있어서 사생활은 걱정하지 않아도 됩니다. 10~15명의 사람들이 1명의 기숙사 회원에게 배정될 것입니다. 기숙사 회는 학생들이 대학 생활에 적응할 수 있도록 학생 기숙사 회원들을 양성합니다. 그들은 기숙사 또는 학업에 관한 여러분의 질문에 대답을 해줄 수 있으며, 여러분이 더 많은 도움을 필요로 한다면 여러분에게 적절한 사람을 소개해 줄 것입니다. 올해 말, 여러분은 내년 신입생들을 위한 기숙사 회원 직에 지원할 수 있습니다. 만약 여러분이 조용한 복도에 산다면, 소음에 관한 특별 규칙을 준수해 주시기 바랍니다. 올해 저희는 또한 '건강한 복도'라고 불리는 프로그램을 시도하려고 합니다. 건강한 복도의 실내에서는 흡연과 음주가 허용되지 않습니다. 저는 이곳에 살기를 선택한 학생들의 희망을 여러분이 존중해 주기를 권유합니다. 대학의 마지막 해 동안 여러분이 원한다면 여러분은 기숙사에서 함께 살고자 하는 네 명을 선택할 수 있습니다. 5개의 침실과 2개의 화장실, 부엌, 그리고 일반 식당 지역이 있는 단독 기숙사입니다. 이 기숙사에 지원하길 원하는 그룹은 지원서를 함께 제출해야 합니다. 학내 거주 생활은 이용할 수 있는 기숙사보다 지원자들이 더 많을 경우, 기숙사를 배정하기 위해 무작위 제비 뽑기를 실시합니다.

dormitory 기숙사　**co-ed** 남녀 양용의, 남녀 공학의　**per** ~에 의하여, ~을 통해서　**hallway** 현관, 복도　**stall** 진열대, 작은 방　**assign** 할당하다, 배당하다　**residential** 주거의　**ease** 편하게 하다, 진정시키다　**transition** 변화, 변천　**hall** 복도, 기숙사　**academics** 학과, 학문　**incoming** 신입의　**class** 클래스의 학생들, 동기생　**observe** 준수하다, 지키다　**regarding** ~에 관해서는　**try out** ~을 철저히 해보다, 효과를 시험해 보다　**detached** 분리된, 고립된　**housing** 주거, 숙소　**unit** 편성(구성) 단위, 단위　**submit** 제출하다, 제시하다　**conduct** 수행하다, 처리하다　**random** 임의의, 무작위의　**drawing** 제비 뽑기　**applicant** 신청자, 지원자

Overview

  화자가 2명 이상일 경우, 가장 중요한 것은 누가 어떤 말을 했는가이다. 내용을 알더라도 누가 말하는지를 모른다면 문제를 풀 수 없는 경우가 많기 때문이다. 그리고 대화의 화자가 2명이냐, 3명이냐에 따라 수험자들이 느끼는 문제의 난이도가 다를 수 있다. 2명이 나오는 경우가 횟수로는 더 잦으므로 이를 잘 익혀둬야 한다.

● Tip 1

화자 2명의 이름을 확인하는데, 이름을 그냥 보지 말고 어떻게 이름이 발음되는지를 확인하고 나서 내용을 들어야 한다. 또한 이름을 보고 남자인지, 여자인지를 예측하는 것도 정답을 찾는데 큰 도움이 된다.

● Tip 2

들려주는 내용에서 서로의 이름을 부를 때, 누가 누구인지를 명확히 파악해야 한다. 대부분 화자가 듣고 있는 사람의 이름을 부르는데, 이 경우 말하는 사람과 듣고 있는 사람을 혼동해서는 안 된다.

Mini Test 13

Questions 1-2

Complete the sentences below.

Write **NO MORE THAN TWO WORDS** for each answer.

1   Kyrie is going to write about how technology is changing the way people in the
     .... of developing countries are living.

2   Professor .... is going to help Kyrie with her thesis.

Questions 3-5

Choose the correct letter, **A**, **B** or **C**.

3   When will Professor Smith start teaching again next year?

    A the spring term

    B the fall term

    C the winter term

4   What is Professor Smith doing in China for her book?

    A lecturing about it

    B researching for it

    C promoting and marketing it

5   What is the subject of Professor Smith's book?

    A how technology is used in different societies

    B poverty in the countryside

    C how workers adapt to new areas they move to

1

Kyrie is going to write about how technology is changing the way people in the . . . . of developing countries are living.

Kyrie는 과학 기술이 개발 도상국의 농촌 지역에 사는 사람들의 삶을 어떻게 변화시키는지를 기술할 것이다.

해설 changing과 developing countries가 키워드로, 두 단어의 주변 문장을 잘 들어야 한다. 본문의 how mobile telephones → how technology로 바꿔 말하고 있다.

정답 rural areas

2

Professor . . . . is going to help Kyrie with her thesis.

Green 교수는 Kyrie가 논문을 쓰는 것을 도와줄 것이다.

해설 Who is going to be your thesis advisor? 문장을 통해 문제 2번의 답이 바로 다음 문장에 올 것임을 알 수 있다. professor, Kyrie, thesis를 키워드로, 사람 이름이 나올 것을 예측하면서 들어야 한다. 특히 이름을 쉽게 전달해 주는 단어(Green, like the color)를 놓치면 안 된다.

정답 Green

3

When will Professor Smith start teaching again next year? A the spring term B the fall term C the winter term	내년 언제 Smith 교수는 다시 강의를 시작할 것인가? A 봄 학기 B 가을 학기 C 겨울 학기

해설 when, next year를 키워드로 들어야 한다. 보기에 나와 있는 단어가 들리면 그것이 정답이 된다. not A but B(A가 아니라 B이다) 형태를 알아둬야 한다.

정답 B

4

What is Professor Smith doing in China for her book? A lecturing about it B researching for it C promoting and marketing it	Smith 교수는 중국에서 자신의 책을 위해 무엇을 할 것인가? A 강의하기 B 연구하기 C 광고하고 마케팅하기

해설 Smith, in China를 키워드로 들어야 한다. 들려주는 내용에서 She'll be lecturing at a university를 듣고 A를 답으로 하면 안 된다. 본문의 do research → researching로 바꿔 말하고 있다.

정답 B

5

What is the subject of Professor Smith's book?
A how technology is used in different societies
B poverty in the countryside
C how workers adapt to new areas they move to

Smith 교수 책의 주제는 무엇인가?

A 다른 사회에서 기술이 사용되는 방법
B 시골에서의 가난
C 노동자들이 새로운 지역에 적응하는 방법

해설 What's the book going to be about? 문장을 통해 책의 주제를 묻는 질문임을 알 수 있으며, 바로 다음 문장에 답이 온다는 것도 예측할 수 있다. 본문의 how they adjust to life in the city → adapt to new areas로 바꿔 말하고 있다.

정답 C

Kyrie	So, Matthew, what are you going to do your thesis on?
Matthew	I'm not sure yet, Kyrie. I've gone over some ideas with my professor, but I haven't written a thesis proposal yet.
Kyrie	Yeah, sometimes it's really hard to choose just one idea. I already submitted mine. **Q1** I am going to describe one aspect of how mobile telephones are changing life in the rural areas of developing countries.
Matthew	Oh, nice. Who is going to be your thesis advisor?
Kyrie	**Q2** Professor Green is going to be my advisor.
Matthew	Green, like the color? I've never heard of him before. Is he new?
Kyrie	Yes, he's a visiting lecturer. He's only here temporarily while the another professor is on a leave of absence.
Matthew	That's Professor Smith, right? How long is she going away for?
Kyrie	Well, we talked right before she left last year. She said she was going to be gone for one academic year. **Q3** So she'll be teaching again, not the spring of next year, but the fall term next year.
Matthew	Wow, I had no idea she would be gone for so long.
Kyrie	Me neither. But after talking to her, I can see why. She'll be lecturing at a university in Germany first. **Q4** After that, she is going to do research for her book in China.
Matthew	What's the book going to be about?
Kyrie	I'm not really sure... but I think, in general, **Q5** it will be about workers from the countryside and how they adjust to life in the city.
Matthew	That sounds very difficult to do.
Kyrie	I think Professor Smith will do just fine.

Kyrie	Matthew, 논문은 잘 되고 있어?
Matthew	아직 잘 모르겠어, Kyrie. 교수님과 몇몇 안을 검토했는데 아직까지도 논문 안을 작성하지 못했어.
Kyrie	응. 가끔 딱 한 개의 안을 선택하는 것은 정말 어려워. 나는 이미 제출했어. 나는 휴대 전화가 개발 도상국의 농촌 삶을 어떻게 변화시키는지를 기술할 거야.
Matthew	오, 좋은데. 네 논문 지도 교수님은 누구야?
Kyrie	Green 교수님이 내 지도 교수님이 되실 거야.
Matthew	색깔의 그린(Green)을 말하는 거야? 나는 들어본 적이 없는데. 새로 오신 분이야?
Kyrie	응. 그는 초빙 강사야. 그는 다른 교수님의 휴가 기간 동안 임시직으로 계시는 거야.
Matthew	그분이 Smith 교수님 맞지? Smith 교수님은 얼마 동안 휴가이신 거야?
Kyrie	글쎄. 우리는 작년에 교수님이 떠나시기 바로 전에 이야기를 나눈 적이 있어. 교수님은 일 년 동안 떠나있을 거라고 말씀하셨어. 그래서 내년 봄은 아니고 내년 가을 학기에 다시 강의를 하실 거야.
Matthew	와우! 난 교수님이 그렇게 오랫 동안 떠나있는 걸 몰랐어.
Kyrie	나도 몰랐어. 교수님과 얘기한 후에야 그 이유를 알 수 있었거든. 처음에 교수님은 독일에 있는 대학교에서 강의를 하실 거야. 그 후에는 중국에서 본인 책을 연구하실 거야.
Matthew	그 책은 무엇에 관한 거야?
Kyrie	잘 모르겠지만... 전반적으로 시골 출신의 노동자들이 어떻게 도시 생활에 적응하는가에 관한 걸 거야.
Matthew	주제가 꽤 어려울 것 같은데.
Kyrie	Smith 교수님은 잘 하실 거야.

thesis 학위 논문, 졸업 논문 **go over** ~을 세밀히 조사하다, 검사하다 **rural** 시골의, 전원의 **advisor** 조언자, 고문 **lecturer** 강연자, 강사 **temporarily** 일시적으로, 임시로 **leave of absence** 결근(결석) 허가, 휴가 **term** 학기, 기간 **lecture** ~에게 강의하다 **in general** 일반적으로, 전반적으로 **adjust** 순응하다

Unit 3 ○ Three People

Overview

화자가 3명일 경우, 목소리만으로는 누가 누구인지를 가늠하기 어렵기 때문에 수험자가 가장 부담을 느끼는 문제이다. 하지만 이 경우에도 남자와 여자에 대한 정보를 잘 살펴본다면, 최소한 1명은 금방 알 수 있다. 나머지 2명은 대화 속 이름을 통해서 확인해야 한다.

▶ Tip 1
3명의 이름을 정확히 확인한 뒤, 누가 남자인지, 여자인지를 예측하고 대화를 들어야 한다.

▶ Tip 2
전체 문제를 읽고 나서 3명의 입장 차이를 구분해 두는 것이 좋다. 예를 들어 어떤 안에 대해 전반적으로 찬성하는 입장인지, 아니면 반대하는 입장인지를 파악하는 것이다.

Question 1

Choose the correct letter, **A**, **B** or **C**.

1   What is the first thing Minsoo will do when school ends?

   A visit his parents
   B start classes
   C go on vacation

Questions 2-4

What are Yuki, Jaime, and Minsoo's plans during the summer?
Choose your answers from the box and write the letters **A-E**.

Summer Plans

A build a house
B study Spanish
C relax and read books
D take summer classes
E work and visit a friend

Yuki	2 ....
Jaime	3 ....
Minsoo	4 ....

Question 5

Choose the correct letter, **A**, **B** or **C**.

5   Yuki's engineering course is difficult, so she is not sure she can

   A go to South America.
   B visit her parents.
   C work and study at the same time.

Answer

> **Question 1**   A, B 또는 C를 고르시오.

1

What is the first thing Minsoo will do when school ends? A visit his parents B start classes C go on vacation	학교가 끝나면 Minsoo는 첫 번째로 무엇을 할 것인가? A 그의 부모님들을 방문하기 B 수업 듣기 C 휴가 가기

해설 Minsoo가 첫 번째로 할 일이 무엇이냐고 물었지만 실제 대화에서는 Minsoo가 말할 때 내가(I)로 시작될 수 있으므로 인칭에 유의해야 한다. 또한 Minsoo가 남자 이름이므로 남자 목소리를 잘 들어야 한다.

정답 A

> **Questions 2-4**   여름 동안 Yuki, Jaime, Minsoo의 계획은 무엇인가? 상자에서 답을 골라 **A-E**를 적으시오.

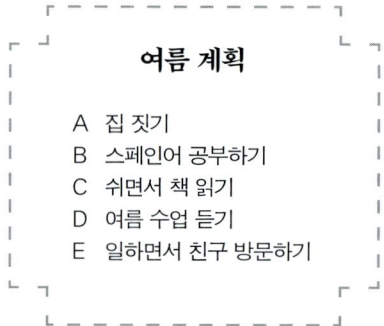

여름 계획

A 집 짓기
B 스페인어 공부하기
C 쉬면서 책 읽기
D 여름 수업 듣기
E 일하면서 친구 방문하기

2

Yuki: ....

해설 먼저 누가 Yuki인지를 알아내야 한다. 이름에 대한 언급 없이 대화를 나누다 "You know, Yuki."라고 이름이 언급되는데 이 경우 바로 전 문장의 화자가 Yuki임을 알 수 있다. 그리고 문제 5번에서 Yuki를 she로 지칭한 것을 확인할 수 있다.

정답 D

3

Jaime: ....

해설 먼저 누가 Jaime인지를 알아내야 한다. 이름에 대한 언급 없이 대화를 나누다 "How about you, Jaime?"라고 이름이 언급되므로 그 다음 문장을 잘 들어야 한다.

정답 B

100

4

Minsoo:　　　　　　　　．．．．．．．．．．

> 해설　나머지 한 사람이 남자이고, 그 남자가 바로 Minsoo라는 것을 이미 알고 있는 상태에서 Minsoo가 하고자 하는 일을 들어야 한다.

> 정답　E

Question 5　A, B 또는 C를 고르시오.

5

Yuki's engineering course is difficult, so she is not sure she can A go to South America. B visit her parents. C work and study at the same time.	Yuki는 공학 수업이 어려워서 ~를 할 수 있을지 의문이다. A 남미에 가기 B 그녀의 부모님들을 방문하기 C 동시에 일하고 공부하기

> 해설　Yuki의 대화를 따라가되, engineering course를 키워드로 들어야 한다.

> 정답　C

Yuki	I can't believe that the school year is over already. What are you both going to do?
Minsoo	**Q1** Well, I have to visit my parents first as soon as I can. I haven't seen them this whole term.
Yuki	Yeah, I know, they're pretty far away. Fortunately, mine are coming to visit me here **Q2** before I start summer classes. How about you, Jaime?
Jaime	I just saw my parents last month, during Parents' Weekend. **Q3** I'm going to South America for most of the summer to volunteer and study Spanish.
Yuki	Wow, that's great.
Minsoo	**Q4** Yeah, actually, after working for most of the summer, I'm going to visit Jaime down there for a few weeks. You should come along if you can.
Yuki	I would really like to, you know. Let me think, my summer courses end a few weeks before the fall term starts, so I would have the time to go.
Jaime	You should totally visit Minsoo and me then. You both can stay over in my dorm room. No need to pay for a hostel or anything.
Yuki	Actually, money is one reason why I don't think I can go. Plane tickets are awfully expensive these days.
Minsoo	You know, Yuki, while I'm at home, that job is going to help me pay for my flight.
Jaime	Yeah, maybe while you are taking summer classes, you could get a job too.
Yuki	Hmm... we'll see. It's an awfully difficult engineering course, **Q5** so I'm not sure if I'll be able to study and work at the same time.
Jaime	I really hope you can. I think all of us would have a really fun time.
Minsoo	Yeah, doing both at the same time will be tough, but it will definitely be worth it.
Yuki	OK, well, I'll have to see what jobs are available on campus during the summer and then.

Yuki	학년이 벌써 끝났다는게 믿기지가 않아. 너희들은 뭘 할 거야?
Minsoo	글쎄. 난 가능한 한 먼저 부모님들을 방문해야 해. 이번 학기 내내 부모님들을 못 뵈었거든.
Yuki	응. 너희 부모님들은 꽤 멀리 계시니깐. 운 좋게도 나는 여름 수업이 시작하기 전에 부모님들이 오실 거야. 너는 뭘 할 거야, Jaime?
Jaime	난 지난달 '학부모의 날'에 부모님들을 뵈었어. 난 거의 여름 내내 남아메리카에서 자원봉사하고, 스페인어를 배울 거야.
Yuki	와, 대단한데.
Minsoo	응. 사실 여름 내내 일하고 나서 몇 주 동안은 Jaime를 방문할 거야. 가능하면 너도 같이 가자.
Yuki	나도 그랬으면 좋겠어. 생각 좀 해 보고. 가을 학기 시작 전에 여름 수업이 끝나면, Jaime를 방문하러 갈 수 있을 거야.
Jaime	너는 꼭 Minsoo와 나를 방문해야 해. 너희 모두 내 기숙사 방에서 잘 수 있어. 호스텔 같은 곳에 돈을 쓰지 않아도 돼.
Yuki	사실 내가 갈 수 없다고 생각한 이유 중의 하나가 돈 때문이야. 요즘음 비행기 표가 너무 비싸거든.
Minsoo	있잖아, Yuki. 내가 집에 있는 동안에 일을 하면, 비행기 표를 사는 데 도움이 될 거야.
Jaime	응. 아마 네가 여름 수업을 듣는 동안에도 너는 일을 할 수 있을 거야.
Yuki	음... 어떻게 되는지 보자. 그건 정말 어려운 공학 수업이야. 내가 공부와 일을 동시에 할 수 있을지 잘 모르겠어.
Jaime	너는 할 수 있을 거야. 우리는 정말 즐거운 시간을 보낼 수 있을 거야.
Minsoo	응. 동시에 두 가지를 하는 것은 힘들겠지만 분명히 그만한 가치가 있을 거야.
Yuki	좋아. 여름 동안에 교내에서 할 수 있는 일이 뭔지 알아봐야겠어.

school year 학년   **Parent's Weekend** 학부모의 날   **volunteer** 자진하여 일을 하다, 지원하다
stay over 하룻밤 묵다   **hostel** 호스텔, 숙박소   **or anything** ~든가, (그 밖에) 뭔가   **awfully** 대단히, 지독하게   **at the same time** 동시에   **worth** 가치가 있는, ~할 만한

Chapter 3

난이도별 유형

IELTS Listening의 유형별 구분과 더불어 각 문제의 난이도에 따른 차이를 느껴보는 것 또한 점수를 향상시키는 방법 중의 하나이다. 문제의 난이도가 쉬운 것과 어려운 것을 등장하는 화자의 수에 따라 1명일 경우와 2명일 경우로 나누어서 살펴보도록 한다. 즉, 1명의 화자가 나오더라도 쉬운 문제의 형태와 어려운 문제의 형태가 어떻게 다를 수 있는지를 공부해 본다.

Unit 1 One Person
Unit 2 Two People

Unit 1   One Person

1 Easy Question(Section 2)

　1명의 화자가 등장해서 내용을 전달해 주는 경우, 쉬운 형태의 문제는 주로 Section 2에서 접할 수 있다. 구체적으로 학술적인 내용보다는 보편적인 주제의 내용을 다룬다. 쉬운 종류의 내용과 어렵지 않은 어휘를 주로 사용하기 때문에 Section 4에 나오는 어려운 문제들과 비교해서 상대적으로 쉽게 정답을 찾아 나갈 수 있는 형태의 문제이다.

> **Tip 1**
>
> 보편적인 주제를 다룬다고 해서 문제를 쉽게 생각하면 안 된다. 어떤 면에서는 화자가 2명 이상인 경우보다 문제가 더 어려워질 수 있기 때문이다. 항상 중요 단어들을 놓치지 않는 연습을 해야 한다.

2 Difficult Question(Section 4)

　1명의 화자가 등장해서 내용을 전달하지만 내용이 매우 어려워질 수 있다는 것을 보여주는 문제이다. 주로 이러한 내용은 Section 4에서 다루어지고 있다. 내용은 주로 강의 같은 학술적인 요소를 포함하고 있고, 종종 어려운 어휘를 사용하기 때문에 스크립트를 보더라도 이해되지 않는 경우가 있다. 내용 자체가 어려운 것은 사실이지만 내용 전체를 모두 이해해야만 문제를 풀 수 있는 것은 아니라는 점을 숙지해야 한다.

> **Tip 1**
>
> 간혹 전달 내용이 현저히 어려워 완전히 포기해 버리는 경우가 있다. 어떤 경우에도 문제를 계속 응시하고 있어야 한다. 내용은 어렵지만 정답에 해당하는 단어를 듣는 것은 의외로 쉬울 수도 있기 때문이다.

Mini Test 15

Question 1

Complete the notes below.
Write **NO MORE THAN TWO WORDS** for the answer.

Today's Headlines

- New solar power plant will power over 10,000 homes.
- Truck accident, tomatoes on the road make driving ....

Questions 2 and 3

Choose **TWO** letters **A-E**.

What are **TWO** facts about the new solar power plant, according to the speaker?

- **A** It will be very cheap to operate.
- **B** It uses many mirrors to focus sunlight.
- **C** It is the very first of its kind.
- **D** It will not create any pollution.
- **E** As other energy sources become expensive, it will be more economic.

Questions 4 and 5

Choose **TWO** letters **A-E**.

What **TWO** things does the speaker mention about the tomato truck story?

- **A** Spilled tomatoes caused two more accidents.
- **B** Animals eating the tomatoes were also a problem.
- **C** The driver was not severely injured.
- **D** By nightfall, most of the tomatoes were gone.
- **E** The tomatoes were put in a compost dump.

Question 1 아래 표를 완성하시오. 답을 두 단어 이하로 적으시오.

오늘의 주요 뉴스

새로운 태양열 발전소가 만 가구 이상에 전력을 공급할 것입니다.
트럭 사고로 인해 도로의 토마토가 차 운행을 위험하게 만들고 있습니다.

1

Truck accident, tomatoes on the road make driving ....

트럭 사고로 인해 도로의 토마토가 차 운행을 위험하게 만들고 있습니다.

해설 tomatoes on the road가 driving을 어떻게 한다는 형용사가 나올 것을 예측하고 들어야 한다.

정답 (very) dangerous

Questions 2-3 A-E 중에서 2개 고르시오.

2-3

What are TWO facts about the new solar power plant, according to the speaker?	화자에 따르면 새로운 태양열 발전소에 대해 올바른 것 2개는 무엇인가?
A It will be very cheap to operate.	A 가동하는데 매우 저렴할 것이다.
B It uses many mirrors to focus sunlight.	B 햇빛을 모으기 위해 많은 유리를 사용한다.
C It is the very first of its kind.	C 처음 시도된 것이다.
D It will not create any pollution.	D 어떤 공해도 야기하지 않을 것이다.
E As other energy sources become expensive, it will be more economic.	E 다른 에너지 자원이 비싸짐에 따라 이것은 더 경제적일 것이다.

해설 new solar power plant를 키워드로 들어야 한다. 본문의 a field of mirrors → many mirrors, 본문의 rising oil and gas prices → other energy sources로 바꿔 말하고 있다.

정답 B, E//E, B

Questions 4-5 A-E 중에서 2개 고르시오.

4-5

What TWO things does the speaker mention about the tomato truck story?	토마토 트럭 이야기에 관해 화자가 언급한 2가지는 무엇인가?
A Spilled tomatoes caused two more accidents.	A 엎질러진 토마토가 두 건의 사고를 더 야기했다.
B Animals eating the tomatoes were also a problem.	B 토마토를 먹는 동물들이 또한 문제였다.
C The driver was not severely injured.	C 운전자가 경미한 부상을 입었다.
D By nightfall, most of the tomatoes were gone.	D 해질 무렵까지 토마토가 거의 치워졌다.
E The tomatoes were put in a compost dump.	E 토마토가 퇴비 처리장으로 보내졌다.

해설 본문의 walk away from the accident → was not severely injured, 본문의 had been cleared away → were gone로 바꿔 말하고 있다.

정답 C, D//D, C

Good evening. I'll start with the headlines. Today, a new solar power plant started operating. It is expected to make enough power for over 10,000 homes. Also, people had some trouble driving downtown today. **Q1** A truck overturned, spilling tomatoes on the road and making driving very dangerous. Here is some video of the new solar power plant. As you can see, it consists of **Q2** a field of mirrors focused on one tower. So far, there are over 1,000 mirrors that reflect sunlight onto a single point at the top of the tower. About 120 meters high, this tower can collect sunlight from many acres worth of mirrors. A spokesman from the company said, **Q3** "With rising oil and gas prices, solar power will become more and more economic." The company will build thousands of more mirrors around the tower in the next few years, increasing the amount of power produced. In other news today, there was an accident on the main highway going through the downtown area. Mechanical problems in a truck carrying tomatoes caused it to veer to the side of the road. The truck then turned on its side after hitting the guardrail. **Q4** Fortunately, the driver was able to walk away from the accident with only minor injuries. Unfortunately, for other drivers, the tomatoes were a real danger. Squished tomatoes are very slippery, and drivers going at high speeds do not expect such a road hazard on a sunny day. **Q5** By nightfall, though, most of the tomatoes had been cleared away, making the road safe again. Now, for tomorrow's weather, we're going to ask.

좋은 저녁입니다. 주요 뉴스를 시작하겠습니다. 오늘 새로운 태양력 발전소가 가동을 시작했습니다. 이것은 만 가구 이상에 충분한 전력을 공급할 것으로 기대됩니다. 또한 오늘 도심에서 교통 문제가 발생했습니다. 도로에 토마토를 엎지르면서 전복된 트럭 한 대가 교통을 매우 위험하게 했습니다. 여기 새로운 태양력 발전소의 몇 가지 화면이 있습니다. 여러분이 보시다시피 그것은 한 개의 탑에 집중된 거울 필드로 구성되어 있습니다. 지금까지 1,000개 이상의 거울이 햇빛을 탑 꼭대기의 한 점으로 반사시킵니다. 약 120미터 높이의 탑은 몇 에이커나 되는 많은 거울로부터 햇빛을 모을 수 있습니다. 회사의 한 대변인은 '상승하는 기름과 가스 비용 때문에 태양력이 점점 더 경제적일 것'이라고 말했습니다. 그 회사는 몇 년 후 그 탑 주변에 수천 개의 더 많은 탑을 세워서 증가된 전력을 공급하게 될 것입니다. 오늘의 다른 소식입니다. 도심 지역으로 가는 주요 고속도로에서 사고가 있었습니다. 토마토를 싣고가던 트럭이 기계적인 문제로 인해 도로 측면으로 방향을 돌리면서 사고가 났습니다. 트럭은 가드레일을 받은 후 옆으로 전복되었습니다. 운이 좋게도 운전수는 경미한 부상만 입었습니다. 불행히도 다른 운전자들에게 토마토는 위험했습니다. 짓눌린 토마토로 도로는 미끄러웠고, 빠른 속도로 운전하던 운전자들은 화창한 날의 도로 장애물을 예상하지 못했습니다. 해질 무렵이 되어서야 대부분의 토마토가 치워졌고, 도로는 다시 깨끗해졌습니다. 이제 내일의 날씨를 알아보겠습니다.

headline (방송 뉴스의) 주요 제목, 큰 표제   **solar power** 태양열   **field** 넓게 펼쳐진 곳   **have trouble v-ing** ~하느라 애를 먹다, 힘들여 ~하다   **overturn** 뒤집히다, 전복하다   **spill** 엎지르다, 흩뜨리다   **consist** 이루어져 있다   **so far** 지금까지   **acre** 에이커(면적의 단위)   **spokesman** 대변인, 대표자   **go through** ~을 통과하다, 빠져 나가다   **veer** 방향을 바꾸다   **guardrail** (도로의) 가드레일, (계단 등의) 난간   **walk away from** ~에서 (거의) 부상 없이 살아나다   **injury** 상해, 손해   **danger** 위험물, 위험의 원인이 되는 것   **squish** 찌그러뜨리다, 짜다   **slippery** 미끄러운   **hazard** 위험, 모험   **nightfall** 황혼, 해질녘   **clear away** 제거하다, 치우다

LISTENING

Questions 1-3

Complete the notes below.
Write **NO MORE THAN TWO WORDS** for each answer.

Lecture on Flood Control

First part of the lecture will give a few statistics and **1** .... of the country's continuous battle against the sea.

About sixty percent of the land is below **2** ....

Windmills were used to remove **3** .... out of low-lying areas.

These days, electric pumps do the same job.

Questions 4-5

Write **NO MORE THAN THREE WORDS** for each answer.

4   In 1953, what broke through many dikes?

     ....

5   What will shortening the coastline and reducing exposure to the ocean help to do?

     ....

Questions 1-3   아래 표를 완성하시오. 각각의 답을 두 단어 이하로 적으시오.

홍수 조절에 관한 강의

강의의 첫 부분은 몇 가지 통계와 국가의 지속적인 바다와의 전쟁 역사를
보여줄 것이다.
육지의 약 60%가 해수면 아래에 있다.
풍차는 저지대의 물을 제거하는데 사용되었다.
요즈음 전기 펌프가 동일한 역할을 한다.

1

First part of the lecture will give a few statistics and .... of the country's continuous battle
against the sea.
강의의 첫 부분은 몇 가지 통계와 국가의 지속적인 바다와의 전쟁 역사를 보여줄 것이다.

해설 I want to give a brief overview of the topic today, before I go into the more texhnical aspects.
문장을 통해 다음 문장에서 주제를 언급할 것임을 알 수 있다. statistics, battle against the sea를 키워드로,
빈칸에 들어갈 명사를 잘 들어야 한다. 본문의 some basic figures → a few statistics로 바꿔 말하고 있다.

정답 (some) history

2

About sixty percent of the land is below ....
육지의 약 60%가 해수면 아래에 있다.

해설 문제 1번에 대한 정답이 나온 뒤, 바로 문제 2번이 나올 수 있음을 보여주는 문제이다. sixty percent, land를 키
워드로, below 다음에 명사가 나올 것을 예측하고 들어야 한다.

정답 sea level

3

Windmills were used to remove .... out of low-lying areas.
풍차는 저지대의 물을 제거하는데 사용되었다.

해설 windmills라는 단어를 들었더라도 remove에 해당하는 단어를 듣지 못했다면, 문제를 맞출 수가 없다. 본문의
pump → remove로 바꿔 말하고 있다. out of low-lying areas 앞에 나오는 명사가 있다면 이것이 정답이 된다.

정답 water

4

In 1953, what broke through many dikes?

1953년에 많은 제방을 무너뜨린 것은 무엇인가?

해설   many dikes가 무엇인지를 모르더라도 broke through 앞에 나오는 단어를 듣고 정답을 맞출 수 있어야 한다. 또한 1953년이라는 숫자가 키워드가 된다.

정답   (a huge) storm

5

What will shortening the coastline and reducing exposure to the ocean help to do?

해안선을 줄이고 바다로부터의 영향을 줄이는 것은 무엇에 도움이 될 것인가?

해설   문제 자체가 이해하기 어렵게 적혀 있지만 최소한 shortening과 reducing에 주의를 기울이면서 문장을 들어야 한다. making it easier to 문장 다음을 들어야 정답을 맞출 수 있다.

정답   protect the country

Lecturer   Hello, everyone. I am from Leiden University and it's an honor to be speaking here at such a prestigious engineering school. I want to give a brief overview of the topic today, before I go into the more technical aspects. **Q1** I will give some basic figures and explain some history of my country's continuous battle against the sea. **Q2** First off, 60% of the land area where I am from is below sea level. This is a result of people, over the past few centuries, protecting the land against flooding from very strong storms. **Q3** The iconic windmills of my country were, in the past, used to pump water out of low-lying areas. Sitting on top of long walls of earth called 'dikes,' they were used to create more land. These days, we have modern electric pumps that do the same job. Unfortunately, it has not always been enough. **Q4** In 1953, a huge storm broke through many dikes. In the end, about 10% of the farmland in the country was underwater and about 2,000 people lost their lives. As a result, the government started the most ambitious flood control project mankind has ever seen. **Q5** It is basically an effort to shorten the coastline, reducing exposure to the ocean and making it easier to protect the country. I will be discussing the technical aspects of that project, which consists of a number of different devices used to control the flow of water. The biggest of these devices, the storm surge barriers, are truly magnificent pieces of engineering.

Lecturer   여러분, 안녕하세요. 저는 Leiden 대학교에서 왔습니다. 이런 명문 공학 학교에서 연설을 하게 되어 영광입니다. 저는 기술적인 측면을 상세히 다루기 전에 오늘의 주제에 관해 간단히 살펴보고자 합니다. 저는 기본적인 수치와 우리나라의 지속적인 바다와의 전쟁 역사를 설명하고자 합니다. 우선 제 출신지인 육지의 60%는 해수면 아래입니다. 이는 과거 몇 세기에 걸쳐 사람들이 매우 강한 폭풍에서 오는 홍수에 대항하여 육지를 지킨 결과입니다. 우리나라의 상징인 풍차는 과거에는 저지대의 물을 퍼내는데 사용되었습니다. '제방'이라고 불리는 육지의 긴 벽의 꼭대기에 앉아서 사람들은 더 많은 육지를 만들었습니다. 요즈음 저희는 동일한 역할을 하는 현대식 전기 펌프를 가지고 있습니다. 안타깝게도 이것은 늘 부족했습니다. 1953년에 거대한 폭풍우가 많은 제방을 무너뜨렸습니다. 결국에는 국가 농지의 약 10%가 물속에 잠겼고, 2,000여 명의 사람들이 목숨을 잃었습니다. 결과적으로 정부는 인류가 보았던 가장 야심찬 홍수 통제 계획을 시작했습니다. 그것은 해안선을 줄이고, 바다로부터의 영향을 감소시키고, 나라를 더 잘 지키려는 근본적인 노력입니다. 저는 물의 흐름을 조절하는데 이용되는 많은 다양한 장치로 이루어진 프로젝트의 기술적인 측면을 논의하고자 합니다. 폭풍 해일 장벽과 같은 가장 큰 장치는 공학에서 이룬 정말 거대한 부분입니다.

honor 영광   **prestigious** 일류의   **overview** 개요, 개략   **go into** ~을 조사하다, 검토하다
figure 숫자, 수치   **continuous** 끊임없는, 연속적인   **sea level** 해수면   **first off** 우선, 첫째로
iconic 상의, 우상의   **windmill** 풍차   **low-lying** 낮은, 저지의   **dike** 둑, 제방   **break through** ~을 헤치고 나아가다, 강행 돌파하다   **in the end** 마침내, 결국에는   **farmland** 농지, 농토   **underwater** 수면하의, 수중(용)의   **life** 생명   **as a result** ~의 결과로서   **mankind** 인간
basically 근본적으로, 원래   **shorten** 짧게 하다, 줄이다   **coastline** 해안선   **exposure** 드러남, 폭로   **a number of** 많은, 다수의   **flow** 흐름, 유수   **storm surge** 폭풍 해일   **barrier** 장애, 장벽
truly 진실로, 정말로   **piece** 부분, 일부, 부품   **magnificent** 장대한, 웅장한

Unit 2 ○ Two People

1 Easy Question(Section 1)

  2명의 화자가 등장하는 경우에도 각각 쉬운 문제와 어려운 문제로 나뉘어진다. 쉬운 형태의 문제는 주로 Section 1에서 접할 수 있다. 일반적으로 2명의 화자가 쉬운 주제에 대해 대화를 나누며, 들어야 하는 정보도 매우 간단한 것으로 구성되어 있다.

> **Tip 1**
> 정답에 해당되는 내용은 종종 두 번 들려준다. 두 번 연속 비슷한 내용이 반복되면 정답일 가능성이 높다.

> **Tip 2**
> 관련 정보를 한번에 듣고 정확히 받아쓸 수 있도록 연습해야 한다. 이때 숫자나 철자가 나오는 정보는 특별히 주의해서 들어야 한다. 단 한 번의 기회만으로 정확히 메모하는 연습을 해야 한다.

2 Difficult Question(Section 3)

  2명의 화자가 등장해서 문제가 어려워지는 Section 3의 경우, 일반적인 주제를 다루기보다는 어려운 내용의 주제를 가지고 대화를 나누게 된다. 때때로 3명의 화자가 등장하는데, 이때 대화의 속도뿐 아니라 대화 전개의 속도도 빠를 수 있다는 것을 숙지해야 한다.

> **Tip 1**
> 문제 중에 대화 상대자의 입장 차이를 알게 해 주는 단서를 놓치면 안 된다. 예를 들어 한 사람이 다른 사람의 무엇에 대해 반대 입장을 가지는지를 알아야 한다.

Mini Test 17

Question 1

Choose the correct letter, **A**, **B** or **C**.

1   What is the man's wallet made out of?

   A clear plastic

   B brown leather

   C black leather

Questions 2 and 3

Choose **TWO** letters **A-E**.

What are **TWO** things that were in the man's wallet?

   A credit cards

   B letters

   C cash

   D bank statement

   E picture of family

Question 4

Complete the sentence below.
Write **NO MORE THAN TWO WORDS** for the answer.

The man was at the cafeteria with his friends and left his wallet at the table when he went to go . . . .

Question 5

Write **NO MORE THAN THREE WORDS AND/OR A NUMBER** for the answer.

What is the man's telephone extension? . . . .

Question 1 A, B 또는 C를 고르시오.

1

What is the man's wallet made out of? A clear plastic B brown leather C black leather	남자 지갑은 무엇으로 만들었는가? A 투명 플라스틱 B 갈색 가죽 C 검은색 가죽

해설 wallet을 키워드로, 보기에 나온 색상을 잘 들어야 한다.

정답 B

Questions 2-3 A-E 중에서 2개 고르시오.

2-3

What are TWO things that were in the man's wallet? A credit cards B letters C cash D bank statement E picture of family	남자 지갑에 들어있던 2개는 무엇인가? A 신용 카드 B 편지들 C 현금 D 은행 통지서 E 가족 사진

해설 지갑 안에 있던 물건 2개를 고르는 문제이다. 본문에서 들려주는 여러 가지 물건 중에서 관련된 2개를 보기에서 골라야 한다. 따라서 미리 보기의 예를 모두 확인하고, 대화를 들어야 한다.

정답 C, E

Question 4 아래 문장을 완성하시오. 답을 두 단어 이하로 적으시오.

4

The man was at the cafeteria with his friends and left his wallet at the table when he went to go . . . .
남자는 친구들과 함께 카페테리아에 있었고, 지갑을 테이블에 둔 채 음식을 먹으러 나갔다.

해설 left his wallet at the table을 키워드로 잘 들어야 한다. 이 경우 문제에서는 he라고 되어 있지만 인칭은 변할 수도 있으므로 주의해야 한다. go 다음의 빈칸에 들어갈 말이 구어체에서 사용되는 말임을 기억하자.

정답 get food

Question 5 답을 세 단어 이하로 적으시오.

5

What is the man's telephone extension? . . . .
남자의 내선 번호는 무엇인가?

해설 전화번호를 묻고 있으므로 숫자에 유의해서 들어야 한다.

정답 1981

Male	Hi, is this the campus security office? I called earlier about my stolen wallet.
Officer	Yes, could you please give me a description of your wallet?
Male	**Q1** OK, it's brown and made of leather. The wallet is normal sized and is pretty old looking. When you open it up, there is a clear plastic cover on the inside. On the other side there are a few pockets.
Officer	Can you tell me what was in your wallet when it was stolen?
Male	**Q2**, **Q3** There was about 50 dollars worth of cash in it, also my school identification card, my driver's license, and a picture of my family. Oh, yes, there were some discount cards for local restaurants and coffee shops.
Officer	Now, how was your wallet stolen?
Male	**Q4** I was at the cafeteria with my friends. I was showing them something and I had my wallet out. We went to go get food and I left my wallet on the table. It was really careless of me, I should've kept it... when I had to pay for my food, I remembered I had left my wallet. I went back to the table, but by that time, someone had taken it.
Officer	I'm sorry to hear about that. Actually, there has been an increase in the number of thefts reported. I would advise you to be careful about your other possessions. Can I have your dorm room number and your telephone extension?
Male	I live in Noyes Circle 917 and my extension is 1981.
Officer	**Q5** 1-9-8-1, got it. We will look into your case and if anything shows up, we'll inform you about it, OK?
Male	Alright, thanks for the help.

Male	안녕하세요. 여기가 교내 안전 보호 사무실인가요? 이전에 분실한 지갑 때문에 전화했는데요.
Officer	네. 지갑을 설명해 주시겠어요?
Male	네. 갈색 가죽 지갑이고요. 보통 크기로, 꽤 낡아 보이는 거예요. 지갑을 열면 안쪽에 투명 플라스틱 덮개가 있어요. 다른 쪽에는 몇 개의 주머니가 있고요.
Officer	분실 시, 지갑 안에 무엇이 있었는지 알려 주세요.
Male	지갑에 50달러 정도의 현금이 있었고, 학생증, 운전 면허증 그리고 가족 사진이 있었어요. 아! 지역 식당과 커피 전문점의 할인 카드도 있었어요.
Officer	어떻게 지갑을 분실하셨나요?
Male	저는 친구들과 카페테리아에 있었어요. 저는 그들에게 무언가를 보여 주려고 지갑을 꺼냈어요. 테이블 위에 지갑을 둔 채 저희는 음식을 먹으러 갔어요. 그건 정말 제 부주의예요. 지갑을 갖고 있어야 했는데... 제가 음식 값을 지불할 때, 지갑을 두고 온게 생각났어요. 다시 카페테리아의 테이블로 갔지만 그때는 이미 지갑이 없었어요.
Officer	안됐네요. 사실 보고에 의하면 절도의 수치가 증가하고 있습니다. 다른 소지품도 잘 관리하시기 바랍니다. 기숙사 방 번호와 내선 번호를 알려주세요.
Male	저는 Noyes 구역 917에 살고, 내선 번호는 1981입니다.
Officer	1981, 알겠습니다. 사건을 조사해서 발견되는 게 있으면 연락드릴게요.
Male	네. 도와주셔서 감사합니다.

open up 열다　**identification** 신분증, 신분 증명, 신원 확인　**cafeteria** 카페테리아(셀프 서비스하는 간이 식당), 구내 식당　**careless** 부주의한, 조심성 없는　**theft** 훔침, 도둑질　**possessions** 소유물, 재산　**extension** 내선, 구내 전화　**look into** ~을 조사하다, 연구하다　**show up** 나타나다, 보이다　**inform** 알려주다, 통지하다

Questions 1-5

Complete the notes below.
Write **NO MORE THAN TWO WORDS** for each answer.

Corporate Havens

- One place in America, called **1** ...., is where many companies like to create corporate havens.

- One analogy for moving to a corporate haven is that it's like changing one's permanent **2** ....

- Low tax rates are one reason why corporations will move to **3** ....

- Those countries that are tax havens are often trying to acquire another **4** .... of income.

- These types of tax havens abroad are good for **5** .... sized corporations.

Questions 1-5   아래 표를 완성하시오. 각각의 답을 두 단어 이하로 적으시오.

기업 피난처

Dover라고 불리는 미국의 한 장소가 많은 기업들이 그들의 주둔지로 삼으려고 하는 곳이다.

기업의 주둔지를 이전하는 것은 기업의 영구 주소를 바꾸는 것과 유사한 것이다.

낮은 세율이 기업들이 다른 장소로 이전하려는 한 가지 이유이다.

조세 피난처로 알려진 나라들은 종종 또 다른 수입원을 얻으려 한다.

해외에 있는 이런 종류의 조세 피난처들은 규모가 큰 기업에게 유리하다.

1

One place in America, called ...., is where many companies like to create corporate havens.

Dover라고 불리는 미국의 한 장소가 많은 기업들이 그들의 주둔지로 삼으려고 하는 곳이다.

해설 America, corporate havens를 키워드로 듣는다. 이때 장소의 이름을 묻고 있다는 것을 called라는 단어를 통해서 알 수 있으므로 고유 명사를 들어야 한다. 또한 정답의 철자를 다시 한번 정확히 말하는 것(D-O-V-E-R)을 놓치면 안 된다.

정답 Dover

2

One analogy for moving to a corporate haven is that it's like changing one's permanent ....

기업의 주둔지를 이전하는 것은 기업의 영구 주소를 바꾸는 것과 유사한 것이다.

해설 changing one's permanent 뒤에 명사가 올 것을 확인하고 들어야 한다. analogy는 유사, 비슷함의 의미로, 본문의 it's like를 바꿔 말한 것이다.

정답 address

3

Low tax rates are one reason why corporations will move to ....

낮은 세율이 기업들이 다른 장소로 이전하려는 한 가지 이유이다.

해설 move to 다음에 나오는 장소에 관한 명사를 확인해야 한다. 본문의 low corporate taxes → low tax rates로 바꿔 말하고 있다. 문제 2번에 관한 답이 나온 그 다음 문장에서부터 tax 단어가 언급된 때부터 잘 들어야 한다. 실제 문제 3번의 질문이 tax rates로 시작하므로 그 다음 문장(And those laws have to do with things like taxes?)에서부터 답이 언급될 것임을 알려주기 때문이다.

정답 another place

4

Those countries that are tax havens are often trying to acquire another . . . . of income.

조세 피난처로 알려진 나라들은 종종 또 다른 수입원을 얻으려 한다.

| 해설 | 명사가 들어가야 할 자리임을 확인한 뒤, tax havens, income을 키워드로 들어야 한다. 본문의 attract → acquire로 바꿔 말하고 있다. |

| 정답 | source |

5

These types of tax havens abroad are good for . . . . sized corporations.

해외에 있는 이런 종류의 조세 피난처들은 규모가 큰 기업에게 유리하다.

| 해설 | tax havens, corporations를 키워드로 들어야 하며, for 이하에 들어갈 수 있는 품사(부사, 형용사)를 확인해야 한다. 또한 일반 상식을 통해 예측할 수 있는 문제이다. |

| 정답 | large |

Hiro	I've finally started doing the research for our essay assignment. How about you Neal?
Neal	Yeah, I just started on the section about corporate havens. Can I ask you some questions?
Hiro	Sure, actually, I wanted to talk about the topic, too, just to make sure I understood what I was reading about.
Neal	Alright, so two places in America are popular as corporate havens, **Q1** one of them is called Dover.
Hiro	Dover? You mean D-O-V-E-R? I think that's right.
Neal	That means a lot of companies like to 'incorporate' there. What exactly is that again?
Hiro	It's where a corporation is based, kind of like a home country. An existing corporation can also move to a haven to take advantage of special laws. **Q2** In very simple terms, it's like changing one's permanent address or town of residence.
Neal	I see. And those laws have to do with things like taxes?
Hiro	Yes, **Q3** low corporate taxes are one reason why many corporations will move to another place. Those are also called tax havens, and there are many in the world.
Neal	Really, like where?
Hiro	**Q4** They're usually in countries that are trying to attract a source of income. Bermuda and the Cayman Islands are popular examples.
Neal	**Q5** I also remember reading that these types of tax havens were good for large corporations.
Hiro	Yeah, that's because it's hard for a small corporation to move somewhere else, and then register as a foreign corporation.
Neal	I suppose it would be pretty expensive to hire all those lawyers.
Hiro	Yes, well, there are places that are corporate havens for small, private corporations.
Neal	I haven't gone over that reading yet.

Hiro	드디어 에세이 과제의 연구를 시작했어. 넌 어때, Neal?
Neal	응. 난 막 기업 조세 피난처에 관한 부분을 시작했어. 내가 질문을 해도 될까?
Hiro	좋아. 사실 나도 그 주제에 관해 이야기하고 싶었어. 내가 이해한 게 맞는지 알고 싶었거든.
Neal	그래. 미국에서 기업 피난처로 유명한 두 지역 중 한 곳이 도버라고 불리는 곳이야.
Hiro	도버? D-O-V-E-R을 말하는 거야? 맞는 것 같은데.
Neal	이것은 많은 기업이 도버에서 '법인화하기'를 원한다는 것을 의미해. 다시 한번 정확히 말해줄래?
Hiro	기업이 일종의 본국처럼 주둔하고 있는 곳이야. 또한 현 기업은 특례법을 악용하기 위해 다른 장소로 옮길 수 있어. 쉽게 말하면 회사의 영구 주소나 거주 도시를 바꾸는 것과 같은 거야.
Neal	알았어. 그런 법률은 세금 같은 것과 관계가 있어?
Hiro	응. 많은 기업이 다른 장소로 이전하려고 하는 이유 중 하나가 낮은 법인세 때문이야. 이것을 조세 피난처라고 하는데 전 세계에 많이 있어.
Neal	정말? 어디처럼?
Hiro	조세 피난처는 대개 수입원을 얻으려는 나라에 있어. 잘 알려진 예로는 버뮤다와 케이맨 군도가 있어.
Neal	그리고 이런 조세 피난처가 대기업에 유리하다는 것을 읽은 게 기억나.
Hiro	응. 소규모 기업은 어떤 장소로 이전해서 외국 기업으로 등록하는게 어렵기 때문이야.
Neal	모든 법률가들을 고용하려면 꽤 많은 비용이 들 것 같아.
Hiro	맞아. 소규모 개인 기업 피난처 장소도 있어.
Neal	나는 아직 거기까진 읽지 못했어.

assignment 숙제, 연구 과제 **corporate** 법인의, 조직의 **haven** 피난처, 안식처 **incorporate** 법인으로 만들다, 유한 회사로 하다 **corporation** 법인, 유한(주식) 회사 **existing** 현존하는, 현행의 **take advantage of** ~를 이용하다 **permanent** 불변의, 영구적인 **corporate tax** 법인세 **attract** 끌다, 유인하다 **source** 원천, 출처 **income** 수입, 소득 **register** 등록하다, 기록하다

PART 2

Section별 공략

Part 2에서는 Section별 문제의 유형에 관심을 둔다. IELTS Listening에서 4개 Section의 문제가 조금씩 유형을 달리하고 있어서 이를 숙지하는 것이 자기 실력을 발휘하는데 필수적일 것이다. Section별 유형에 대한 감 없이 문제에 접근한다면 아무리 뛰어난 수험자라도 고득점을 얻기가 힘들 것이다. 그 이유는 IELTS 특성상 문제를 들음과 동시에 답을 적어야 하기 때문이다. 이때 어떤 정답을 기대하는지에 대한 사전 지식이 없다면 문제의 지문을 읽고 이해하는데 시간을 소비해야 하기 때문에 테이프를 듣고 난 뒤에 문제를 읽게 되는 경우가 생길 수 있다. 앞에서도 언급했듯이 문제를 읽고 나서 정답을 테이프에서 기다린다는 생각을 가지고 있지 않다면, 문제를 맞힐 수 있는 가능성은 현저히 떨어질 수밖에 없다.

IELTS Listening 문제가 Section별로 약간씩 형태를 달리하기 때문에 어떤 Section에서 어떤 문제가 나오는지를 자연스럽게 익혀두는 것이 중요하다. 물론 이를 외울 필요는 없고 자연스럽게 문제를 접하면서 이해하는 것이 바람직하다. 최소한 각 Section의 어떤 부분에서 지문이 나오는지 또는 어느 정도의 시간이 문제를 읽는데 주어지는지 등의 사항을 익혀두는 것을 의미한다.

Chapter

Section별 문제 유형

각각의 Section이 어떤 형태를 띄고 있는지를 외우면서 공부한다기보다는 Section별 문제 유형을 접해 보면서 자연스럽게 친숙해지도록 한다. 각 Section별로 전체적인 흐름을 느껴보도록 하는데 정확히 파악되지 않더라도 서두를 필요없다. Part 3에서 많은 실전 문제들을 다루어 보면 저절로 알게 될 것이기 때문이다.

Unit 1 ○ Section 1

Overview

일반적으로 2명의 화자들이 일상생활에 관련된 주제를 가지고 대화를 한다. 두 개의 Part로 구성되어 있으므로 언제 시작되고, 언제 멈추는지를 잘 파악해야 한다. 또한 대화 초반에 예(example)를 들려준 다는 것을 숙지하고 있어야 한다.

▬●　Tip 1

Section 1의 문제를 읽을 수 있도록 약 30초의 시간이 주어진다.

▬●　Tip 2

약 30초 후 예(example)가 뒤따라 나오고, 이에 대한 정답을 테이프에서 들려준다. 이 시간 동안 Section 1의 전체 관련 문제들을 읽어야 한다.

▬●　Tip 3

다시 한 번 더 짧은 시간(약 20~30초)이 주어지고, Part 1을 자세히 읽을 수 있는 시간이 주어진다. 따라서 예(example)에 나오는 지시 사항에 주목하지 말고, 처음부터 지금까지 주어진 약 1분간의 시간을 최대한 잘 활용해서 문제를 파악해야 한다.

Mini Test 19

Questions 1-10

Complete the order form below.

Example	*Answer*
Name of company:	Cushingware

Owns what type of computer: **1** . . . .

Wants to purchase a **2** . . . . computer

$400 model has **3** . . . . Gigahertz

Lauren wants a **4** . . . . Gigahertz computer.

Types of monitors available: **5** . . . .
                                        Flat screen

Price of flat screen purchased: **6** $ . . . .

Purchase of wireless mouse and keyboard comes with: **7** . . . .

Warranty Options	Cost	Period of Time
Standard	Included free	**8** . . . .
Extended	**9** $	3 years

Warranty only covers: **10** . . . . defects

Questions 1-10   아래 주문 용지를 완성하시오..

예	정답
회사 이름	Cushingware

소유하고 있는 컴퓨터의 종류: 노트북
데스크톱 컴퓨터를 구입하길 원함
400달러 모델 컴퓨터는 1기가헤르츠의 속도를 가지고 있음
Lauren은 2기가헤르츠 속도의 컴퓨터를 원함
이용 가능한 모니터의 종류: CRT 또는 평면 모니터
구입한 평면 모니터의 가격: 150달러
무선 마우스와 키보드 구입 시, 배터리를 줌

보증 기간 선택	가격	기간
Standard	무료	1년
Extended	200달러	3년

물건에 이상이 있을 경우에만 품질 보증이 가능함

1

Owns what type of computer: ....
소유하고 있는 컴퓨터의 종류

해설 본문의 I have a notebook → owns what type of computer로 바꿔 말하고 있다.

정답 notebook

2

Wants to purchase a .... computer
구입하고 싶은 컴퓨터의 종류

해설 본문의 I'd like → wants to purchase로 바꿔 말하고 있다.

정답 desktop

3

$400 model has .... Gigahertz
400달러 모델 컴퓨터의 기가헤르츠 속도

해설 $400을 키워드로, Gigahertz 앞에 나오는 숫자를 잘 들어야 한다.

정답 1//one

4

Lauren wants a .... Gigahertz computer.
Lauren이 구입하고 싶어하는 컴퓨터는 몇 기가헤르츠인가?

해설 "I'll take the 2 gig one"라는 말은 이것을 구입하겠다는 의미로, Lauren이 원하는 것은 2 Gigahertz computer가 된다.

정답 2//two

5

Types of monitors available: . . . .

이용 가능한 모니터의 종류

해설 types of monitors가 키워드로, flat screen과 같이 언급한 단어가 정답이다.

정답 CRT

6

Price of flat screen purchased: $ . . . .

구입한 평면 모니터의 가격

해설 flat screen을 키워드로, 돈에 관한 숫자를 잘 들어야 한다.

정답 $150

7

Purchase of wireless mouse and keyboard comes with: . . . .

무선 마우스와 키보드 구입 시 함께 얻는 것은 무엇인가?

해설 wireless mouse, keyboard를 키워드로 듣는다. 본문의 include → comes with로 바꿔 말하고 있다.

정답 batteries

8

Warranty Options   Cost   Period of Time
Standard   Included free   . . . .

Standard의 품질 보증 기간은 얼마인가?

해설 warranty options(보증 기간 선택)를 우선 이해해야 한다. 서비스에 관한 항목을 언급하는데 본문에 나오는 we provide service라는 말에서 답을 찾아야 한다.

정답 one year//1 year

9

Extended: $ . . . .

Extended의 가격은 얼마인가?

해설 Extended를 키워드로, 돈에 관한 숫자를 잘 들어야 한다.

정답 $200

10

Warranty only covers: . . . . defects

품질 보증이 가능한 유일한 결함은 무엇인가?

해설 the policy doesn't cover accidental or purposeful damage, just product defects에서 product defects가 정답이 된다는 것을 알 수 있지만 문제에서 only covers로 물었기 때문에 자칫하면 이를 놓칠 수 있으므로 잘 들어야 한다.

정답 product

Philip	Good morning, Cushingware Incorporated.
Lauren	Oh, hi, did you say this was Cushingware?
Philip	Yes, **EXAMPLE** this is Cushingware. Can I help you with anything today?
Lauren	Hi, I'm calling to ask about ordering a computer. My name is Lauren Thorson.
Philip	Yes, Ms. Lauren. Just what kind of computer did you want to buy?
Lauren	Well, **Q1** I have a notebook right now, but I think **Q2** I'd like a desktop.
Philip	OK, ma'am, that shouldn't be a problem. Our company's specialty is in customized desktops. We can put together a desktop according to your needs.
Lauren	So, I can request the kind of parts I want.
Philip	Yes, you can.
Lauren	Alright, I guess I can tell you the different parts that I want.
Philip	Sure, Ms. Lauren, I'll ask you first how much you want to spend on your computer.
Lauren	I'm happy with my notebook, but I really need something like a desktop right now.
Philip	Our most reasonable models start at about four hundred dollars($400).
Lauren	Oh, just four hundred dollars?
Philip	Yes, but a monitor, keyboard and mouse also need to be purchased. Different specifications also have different prices.
Lauren	OK, I see. Can I ask you about that?
Philip	Of course. **Q3** The four hundred dollar model has a speed of 1 Gigahertz.
Lauren	Hmm... I think I would need a faster processor than that.
Philip	Let's see, for 450 dollars, you can get a 2 Gigahertz desktop.
Lauren	Just for fifty dollars more? That sounds like a good deal. **Q4** I'll take the 2 gig one.
Philip	OK, let me ask you about a computer monitor now.
Lauren	Sure, OK, how much extra is it?
Philip	Well, we sell two types of monitors, **Q5** CRT and flat screen.
Lauren	What's CRT?

Philip	CRT stands for Cathode Ray Tube.
Lauren	How are they different?
Philip	CRT monitors take up much more space than flat screen monitors.
Lauren	Ah, I see.
Philip	But the flat screen monitors are more expensive.
Lauren	How much more expensive?
Philip	Anywhere from three to five times more expensive.
Lauren	What's your cheapest flat screen?
Philip	We have Q6 one 18-inch flat screen that is $150.
Lauren	Are there any other differences between the two types?
Philip	Well, CRT's have slightly better viewing properties, but flat screens use less power.
Lauren	OK, I see then, well, I think I'll get the flat screen then.

Philip	Alright, then, you also have to choose a keyboard and mouse. We now have wireless ones available.
Lauren	Hmm... wireless? So, they require batteries then?
Philip	Correct, Q7 we include batteries with your purchase.
Lauren	Um, except, I think they'll run out of energy, which means I'd have to buy more... I'll just take the normal keyboard and mouse.
Philip	OK, standard mouse and keyboard for you then.
Lauren	So, what kind of service agreement do you have?
Philip	After buying our computer, we provide service for up to Q8 one year.
Lauren	Can I upgrade to another service plan?
Philip	Yes, Q9 an extended warranty costs $200 and provides up to three years of service.
Lauren	That's for any situation or any problem with the computer?
Philip	Well, the policy doesn't cover accidental or purposeful damage, just Q10 product defects.

Lauren	OK, I see, I think I'll take an extended warranty.
Philip	Alright then, I'll send you an explanation of the software included, how would you like to make your payment?
Lauren	You have an outlet near Raymond Avenue, right?
Philip	Yes, we do.
Lauren	If you could send my order details there, I think I'd be more comfortable paying in person.
Philip	Sure, no problem. Thank you for buying from Cushingware.

Philip	안녕하세요. Cushingware 사입니다.
Lauren	네. 안녕하세요. Cushingware 사라고 말씀하셨나요?
Philip	네. Cushingware 사입니다. 오늘 무엇을 도와 드릴까요?
Lauren	네. 저는 컴퓨터 주문에 관하여 물어보려고 전화했습니다. 제 이름은 Lauren Thorson입니다.
Philip	네, Lauren 님. 어떤 종류의 컴퓨터를 구입하고 싶으세요?
Lauren	글쎄요. 지금 노트북을 갖고 있지만 데스크톱 컴퓨터를 구입하고 싶어요.
Philip	네. 문제없습니다. 저희는 맞춤 데스크톱 컴퓨터 전문 회사입니다. 저희는 고객의 요청에 따라 데스크톱 컴퓨터를 구성해 드립니다.
Lauren	그러면 제가 원하는 것을 물어볼게요.
Philip	네. 말씀하세요.
Lauren	좋아요. 제가 원하는 여러 가지 부분들을 말할게요.
Philip	물론이지요, Lauren 님. 제가 먼저 알고 싶은 것은 컴퓨터 구입 비용입니다.
Lauren	제 노트북도 괜찮지만, 지금은 데스크톱 같은 컴퓨터가 정말 필요해요.
Philip	가장 저렴한 모델은 약 400달러부터 있습니다.
Lauren	어, 단지 400달러라고요?
Philip	네. 하지만 모니터, 키보드, 마우스를 따로 구매하셔야 합니다. 다른 상세 제품들의 가격은 다릅니다.
Lauren	네. 알겠습니다. 그 제품에 대해 물어봐도 될까요?
Philip	그럼요. 400달러 모델은 1기가헤르츠의 속도를 가지고 있습니다.
Lauren	음... 저는 그것보다 더 빠른 처리 장치가 필요해요.
Philip	어디 보자. 450달러는 2기가헤르츠 데스크톱입니다.
Lauren	50달러만 더 비싼가요? 좋은 가격인 것 같은데요. 저는 2기가짜리로 할게요.
Philip	네. 그러면 컴퓨터 모니터에 대해 물어보세요.
Lauren	네. 추가 비용은 얼마인가요?
Philip	글쎄요. 저희는 CRT와 평면 모니터 두 종류를 판매하고 있습니다.
Lauren	CRT는 뭔가요?
Philip	CRT는 브라운관을 말합니다.
Lauren	두 모니터는 어떻게 다른가요?
Philip	CRT 모니터는 평면 모니터보다 더 많은 공간을 차지합니다.
Lauren	네. 알겠습니다.
Philip	하지만 평면 모니터가 더 비쌉니다.
Lauren	얼마나 더 비싼가요?
Philip	대략 3배~5배 정도 더 비쌉니다.

Lauren	가장 저렴한 평면 모니터는 얼마인가요?
Philip	150달러의 18인치 평면 모니터가 있습니다.
Lauren	CRT와 평면 모니터 사이에 또 다른 차이점이 있나요?
Philip	글쎄요. CRT는 더 좋은 영상이 특징이고, 평면 모니터는 전력을 덜 사용합니다.
Lauren	네. 알겠습니다. 그러면 전 평면 모니터로 구입하겠습니다.

Philip	네. 또한 당신은 키보드와 마우스를 선택하셔야 합니다. 저희는 지금 이용 가능한 무선 제품을 판매하고 있습니다.
Lauren	음... 무선? 그러면 무선 제품은 건전지가 필요한가요?
Philip	네. 무선 제품을 구입하시면 건전지를 드립니다.
Lauren	음, 배터리가 다 닳으면 건전지를 더 많이 구입해야 할 것 같아요. 저는 일반 키보드와 마우스를 구입할게요.
Philip	좋아요. 그러면 당신에게는 표준형 마우스와 키보드를...
Lauren	어떤 종류의 서비스 규정이 있나요?
Philip	저희 컴퓨터를 구입하신 후, 1년간 서비스를 받으실 수 있습니다.
Lauren	다른 서비스 상품으로 업그레이드할 수 있나요?
Philip	네. 품질 보증 기간 연장 비용은 200달러이고, 3년 동안 서비스를 받으실 수 있습니다.
Lauren	그것은 컴퓨터에 어떤 상황이나 문제가 있어도 유효한가요?
Philip	글쎄요. 규정상 우발적이거나 의도적인 피해는 적용되지 않습니다. 제품의 결함일 경우에만 해당됩니다.
Lauren	네, 알겠습니다. 보증 기간이 연장되는 것으로 할게요.
Philip	좋습니다. 그러면 제가 소프트웨어의 설명서를 같이 보내드리겠습니다. 계산은 어떻게 하시겠습니까?
Lauren	Raymond 가 근처에 아울렛이 있죠, 그렇죠?
Philip	네. 있습니다.
Lauren	상세한 주문서를 아울렛에 보내주시면, 제가 거기에서 직접 계산하는게 더 편할 것 같아요.
Philip	네. 문제없습니다. Cushingware 사에서 구매해 주셔서 감사합니다.

specialty 전문, 신제품　**customize** ~을 주문에 따라 만들다, 특별 주문하다　**put together** ~를 모으다, 구성하다　**according to** ~에 따라, ~에 의하여　**request** 요청하다, 구하다　**specification** 명세 사항, 설명서　**Gigahertz** 기가헤르츠　**processor** (컴퓨터) 처리 장치　**deal** 거래, 장사　**gig** 기가비트(= gigabyte)　**stand for** ~을 상징하다, 의미하다　**take up** 차지하다, 잡다　**slightly** 약간, 조금　**view** 보다, 바라보다　**property** 특성, 특질　**run out of** ~을 다 써버리다, ~이 없어지다　**extended** 연장한, 장기간에 걸친　**cover** 보상하다　**accidental** 우연한　**purposeful** 의도적인, 고의의　**defect** 결점, 결함　**explanation** 설명, 해석　**payment** 지불, 납입　**comfortable** 편안한　**in person** 자기 스스로, 본인이

Overview

Section 1과 달리 1명의 화자가 이야기를 전달한다. 혹 또 1명의 화자가 등장해도 이는 주된 화자를 소개하기 위한 화자일 뿐이다. Section 1에서는 듣기의 예(example)가 소개되지만 Section 2에서는 예가 적혀져 있을 뿐 따로 들려주지는 않는다. 주제는 일반인들이 관심을 가질 만한 주제를 다루고 있다.

Tip 1

Section 2는 흔히 두 개의 Part로 나뉘어져 있기 때문에 Part 1이 마치면 바로 Part 2의 문제를 읽어야 한다. 혹시 애매한 문제의 정답을 찾기 위해 다음 Part의 문제를 읽지 못한다면 더 큰 실수를 하게 될 수 있으므로 앞의 문제들에 대한 생각은 빨리 잊어버리는 것이 좋다.

Tip 2

Part 2의 문제에 대한 지시(instruction) 사항을 들려주는 순간부터 문제를 보고 있어야 한다. 지시 사항이 끝나고 실제 녹음된 부분의 내용이 나올 때까지 계속 문제를 검토해야 한다.

Mini Test 20

LISTENING

Questions 11-13

Write **NO MORE THAN THREE WORDS** for each answer.

11   Miss Fisher is a vegetarian, but sometimes she eats what?

....

12   What is one place people can get fresh food from the local area?

....

13   What is the best way to get to the big box stores?

....

Questions 14-18

Complete the table below.
Write **NO MORE THAN THREE WORDS OR A NUMBER** for each answer.

Type of Market	What is available there?	Cost
Big Box Stores	Non-perishable goods like toilet paper and **14** .... Perishable goods like cheeses and **15**	At one store, fruits and vegetables don't cost much. The quality is **16** ....
5th Street Co-op	They provide **17** .... at a reasonable price.	Low prices are possible because the store is almost entirely operated by a **18** ....

Question 19

Write **NO MORE THAN THREE WORDS OR A NUMBER** for the answer.

Volunteering for two hours a week for more than a month will give members a .... percent discount.

Question 20

Choose **TWO** letters **A-E**.

What are **TWO** other characteristics of the 5th Street Co-op?

    A There are special events held every month.

    B The store has been in business for fifty years.

    C The discount goes up five percent if you volunteer for more than a month.

    D Mr. Mitchell knows how to run a good store.

    E Members don't have to be city residents.

각각의 답을 세 단어 이하로 적으시오.

11

Miss Fisher is a vegetarian, but sometimes she eats what?

Fisher 양은 채식주의자이지만 때때로 무엇을 먹는가?

해설 vegetarian, sometimes을 키워드로 듣는다. 본문의 a few times a year → sometimes로 바꿔 말하고 있다.

정답 fish (and) pork

12

What is one place people can get fresh food from the local area?

사람들이 그 지역에서 신선한 음식을 먹을 수 있는 장소는 어디인가?

해설 one place, fresh, local area를 키워드로, 본문에 나오는 one type가 이에 해당한다는 것을 빨리 파악해야 한다.

정답 (the) farmer's market

13

What is the best way to get to the big box stores?

대형 상점에 가는 가장 좋은 방법은 무엇인가?

해설 the big box stores를 키워드로, 교통 수단이 되는 단어를 들어야 한다.

정답 (by) car

아래 표를 완성하시오. 각각의 답을 세 단어 이하로 적으시오.

슈퍼마켓의 종류	이용 가능한 상품	가격
대형 상점	화장실 종이와 비누 같은 상하지 않는 상품들 치즈와 오렌지 주스 같은 상하는 상품들	상점에서 과일과 채소는 비싸지 않다. 질이 매우 좋지는 않다.
5번가의 Co-op	건강에 좋은 음식을 적당한 가격에 판매한다.	상점은 거의 전적으로 자원봉사자들로 운영되기 때문에 저렴한 가격이 가능하다.

14

Non-perishable goods like toilet paper and ....

화장실 종이와 비누 같은 상하지 않는 상품들

해설 non-perishable을 키워드로, 상품 단어를 들어야 한다. 본문에서는 toilet paper가 정답 다음에 위치한다.

정답 soap

15

Perishable goods like cheeses and . . . .
치즈와 오렌지 주스 같은 상하는 상품들

> 해설 본문에서는 perishable이라는 단어를 언급하지 않는다. 하지만 cheeses를 확인한다면, 정답도 쉽게 알아낼 수 있다.

> 정답 orange juice

16

At one store, fruits and vegetables don't cost much. The quality is . . . .
상점에서 과일과 채소는 비싸지 않다. 질이 매우 좋지는 않다.

> 해설 big box stores, quality를 키워드로 들어야 한다. 본문의 their produce → fruits and vegetables로 바꿔 말하고 있다.

> 정답 not (very) good

17

They provide . . . . at a reasonable price.
건강에 좋은 음식을 적당한 가격에 판매한다.

> 해설 provide와 at a reasonable price 사이에 들어갈 단어가 상품이라는 것을 예측하고 들어야 한다. 본문의 affordable → reasonable로 바꿔 말하고 있다.

> 정답 healthy food

18

Low prices are possible because the store is almost entirely operated by a . . . .
상점은 거의 전적으로 자원봉사자들로 운영되기 때문에 저렴한 가격이 가능하다.

> 해설 by 이하에 사람이 들어갈 것을 예측하고 들어야 한다. 본문의 is run almost entirely by → is almost entirely operated by로 바꿔 말하고 있다.

> 정답 volunteer staff

Question 19   답을 세 단어 이하로 적으시오.

19

Volunteering for two hours a week for more than a month will give members a . . . . percent discount.
일주일에 두 시간씩 한 달 이상 자원봉사를 하면 그 사람에게 20% 할인을 해 줄 것이다.

> 해설 percent에 해당하는 숫자를 들어야 하는데 본문에서 처음으로 나오는 숫자인 15에 속지 말고, two hours a week for more than a month를 키워드로 a total of 20%까지 확인해야 한다.

> 정답 twenty//20

20

What are TWO other characteristics of the 5th Street Co-op?

A There are special events held every month.

B The store has been in business for fifty years.

C The discount goes up five percent if you volunteer for more than a month.

D Mr. Mitchell knows how to run a good store.

E Members don't have to be city residents.

5번가 Co-op의 2가지 다른 특징은 무엇인가?

A 매달 특별한 행사가 열린다.

B 50년 동안 상점을 운영하고 있다.

C 당신이 한 달 이상 자원봉사를 하면, 5%의 할인을 받을 수 있다.

D Mitchell 씨는 상점을 잘 운영하는 법을 안다.

E 회원들이 도시 거주자들일 필요는 없다.

해설 보기에서 키워드를 찾아 들어야 한다. discount, volunteer, a month를 키워드로, five percent가 언급되는지 잘 들어야 한다. 본문의 running a good market → how to run a good store로 바꿔 말하고 있다.

정답 C, D//D, C

Mr. Hugh	Hi, Miss Fisher. How is your new house? Did you move everything in already? It's really great to finally have someone living there.
Miss Fisher	Oh yes, the house is great, thanks. I'm surprised that it was on the market for such a long time. I think my friend and I are really going to like living here.
Mr. Hugh	That's great to hear. Did you get a chance to explore the local area a bit? We have quite a few interesting sites to see around here.
Miss Fisher	Yeah, I drove around a bit after eating lunch. Actually, there is something I wanted to ask you about, Mr. Hugh. You see my friend is a vegan. Myself, I'm mostly a vegetarian, **Q11** but I do eat fish sometimes. Actually, maybe a few times a year, I will also have pork. But that's only on special occasions. I was wondering what sort of places I could get groceries at.
Mr. Hugh	I see, well, there is certainly a wide range of places in our area. Hmm... I guess I'll tell you about different kinds and then you can go to the one that works best for you and your friend. There are two types of places that you can buy food at around here. **Q12** One type is a farmer's market. At that kind of market, local farmers bring in their food and interact directly with the customers. The food is very fresh of course, since it comes directly from local area farms. There are also some big box stores that are accessible by car. These supermarkets sell a whole range of goods, from processed foods to fruits and vegetables. Unlike the farmer's markets, they also sell everyday necessities, like kitchen utensils and cleaning supplies. **Q13** I really recommend you go there by car, since many of the items are best buy in bulk size. Buying in bulk makes a lot of sense for **Q14** non-perishable good that you buy regularly, like soap or toilet paper. Though, you will need to set aside some space to store all those items. **Q15** Other goods can still be bought in bulk if they last a long time. Things like frozen juice or hard cheeses keep well for a relatively long time. So both the farmers market and the big box stores might have stuff that you need. There are two big box stores. One of them is called Pall Mart. I go there just for non-food items. **Q16** Their produce is quite cheap, but the quality is not very good. The other big box store is called Whole Nourishment. They specialize in organic products from all over the country. Since they have to bring them in from long distances, they are not the greenest company, but they have the best selection of any place around here. They will definitely have lots of products for vegans and vegetarians. Unfortunately, Whole Nourishment is also very, very expensive.

Mr. Hugh	Let's see, Miss Fisher, I know you and your friend are young and that's good, nutritious food is expensive. There is another option for you both called the 5th Street Food Co-op. If you have the time, **Q17** the Co-op can provide healthy food for you at an affordable price. I'll tell you a little bit about how it works. Co-op is short for the word cooperative. It is smaller than the big box stores, but offers a wider range of products than the farmer's markets. They offer only organic products, most of which are produced locally. Some kinds of food, like different cheeses or spices, are imported from other countries. There is one major difference between the Co-op and other places to shop for food. The quality of the produce is comparable to Whole Nourishment, **Q18** but the prices are lower because the store is run almost entirely by volunteer staff. Volunteers are all people who sign up for membership in the Co-op. They are always looking for more members who actually get a discount for working there. Volunteering for just two hours a week will give you a 15% discount on all goods in the store. **Q19** Volunteer two hours a week for more than a month, and this discount goes up five percent for a total of 20% off all your purchases there. You have to be a resident of the city, though, to be a member. After proving you have lived in the city for more than a month, you and your friend can sign up for a Co-op membership. **Q20** The person who started the Co-op, Mohammed Mitchell, is really friendly. He knows a lot about running a good market and building communities around local institutions.
Miss Fisher	Wow, Mr. Hugh, that's really great information. I really appreciate all your help. We were worried about where to go for groceries. Would you like to go with us some time?
Mr. Hugh	Oh, yes, that would be really good. I'll give you my mobile number, please give me a ring some time.
Miss Fisher	Yes, after we get settled in, I'll certainly do so.

Mr. Hugh	안녕하세요, Fisher 양. 새 집은 어때요? 짐은 모두 옮겼어요? 드디어 그곳에 누군가가 살게 되어서 너무 좋아요.
Miss Fisher	네. 집이 참 좋아요. 감사합니다. 오랫 동안 매물로 나와 있었다니 믿을 수가 없어요. 제 친구와 제가 여기에 살게 된 것을 정말 좋아할 것 같아요.
Mr. Hugh	반가운 말이네요. 이 지역을 답사할 기회가 있었나요? 이 근처에는 볼 만한 흥미로운 장소가 몇 군데 있거든요.
Miss Fisher	네. 점심 식사 후 주변을 잠시 둘러봤어요. 사실 물어보고 싶은 게 있어요, Hugh 씨. 제 친구는 채식주의자이고, 저는 가끔씩 고기를 먹는 채식주의자예요. 아마 일 년에 몇 번은 돼지고기를 먹을 거예요. 하지만 특별 행사가 있을 때만 먹어요. 저는 어디에서 식료품을 구입할 수 있는지 궁금했어요.
Mr. Hugh	알겠어요. 이 지역에는 확실히 다양한 많은 장소들이 있어요. 음... 다른 종류의 장소를 알려주면 당신은 친구와 가장 잘 맞는 식료품점으로 갈 수 있을 거예요. 이 주변에서 음식을 살 수 있는 두 종류의 장소가 있어요. 한 곳은 농부 시장이에요. 이 시장은 지역 농부들이 음식을 가지고 와서 고객들과 직접 거래를 해요. 지역 농장에서 바로 가지고 오기 때문에 음식은 매우 신선해요. 또한 차를 타고 가야 하는 대형 상점도 있어요. 이런 슈퍼마켓은 가공 음식에서부터 과일, 채소까지 전 영역의 상품을 판매해요. 농부 시장과 달리 대형 상점은 매일 주방 용구와 청소 용구 같은 생필품도 판매해요. 많은 품목을 대량으로 구입할 수 있기 때문에 당신이 이곳에 간다면 차를 가지고 가는게 좋아요. 대량으로 구입하는 것은 비누나 휴지 같은 상하지 않는 물건을 정기적으로 구입할 때 합리적이에요. 하지만 그러한 품목들을 저장할 수 있는 공간이 따로 있어야만 해요. 상품이 오랜 시간 상하지 않는다면 여전히 대량으로 구입할 수 있을 거예요. 얼린 주스나 단단한 치즈 같은 상품은 상대적으로 오랜 시간 보관할 수 있어요. 농부 시장과 대형 상점 모두 당신이 원하는 상품이 있을 거예요. 대형 상점은 두 군데예요. 하나는 Pall Mart예요. 저는 이곳에서 비 식료품을 구입해요. 이곳 상품은 꽤 저렴하지만 질이 아주 좋지는 않아요. 다른 대형 상점은 Whole Nourishment예요. 이곳은 전국에서 온 유기농 상품을 전문적으로 취급해요. 그들은 먼 곳에서 상품을 가지고 오기 때문에 최상의 자연 식품 회사는 아니지만 이 주변에서는 가장 좋아요. 그들은 분명히 완전 채식주의자들과 채식주의자들을 위한 많은 상품을 가지고 있을 거예요. 불행하게도 Whole Nourishment도 매우 비싸요.

Mr. Hugh	있잖아요, Fisher 양. 당신과 당신 친구는 신선하고, 좋은, 영양가있는 음식이 비싸다는 것을 알고 있잖아요. 당신들을 위한 또 다른 선택으로는 5번가 음식 회사가 있어요. 당신이 시간이 있다면, 적당한 가격으로 건강에 좋은 음식을 제공해줄 거예요. 그들이 어떻게 제공하는지를 알려줄게요. Co-op은 '상호적'이라는 말의 줄인 말이에요. 대형 상점보다는 작지만 농부 시장보다는 더 다양한 상품을 판매해요. 그들은 대부분 지역에서 생산된 유기농 상품만 판매해요. 다양한 치즈와 향료처럼 어떤 종류의 음식은 다른 나라에서 수입해요. Co-op과 다른 상점 간에 한 가지 큰 차이점이 있어요. 상품의 질은 Whole Nourishment에 견줄 만하지만 상점이 거의 전적으로 자원봉사자들에 의해서 운영되기 때문에 가격이 더 저렴해요. 자원봉사자들은 Co-op 회원으로 등록한 사람들이에요. 그들은 그곳에서 일을 하면서 실제적으로 할인을 받을 수 있는 더 많은 회원들을 항시 찾고 있어요. 일주일에 두 시간만 자원봉사를 하면, 상점의 모든 상품에 한하여 15% 할인을 받을 수 있어요. 일주일에 두 시간씩 한 달 이상 자원봉사를 하면, 이런 할인이 5%까지 올라서 당

신이 상점에서 구매하는 모든 상품을 20% 할인받을 수 있어요. 하지만 회원은 이 도시 주민이어 야만 해요. 한 달 이상 이 도시에서 거주한 게 증명되면, 당신과 친구는 Co-op 회원에 등록할 수 있어요. Co-op의 창시자인 Mohammed Mitchell 씨는 매우 친절해요. 그는 슈퍼마켓을 잘 경 영하는 법 그리고 지역 시설 주위에 공동체를 설립하는 것에 관해 많은 것을 알고 있어요.

Miss Fisher   와우, Hugh 씨. 정말 대단한 정보예요. 도움을 주셔서 정말 감사합니다. 저희는 식료품을 사러 어 디로 가야 할지 걱정했거든요. 언제 저희와 함께 가시겠어요?

Mr. Hugh   네. 좋아요. 제 휴대 전화 번호를 알려드릴게요. 언제 전화하세요.

Miss Fisher   네. 저희가 이사한 후에 꼭 전화할게요.

---

get a chance 기회가 있다　**a bit** 조금, 약간　**vegan** 완전 채식주의자(의)　**mostly** 대개, 주로 **occasion** (특수한) 경우, 때　**interact** 상호작용하다　**course** 진행, 경과　**accessible** 접근하 기 쉬운, 가기 쉬운　**good** 상품, 물품　**process** ~을 가공 처리(저장)하다　**necessity** 필수품, 필요물 **kitchen utensil** 주방 용구　**supply** 공급품, 준비품　**buy** 구입, 싸게 산 좋은 물건　**in bulk** 대량으 로　**perishable** 썩기 쉬운　**set aside** 챙겨 놓다　**store** 저장하다, 쌓아 두다　**regularly** 규칙적으 로, 질서있게　**produce** 생산물, 생산품　**specialize in** 전문적으로 다루다　**affordable** 입수 가능한, 알맞은　**purchase** 구입하다, 얻다　**comparable** ~와 비교되는, 유사한　**sign up** 참가하다, 서명하여 고용되다　**run** 경영하다, 관리하다　**appreciate** 감사하다, 고맙게 생각하다　**give a person a ring** 전화를 걸다

Unit 3 ● Section 3

Overview

Section 3에서는 2명 이상의 화자가 대화를 나눈다. 대부분 2명 또는 3명의 화자가 등장한다. Section 1에서는 일상생활의 주제를 다루는 반면 Section 3는 학교 생활 관련 주제를 다룬다. 대부분 2개의 Part로 되어 있고, 예(example)를 따로 들려주지 않고 대화가 시작된다.

● Tip 1
Section 3에서는 여러 화자가 대화를 나누게 되므로 누가 누구인지를 파악하는 것이 매우 중요하다. 문제를 읽을 때 반드시 화자들의 수, 이름을 확인해야 한다.

● Tip 2
이름을 확인한 후 남자, 여자를 알아둔다면 3명의 화자가 나오는 경우에도 각각의 목소리를 쉽게 파악할 수 있다.

● Tip 3
문제를 읽으면서 각각의 사람들이 어떤 다른 의견 차이를 나타내는지 또는 최소한 무엇에 관한 주제를 다루고 있는지를 예측한다.

Mini Test 21

Questions 21-30

Complete the notes below.

Write **NO MORE THAN THREE WORDS AND/OR A NUMBER** for each answer.

NOTES ON SCHOLARSHIP APPLICATION

Applicant's Name:	Ali Ibrahim
Name of Scholarship:	J. Skoonbeck Scholarship
Was informed about program via:	21 ....
Scholarship for study in a:	22 ....
Transcripts for the years:	23 ....
Transcripts include coursework in:	24 ....
Number of writing samples:	25 ....
The class subject of writing samples:	Political science and 26 ....
Total number of references:	27 ....

MORE NOTES

Group interview will be done by:	28 ....
Very important dates:	* 7th September: group interview
	* 10th October: initial application due
	* Recommendations due no more than 29 .... : after first application
After interviews completed, must attend a:	30 ....

Questions 21-30   아래 표를 완성하시오. 각각의 답을 세 단어 이하로 적으시오.

장학금 지원서 공지 사항

지원자 이름: Ali Ibrahim

장학금 명: J. Skoonbeck 장학금

프로그램을 알게 된 경로: 이메일

학문 명의 장학금: 외국 유학 시 장학금

몇 년간의 성적표: 2004년에서 2008년까지의 성적표

학습 과제를 포함한 성적표: 영국에서의 학습 과제를 포함한 성적표

작문 샘플의 수: 2개

작문 샘플의 수업 주제: 정치학과 예술 역사학

총 추천서의 수: 7개

자세한 공지 사항

단체 면접 실시: 단체 면접은 3명의 교수들로 구성될 것임

중요 날짜: * 9월 7일: 단체 면접

　　　　 * 10월 10일: 최초 신청 기한

　　　　 * 추천서의 기한은 첫 응시 후 일주일 이내임

면접 후 만찬회에 참석해야 함

21

Was informed about program via: ....

이메일을 통하여 그 프로그램을 알게 되었다.

해설   was informed를 키워드로, via 다음에 전달되는 방식이 나올 것을 예측하고 들어야 한다.

정답   e-mail

22

Scholarship for study in a: ....

외국 유학 시 장학금

해설   scholarship을 키워드로, study in a 다음에 명사가 나올 것을 예측하고 들어야 한다.

정답   foreign country

23

Transcripts for the years: ....

2004년에서 2008년까지의 성적표

해설   transcripts를 키워드로, 연도가 나온다는 것을 예측하고, 연도에 해당하는 숫자를 잘 들어야 한다.

정답   2004 through 2008//2004 to 2008

24

Transcripts include coursework in: ....
성적표는 영국에서의 학습 과제를 포함한다.

해설 transcripts, coursework을 키워드로, in 다음에 장소가 나올 수 있다는 것을 예측하고 들어야 한다.

정답 England

25

Number of writing samples: ....
작문 샘플은 두 개이다.

해설 writing samples를 키워드로, number 다음에 숫자가 나올 것을 예측하고 들어야 한다.

정답 two//2

26

The class subject of writing samples: Political science and ....
작문 샘플의 수업 주제는 정치학과 예술 역사학이다.

해설 political science에 상응하는 또 다른 과목 이름을 잘 들어야 한다.

정답 art history

27

Total number of references: ....
추천서는 총 7개이다.

해설 references를 키워드로, total number of 다음에 숫자가 나올 것을 예측하고 들어야 한다.

정답 seven//7

28

Group interview will be done by: ....
단체 면접은 3명의 교수들로 구성될 것이다.

해설 group interivew를 키워드로, by 다음에 사람이 나올 것을 예측하고 들어야 한다. 본문의 will be conducted by → will be done by로 바꿔 말하고 있다.

정답 three professors//3 professors

29

Recommendations due no more than ....: after first application
추천서의 기한은 첫 응시 후 일주일 이내이다.

해설 빈칸에 들어갈 것이 숫자이긴 하지만 이것이 기간을 말하는지, 날짜를 말하는 것인지를 예측해야 한다. 문제에서 문맥상 기간을 나타낸다는 것을 확인하고, 문제를 들어야 한다.

정답 one week//1 week

30

After interviews completed, must attend a ....
면접 후 만찬회에 참석해야 한다.

해설 after interviews를 키워드로, attend a 다음에 명사가 나올 것을 예측하고 들어야 한다.

정답 dinner (function)

Professor	Hi, your name is Ali Ibrahim?
Ali	Yes, it is ma'am.
Professor	Nice! Please, come and sit down. Any water?
Ali	No, no thank you. I had some earlier.
Professor	OK, then, so you are interested in applying for the Skoonbeck Scholarship... like you **Q21** were informed in the e-mail sent to you, it is for two years of independent study **Q22** in a foreign country sponsored by the J. Skoonbeck Foundation.
Ali	Yes, that's the one I applied for.
Professor	Alright then, well, this is a preliminary interview where we go over your application.
Ali	Yes, I have all the requested materials here, the application form, transcripts, and my statement of purpose.
Professor	We just want to make sure everything is in order and that our school nominates the best students as candidates for this prestigious scholarship. Your transcripts...?
Ali	Yes, they are all here **Q23** from 2004 through 2008, including **Q24** the summer coursework I did in England.
Professor	Did you say you had your writing samples, **Q25** your two required writing samples?
Ali	Oh, yes, I do. They are right here.
Professor	Good, and what classes are they from?
Ali	Well, one is from a political science class on democratic governments in developing countries, and the other one is **Q26** an art history paper on religious paintings in 16th century France.
Professor	Sounds good, and how many references did you put down?
Ali	They indicated I had to put at least five down, four of which had to be professors I have had, and at the most eight references. I put down **Q27** seven different ones.
Professor	That's sounds like a good number.
Ali	Yes, six of them are different professors I've had, and the last one is a college administrator.
Professor	Great, then, let's go over some of the dates.

Professor	In one week from now, on 7 September, you are going to have a group interview.
Ali	**Q28** That will be conducted by three professors, right?
Professor	Correct, they will determine whether or not our school will sponsor your application.
Ali	Sponsor my application? Does that mean, if they don't give approval, I can't apply for the Skoonbeck Scholarship?
Professor	Yes, the J. Skoonbeck Foundation only accepts applications from those approved by their universities or colleges.
Ali	I see. Then after that, I can submit my application.
Professor	Right, and that initial application is due on the 10th of October.
Ali	Yes, I believe it must be postmarked no later than that date.
Professor	And your references must have submitted their evaluations by.
Ali	No later than one week after.
Professor	**Q29** OK, yes, the recommendations must be submitted no later than one week after the initial application is due, that would be the 17th of October.
Ali	I'll be sure to remind all the people I put down as references.
Professor	With luck, you'll make it past the first round, and go on to the second.
Ali	I heard that was quite arduous as well.
Professor	Yes, after all the interviews, **Q30** you also have to attend a dinner function with Foundation members and other applicants as well.

Professor	안녕하세요. 당신 이름이 Ali Ibrahim인가요?
Ali	네. 맞습니다.
Professor	좋아요. 이쪽으로 와서 앉으세요. 마실 것 좀 줄까요?
Ali	아니요. 감사합니다. 조금 전에 마셨어요.
Professor	네. Skoonbeck 장학금 신청에 관심이 있다고요? 당신에게 보낸 이메일에서 알려준 것처럼 장학금은 J. Skoonbeck 재단에서 2년간 외국에서 독자적으로 공부할 수 있도록 후원하고 있어요.
Ali	네. 그게 바로 제가 신청하려는 이유입니다.
Professor	좋아요. 이것은 당신 지원을 검토하는 예비 인터뷰입니다.
Ali	네. 저는 구비 서류인 입학 원서, 성적 증명서 그리고 계획서를 모두 가지고 왔습니다.
Professor	저희는 모든 것을 순서대로 확인하고자 합니다. 이는 학교에서 명성있는 장학금의 후보자로서 가장 우수한 학생들을 지명하기 위한 것입니다. 당신의 성적 증명서는...?
Ali	네. 제가 영국에서 했던 여름 학습 과제를 포함해서 2004년부터 2008년까지의 성적표가 여기에 있습니다.
Professor	요구한 작문 샘플을 2개 가지고 있다고 말했나요?
Ali	네. 가지고 있습니다. 여기에 있습니다.
Professor	좋아요. 어떤 수업의 작문인가요?
Ali	하나는 개발 도상국의 민주주의 정부에 관한 정치학 수업의 작문이고, 다른 것은 16세기 프랑스의 종교 회화에 관한 예술 역사학 작문입니다.
Professor	좋아요. 그리고 몇 개의 추천서를 작성했나요?
Ali	추천서에는 최소 5명, 최대 8명의 추천인을 기입할 수 있고 이 중 4명은 교수님이어야 한다고 나와 있습니다. 저는 7명의 추천인을 적었습니다.
Professor	좋은 숫자처럼 들리네요.
Ali	네. 8개 중 6개는 다른 교수님들의 추천서이며, 나머지 한 개는 대학교 이사님의 추천서입니다.
Professor	훌륭합니다. 그러면 날짜를 검토하죠.

Professor	지금부터 일주일 후인 9월 7일에 단체 면접이 있습니다.
Ali	면접은 3명의 교수님들로 구성된 것이죠, 그렇죠?
Professor	네. 그들은 학교가 당신의 지원을 후원할지, 안 할지의 여부를 결정할 것입니다.
Ali	제 지원을 후원한다고요? 만약 그들이 허락하지 않는다면, 저는 Skoonbeck 장학금을 신청할 수 없다는 말인가요?
Professor	네. J. Skoonbeck 재단은 종합 대학교 또는 단과 대학교의 승인을 받은 지원서만 받습니다.
Ali	알겠습니다. 그러면 그 이후에 제 지원서를 제출할 수 있는 거군요.
Professor	그렇죠. 그리고 초기 지원은 10월 10일까지 입니다.

Ali	네. 저는 늦어도 그날까지는 제출할 생각입니다.
Professor	그리고 추천서는 그날까지 제출해야 합니다.
Ali	후에 일주일내로요.
Professor	맞습니다. 초기 지원 이후에 추천서는 일주일 내인 10월 17일까지 제출해야 합니다.
Ali	추천인들에게 그 점을 반드시 상기시켜 드리겠습니다.
Professor	질되서 1차 심사를 통과하고, 2차 심사를 받기 바랍니다.
Ali	2차 심사도 꽤 힘들다고 들었습니다.
Professor	네. 모든 면접이 끝나고 재단 임원들 그리고 다른 지원자들과 함께 만찬회에 참석해야 합니다.

scholarship 장학금(제도)　**inform** 알려주다, 통보하다　**sponsor** 후원자, 보증인　**preliminary** 예비적인, 준비의　**application** 지원, 신청서　**request** 신청하다, 요청하다　**transcript** 성적 증명서　**statement** 진술, 성명서　**in order** 순서에 따라, 질서있게　**nominate** 지명하다, 임명하다　**candidate** 후보자, 지원자　**coursework** 학습 과제, 교과 학습　**democratic** 민주주의의, 민주적인　**developing country** 개발 도상국　**reference** 신원 보증인, 추천서　**put down** 이름을 써넣다, 기입하다　**indicate** 지적하다, 지시하다　**administrator** 행정관, 이사　**conduct** 수행하다, 처리하다　**approval** 승인, 찬성　**submit** 제출하다, 제시하다　**initial** 처음의　**due** ~하기로 되어 있는, 지불 기일이 된　**postmark** 소인을 찍다　**no later than** ~까지는, ~에는(이미)　**evaluation** 평가, 사정　**be sure to** 반드시 ~하다　**arduous** 고된, 힘드는　**function** 행사, 의식

Overview

　대부분 1명의 화자가 특정 주제에 관한 이야기를 들려줄 것이다. Listening Section 중에서 내용적으로는 가장 어려울 수 있는데 이는 수업 시간이나 특별 강의 내용과 같은 주제를 다루고 있기 때문이다. 일상생활에서 듣는다기보다는 주로 구체적인 문제에 대한 강의(lecture)를 들려줄 것이므로 쉽게 이해하기 어렵다는 것을 예상하고 있어야 한다. 두 개의 Part로 나뉘어져 있지 않으므로 문제를 한꺼번에 다 읽어야 한다. 대개 예(example)가 문제 앞에 적혀져 있고, 이를 따로 들려주지 않는다.

Tip 1
내용 전체를 들으려고 하기보다는 특정 문제와 관련된 부분만을 들을 수 있도록 연습해야 한다. 간혹 질문과 관련 없는 내용이 많이 진행될 경우가 있는데, 이 경우에도 인내심을 가지고 그 다음 문제에 해당하는 내용이 나올 때까지 기다려야 한다.

Tip 2
대부분 문제가 나오는 순서대로 내용이 진행되지만 간혹 앞뒤 문제의 순서가 바뀔 수도 있다는 것을 알아야 한다. 이럴 경우 당황하지 말고, 그 다음 문제에 영향을 미치지 않도록 해야 한다.

Tip 3
문제가 연이어서 나오는 경우가 있다. 앞 문제의 답을 적다가 그 다음 문제를 놓치는 실수를 하지 않도록 평소에 받아쓰기 연습을 해야 한다.

LISTENING

> ## Questions 31-36
> Choose the correct letter, **A**, **B** or **C**.

31 The phenomenon of 'Peak Oil' will affect

   A everyone.
   B only the current generation.
   C no one for the foreseeable future.

32 According to the speaker, one kind of person who can look for oil resources is

   A an executive.
   B an economist.
   C a geologist.

33 Which one of graphs correctly shows 'Peak Oil' production in a field?

      A   **B**   **C**

34 Oil is a resource that

   A is decreasing more and more.
   B will last forever.
   C is easy to find and extract.

35 The United States of America

   A has always used lots of oil.
   B used to produce the most amount of oil.
   C has never exploited oil resources.

36 According to the speaker, in the future

   A it will become harder and harder to extract oil.
   B we will no longer need any oil.
   C there will always be new sources of easy oil.

Questions 37-40

Choose the correct letter, **A**, **B** or **C**.

	Will make the situation worse	Will make the situation better	Has both good and bad aspects
37 The rise of China and India	A	B	C
38 Biofuels	A	B	C
39 Trade with far away places	A	B	C
40 Oil-free energy and transportation	A	B	C

Questions 31-36   A, B 또는 C를 고르시오.

31

The phenomenon of 'Peak Oil' will affect
A everyone.
B only the current generation.
C no one for the foreseeable future.

'Peak Oil' 현상이 ~에게 영향을 미칠 것이다.
A 모든 사람들
B 현재 사람들만
C 가까운 장래에 누구도 포함되지 않음

해설 Peak Oil을 키워드로, 보기의 단어들을 들어야 한다. 본문의 a set of circumstances → phenomenon, 본문의 change → affect로 바꿔 말하고 있다.

정답 A

32

According to the speaker, one kind of person who can look for oil resources is
A an executive.
B an economist.
C a geologist.

화자에 따르면 기름 자원을 찾는 사람은~
A 경영진
B 경제학자
C 지질학자

해설 미리 보기의 단어를 확인한 후 들려주는 대화를 통해 답을 찾아야 한다. 본문에서 geologists studied the area 라고 언급했으므로 C를 답으로 골라야 한다.

정답 C

33

Which one of graphs correctly shows 'Peak Oil' production in a field?
어떤 그래프가 'Peak Oil' 생산을 정확하게 나타내고 있는가?

A

B

C

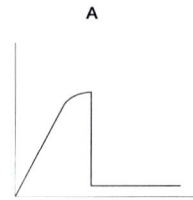
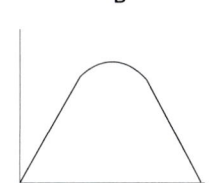
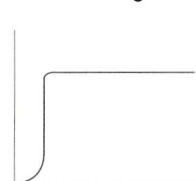

해설 A 그래프는 급격하게 떨어진다는 것이 중요하고, C 그래프는 올라갔다가 변동이 없게 된다는 말이 나와야 한다. 본문에서 이들 중 어떤 것에도 해당하는 언급이 없다면 올라갔다가 내려오는 형태의 B가 정답이 된다.

정답 B

34

Oil is a resource that
A is decreasing more and more.
B will last forever.
C is easy to find and extract.

기름은 ~자원이다.
A 점점 감소하는
B 영원히 지속될
C 쉽게 찾아서 추출할 수 있는

해설 이 문제는 일반 상식을 이용해서 추측해 볼 수 있는 문제이다. 본문에서 Oil is a finite resource(한정 자원)를 들었다면 쉽게 정답을 찾을 수 있다.

정답 A

35

The United States of America
A has always used lots of oil.
B used to produce the most amount of oil.
C has never exploited oil resources.

미국은~

A 항상 많은 양의 기름을 사용했다.
B 가장 많은 양의 기름을 생산했었다.
C 기름 자원을 개발한 적이 없었다.

> **해설** the United States of America를 키워드로 들어야 한다. 본문의 the largest producer → produce the most amount of oil로 바꿔 말하고 있다.

> **정답** B

36

According to the speaker, in the future
A it will become harder and harder to extract oil.
B we will no longer need any oil.
C there will always be new sources of easy oil.

화자에 따르면 미래에는~

A 기름을 추출하기가 더욱 힘들어질 것이다.
B 우리는 더 이상 어떤 기름도 필요하지 않을 것이다.
C 쉽게 얻을 수 있는 새로운 기름 자원이 항상 있을 것이다.

> **해설** 문제에 키워드가 없으므로 보기 문장에서 키워드를 찾아야 한다. A의 harder, extract, B의 no need, C의 new sources를 키워드로, 들려주는 대화에 나오는지를 확인해야 한다. 본문의 it is harder to extract oil → become harder and harder로 바꿔 말하고 있다.

> **정답** A

Questions 37-40   A, B 또는 C를 고르시오.

	상황이 더 악화될 것이다.	상황이 더 나아질 것이다.	두 상황 모두 일어난다.
중국과 인도의 출현	A	B	C
생물 연료	A	B	C
멀리 떨어진 지역과의 거래	A	B	C
기름이 아닌 에너지와 운송	A	B	C

37

The rise of China and India
중국과 인도의 출현이 상황을 더 악화시킬 것이다.

> **해설** China and India를 키워드로, worse, better, 또는 good and bad 중에 언급된 것을 표시하면서 들어야 한다. 본문의 make the oil crunch worse에서 crunch 의미를 몰라도 worse를 들었다면 A를 답으로 해야 한다.

> **정답** A

38

Biofuels

생물 연료는 장단점을 가지고 있다.

해설 biofuels를 키워드로, worse, better, 또는 good and bad 중에 언급된 것을 표시하면서 들어야 한다. 본문의 biofuels, though promising을 화자가 빠른 속도로 말해서 미처 장점이 없다고 생각하고 단점만 듣고 A를 답으로 선택할 수 있다. though가 가져오는 문맥의 전환법을 확실히 파악해야만 풀 수 있는 어려운 문제이다.

정답 C

39

Trade with far away places

멀리 떨어져 있는 지역과의 거래는 상황을 더 호전시킬 것이다.

해설 trade with far away를 키워드로 들어야 한다. 본문의 locales, nations → places로 바꿔 말하고 있다.

정답 B

40

Oil-free energy and transportation

기름이 아닌 에너지와 운송은 상황을 더 호전시킬 것이다.

해설 energy and transportation을 키워드로 들어야 하며, 일반 상식을 이용해 oil-free energy and transportation이 어떤 영향을 미칠지 추측해 본다.

정답 B

Student   Hello, everybody. I hope everyone enjoyed the refreshments. And now I'd like to present Dr. Geraldo Javier from the London School of Economics, who will give a brief talk about global energy issues. Dr. Javier?

Dr. Javier   Thank you, those drinks were great, and thank you to your organization that invited me here. Tonight, I will be talking about an issue that has made many headlines recently. I am not talking about some destructive apocalypse or about the end of the world or anything like that. But when I talk about 'Peak Oil,' I am referring to a set of circumstances **Q31** that will change the way our children, and everyone after that, will live in the world. For now, let's imagine a new oil field that has recently been discovered. **Q32** Before that, geologists studied the area and determined that it had potential for holding oil; later surveys and test drillings showed that there was, indeed, oil underneath the ground there. Now, it will take time to raise money, to hire laborers, and to construct oil rigs. Production of oil will start with maybe one or two rigs, and will later expand. Now, imagine a graph of the oil produced by this field over a long time period. The number of barrels produced per day will rise at a steady rate over time but at some point will peak. **Q33** On the graph, this could be visualized as a kind of bell curve, where the numbers of barrels of oil produced per day will slowly decrease over time. It is important to note that oil production from this field will not stop immediately. The graph only shows that as oil is extracted from this field, it becomes harder and harder to keep production growing. There comes a point where the growth stops and starts to reverse. **Q34** Oil is a finite resource and someday, the rate at which oil is taken from the ground will start decreasing. That fact is undeniable. More than 80 million barrels of oil per day are produced. That figure has been growing continuously over the past century. But if we look at individual countries, we can clearly see peak oil effects. **Q35** In the earlier part of the 20th century, the United States of America used to be the largest producer of oil in the world. Eventually, other countries overtook the US in oil production. By 1971 the extraction of oil in the US peaked. Now, there is much less oil production in states like Texas and California. **Q36** The point is, that it is harder to extract oil at the same rate from existing fields, and that it is increasingly expensive to find and exploit new sources.

- -

Dr. Javier   There is still much debate going on about the consequences of peak oil. Some have predicted that the peak of oil production in the world has already passed and thus, advocate for huge changes in the way we live. Others set a date farther into the future. Nonetheless, they acknowledge that **Q37** economic growth in developing countries like China and India will increase demand and make the oil crunch worse. Many solutions to mitigate the eventual pain of decreased oil production have been proposed. Even the best one will still require much planning. Biofuels, though promising, are not a good way to reduce the consumption of oil. **Q38** Diverting food crops to fuel production seems to raise the price of food in general, which is not good for anybody. Focusing on local economic production might be good in some cases, but sometimes it is also necessary to trade with far away locales. **Q39** It seems the best thing to do is to keep consumption as local as possible while acknowledging that trade with far away nations is sometimes required. Also countries must start making sure that **Q40** transportation and energy production become as independent as possible from oil and hydrocarbon resources. Since those sectors use the most oil in the world, such a move would be incredibly beneficial for the world economy.

Student   여러분, 안녕하세요. 다과를 맛있게 드셨기를 바랍니다. 저는 런던 경제 학교에서 오신 Geraldo Javier 박사님을 소개하고자 합니다. 박사님은 세계 에너지 문제에 관하여 간단히 말씀해 주실 겁니다. Javier 박사님?

Dr. Javier   감사합니다. 음료수가 아주 맛있습니다. 그리고 저를 이곳에 초대해 주신 협회에 감사드립니다. 오늘 밤 저는 최근에 여러 번 화제가 되었던 문제에 관하여 이야기를 하고자 합니다. 저는 대참사나 세계 종말과 같은 것에 대해서는 언급하지 않겠습니다. 그러나 '정점에 이른 기름'에 관하여 이야기할 때 저는 아이들 그리고 그 이후의 모든 사람들이 세상에서 살게 되는 방법을 변화시킬 일련의 현상을 언급하고자 합니다. 지금부터 최근에 발견된 유전을 상상해 보세요. 유전이 발견되기 전에, 지질학자들은 그 지역을 조사한 뒤 기름 보유 잠재력이 있다고 결론을 내렸습니다. 그 이후의 조사와 시험 훈련은 정말 땅 아래에 기름이 있다는 것을 보여주었습니다. 이제 돈을 마련하고, 노동자들을 고용하고, 기름 굴착 장비들을 만드는데 시간이 걸릴 것입니다. 기름 생산은 아마도 굴착기 한두 대로 시작해서 이후에 확대될 것입니다. 이제 장기간에 걸쳐서 이 지역에서 생산된 기름 그래프를 상상해 보세요. 매일 생산될 배럴 수는 시간이 흐를수록 꾸준히 증가하지만 어떤 점에서는 정점에 도달할 것입니다. 그래프상에서 이것은 일종의 종과 같은 곡선으로 보여질 수 있으며, 매일 생산되는 기름 배럴의 수는 시간이 흐르면서 천천히 감소할 것입니다. 이 지역의 기름 생산량이 즉각적으로 멈추지 않을 것이라는 점에 주목하는 것이 중요합니다. 그래프는 이 지역에서 기름이 추출될수록 생산 증가를 유지하는 것은 더욱더 어려워진다는 것을 보여줍니다. 증가가 멈추고 역으로 시작하는 점이 도출됩니다. 기름은 유한 자원이고, 어느 날 땅으로부터 추출하는 기름 비율이 감소하기 시작할 것입니다. 이는 부인할 수 없는 사실입니다. 매일 8,000만 배럴 이상이 생산됩니다. 이 수치는 지난 세기에 걸쳐서 지속적으로 증가하고 있습니다. 그러나 우리가 각 나라들을 살펴보면, 우리는 분명히 정점에 이른 기름 결과를 볼 수 있습니다. 20세기 초반 미국은 세계에서 가장 큰 산유국이었습니다. 결국 다른 나라들이 기름 생산에서 미국을 추월했습니다. 1971년 미국의 기름 추출은 정점에 이르렀습니다. 지금 텍사스와 캘리포니아 같은 주에서 훨씬 적은 양의 기름이 생산되고 있습니다. 현존하는 지역으로부터 같은 비율의 기름을 추출하는 것이 더욱 어려워진다는 점과 새로운 자원을 찾고 개발하는 비용이 점차적으로 비싸진다는 점입니다.

Dr. Javier   정점에 이른 기름 결과에 관하여 여전히 많은 토의가 이루어지고 있습니다. 어떤 사람들은 세상에서 기름 생산의 최대화 시기는 이미 지났다고 예측하고, 우리가 살아가는 방식의 거대한 변화를 주장합니다. 어떤 사람들은 미래의 먼 일이라고 말합니다. 그럼에도 불구하고 그들은 중국, 인도와 같은 개발 도상국의 경제 성장이 수요를 증가시키고, 기름 사태를 더 악화시킬 것이라고 인정합니다. 감소하는 기름 생산량의 최후의 고통을 감소하는 많은 해결책이 제안되었습니다. 가장 효과적인 해결책조차 여전히 많은 계획을 필요로 할 것입니다. 비록 가망이 있더라도 생물 연료는 기름 소비를 줄이는 좋은 방법이 아닙니다. 식량 경작물을 연료 생산물로 전환하는 것은 일반적으로 식량의 가격을 올리는 것처럼 보이지만 모두에게 좋은 것은 아닙니다. 지역 경제 생산에 집중하는 것은 어떤 경우에서는 좋을 수 있지만 때때로 이것은 멀리 떨어진 지역과의 거래를 필요로 합니다. 멀리 떨어진 나라들과 거래를 하는 것이 때때로 필요하다는 것을 인정하는 반면에 최상의 것은 가능한 한 지역에서 지속적으로 소비를 하는 것처럼 보입니다. 또한 나라들은 교통과 에너지 생산을 가능한 한 기름과 탄화수소 자원에 의존하지 않는다는 점을 분명히 해야 합니다. 전 세계적으로 이러한 분야에서 기름을 가장 많이 사용하기 때문에 그런 조처는 세계 경제에 크게 이바지할 것입니다.

organization 협회, 단체   headline 큰 표제어, 주요 제목   destructive 파괴적인, 해를 끼치는
apocalypse 묵시, 대참사   refer 참고하다, 참조하다   circumstances 환경, (부대) 상황
geologist 지질학자   drilling 훈련, 연습   indeed 실로, 참으로   underneath ~의 아래에
raise 모으다, 마련하다   rig 유정 굴착 장치   expand 확장하다, 넓히다   barrel 한 통, 1배럴(의 양)
steady 확고한, 안정된   peak 절정, 최고점, 정점에 도달하다   visualize 시각화하다, 눈에 보이게 하다
curve 곡선(도표)   extract from 추출하다   reverse 되돌아오다, 역행하다   finite 한정된, 유한의
undeniable 부정하기 어려운, 명백한   effect 효과, 결과   producer 생산자, 제작자   eventually
결국, 마침내   overtake 따라잡다, 추월하다   extraction 추출, 뽑아냄   state (미) 주   exploit 개
발하다, 활용하다   consequence 결과, 중요성   farther 더 멀리, 더 나아가   advocate 옹호하다, 지
지하다   nonetheless 그럼에도 불구하고, 역시   acknowledge 인정하다, 동의하다   crunch 결정
적 시기, 위기   mitigate 완화하다, 덜어주다   biofuel 생물 연료   divert ~을 ~으로 전환하다   trade
with 거래하다, 무역하다   hydrocarbon 탄화수소   resource 자원, 원천   sector 부분, 분야
beneficial 유익한, 이로운

PART 3

● ●

Actual Test

실전 문제는 실전과 같은 흐름으로 풀어보는 것이 좋다. 즉, 실전 Test 1회분을 시작하고 마칠 때까지는 어떤 경우에도 방해를 받지 않아야 한다. 만약 중간에 돌발 사항이 조금이라도 생길 수 있는 상황이라면 다른 시간이나 장소를 택한다. 대개 한번 방해를 받으면 방해 요인이 사라지더라도 긴장도의 수준이 떨어지므로 똑같은 태도로 시험을 치르는 것이 힘들기 때문이다.

Actual Test 1회분이 끝난 뒤 정답지에 답을 옮겨 적는 시간이 10분간 주어지는데 이 시간은 실제 시험에서도 그다지 중요하지 않다. 왜냐하면 정답을 옮겨 적는데 시간이 부족하지 않고 또 이 시간에 문제에 대한 정답을 다시 한번 더 정정한다거나 하는 것은 별 의미가 없기 때문이다. 추측을 통해 정답을 적지 않았던 문제에 답을 적는 정도이므로 이 10분의 시간을 지켜서 정답지에 답을 옮겨 적는 연습을 할 필요는 없다.

실전 문제를 푸는 것은 Listening에서 요구하는 빠른 집중력과 속도에 적응하기 위한 것이므로 실전 문제를 한 번 치르는 것이 Listening 실력을 향상시킨다는 생각은 버려야 한다. 오히려 많은 듣기 연습을 통해 실제 듣기의 양을 많이 늘린 후 실전 문제를 풀어보는 것이 좋다. 충분히 듣기 연습을 했다면 3~4주 뒤에 다시 한번 더 실전 문제를 풀어보는 것도 좋을 듯하다.

SECTION 1

Questions 1-5

Complete the notes below.

Write **NO MORE THAN THREE WORDS AND/OR A NUMBER** for each answer.

Off Campus Excursion Notes

Example	*Answer*
Frequency of trips	They take place **three** times per month.

Places visited:

• Cultural sites like theatres and **1** ....

• Hiking

• Discount shopping areas

• No guided tours because students like to **2** .... by themselves

• No place is more than **3** .... away.

Cost:

• All transportation to the venues is **4** ....

• Students only have to pay for entrance fees to venues.

• Students can also get special discounts.

• Discount tickets are available in advance on the **5** ....

Complete the table below.

Write **NO MORE THAN THREE WORDS AND/OR A NUMBER** for each answer.

Excursion Schedule

Place	Date	Cost	Length of Time
Big River Valley Park	12th October	6	6 hours
Woodbury Grove 7 .... Stores	26th October	Anything you want to buy at the stores	8 .... hours
Museum of Contemporary Art	9	Free with Student ID	9 hours
E-mail for more information: 10 ....@mail.com			

Questions 11-15

Complete the sentences below.

Write **NO MORE THAN THREE WORDS AND/OR A NUMBER** for each answer.

HARBOR TOWN HISTORICAL AREA

11 Harbor town has a historic area at the intersection where the city was first established about .... years ago.

12 Its position next to a useful waterway allowed Harbor town to produce and export .... and ....

13 The weather in the region, including warm summers and ...., is great for growing citrus fruit.

14 When the oil underneath Harbor town was completely extracted, industries like aerospace and .... were established.

15 Anyone who is interested in learning more about the history of Harbor town can use one of the .... terminals.

Questions 16-20

Label the street map below.

Write **NO MORE THAN TWO WORDS** for each answer.

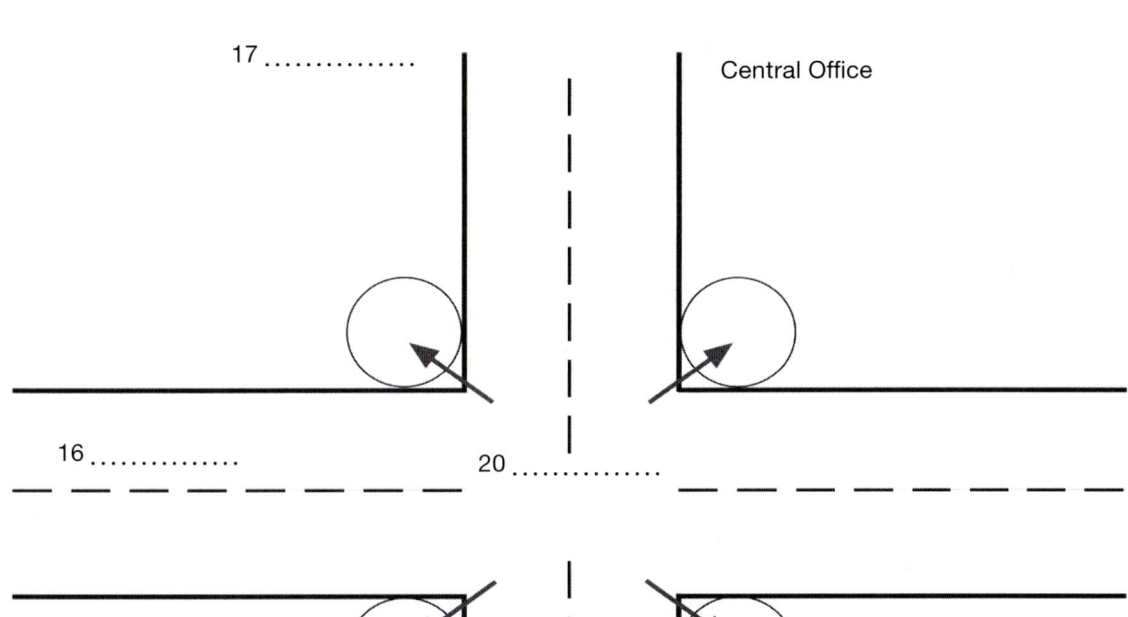
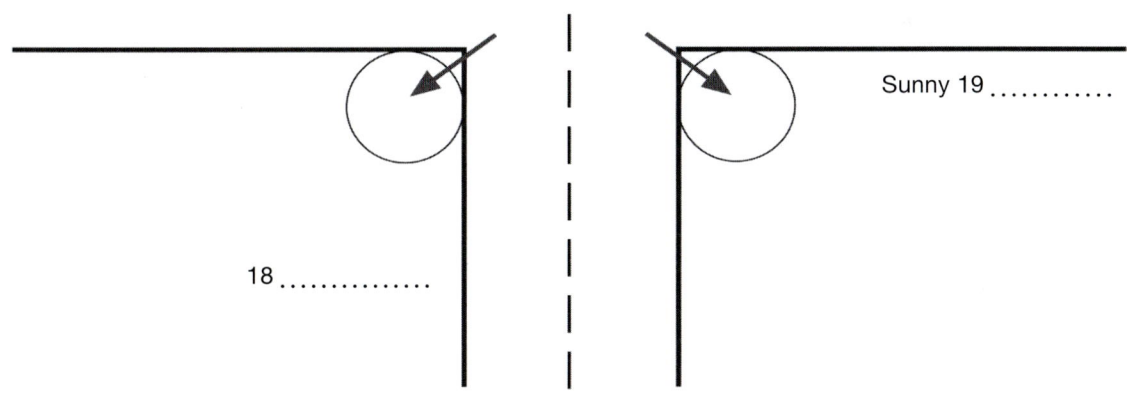

17 ....

Central Office

16 ....

20 ....

Sunny 19 ....

18 ....

Santa Monica Avenue

Questions 21-22

Choose the correct letter, **A**, **B** or **C**.

Example

The paper that Kiana was assigned is

    A one of many she has written before

    B <u>the first time she has ever written one of that length.</u> <– *Answer*

    C not very important to her.

21 Kiana has been going over the reading for the assignment and

    A is confident she can write the paper.

    B is still wondering how to start the paper.

    C is going to focus on another class.

22 According to the dialogue, one of Dr. Reade's role is to

    A guide students to the most relevant readings.

    B challenge students in every way possible.

    C look for potential doctoral candidates.

Questions 23-27

What does Dr. Reade say about the different readings?

Choose your answers from the box and write the letters **A-G** next to the questions 23-27.

A	Slightly useful
B	Read it again
C	Essential reading
D	Read the first part
E	Study research methods
F	Don't even bother reading
G	Read the conclusion

Example	Answer
Kudler	C

Kolehaus **23** ....

Pehllee **24** ....

Leebskid **25** ....

Gary **26** ....

Wolfson **27** ....

Questions 28-30

Label the chart below.

Choose your answers from the box below from the letters **A-E**.

Statistics about the town of Manassas

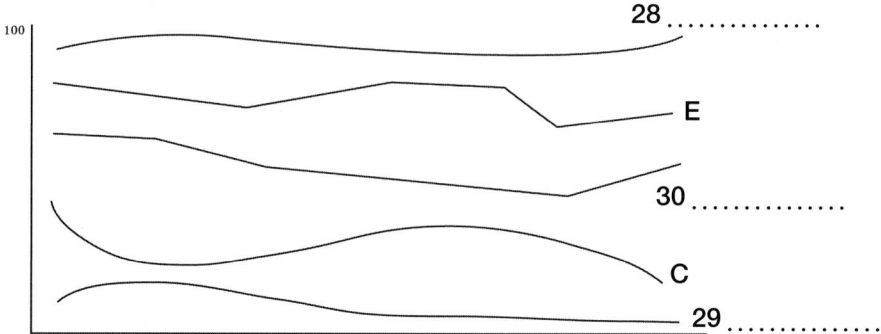

Percentage of Manassas residents that:

A make a middle class wage

B are married and have children

C have at least a college education

D were born in a foreign country

E have citizenship

Questions 31-40

Complete the notes below.

Write **NO MORE THAN TWO WORDS AND/OR A NUMBER** for each answer.

Green Architecture

Lecture Topics:

• what qualifies a building to get 'green' certification

• how 31 .... such environmentally-friendly buildings currently are

Demand is growing for such buildings because:

Governments and corporations understand green buildings are save money

in the 32 .... because of savings in maintenance and

33 ....

Certification for buildings that already exist are offered in two levels:

34 .... and 35 ....

Special gold certification requires approved construction techniques from the

36 .... of the building's construction.

Green Buildings in World

Cabrini Greens:

- Part of an urban revitalization project

- Lead pipes and lead 37 .... removed.

- A system of rooftop and community 38 .... help residents support themselves.

Milop Jewett Tower:

After extensive renovations, the building pays just 39 ....
percent of its old maintenance and energy costs.

Arcadia Arbors:

- Great example of green engineering and construction

- People in charge made a really 40 .... and stuck to it.

Questions 1-5

Choose the correct letter, **A**, **B** or **C**.

Example

How long has Lilith been waiting?

A five minutes

B ten minutes

C twenty minutes ← *Answer*

---

1 What kind of drink does Alex want to have?

A coffee

B orange juice

C tomato juice

2 What made Alex lost when he was driving in the car?

A There was road construction.

B There was bad weather.

C The map he had was wrong.

3 Alex said the car rental business owner was

A really friendly.

B a weird person.

C not helpful.

4 What did the business owner talk about with Alex?

A about cars and trucks

B about the local history

C about some tasty local restaurants

5 What else does Alex also decide to order?

A a sandwich

B a breakfast meal

C some Mexican food

Questions 6-8

Complete the following notes below using the list of words.

University
Park
Mountain
Lake
State Capitol

6   Tours are available Mondays, Wednesdays, Fridays, and Saturdays at the . . . .
. . . .

7   It is possible to camp at . . . . overnight.

8   There is a unique collection of plants at . . . . , which is open
Monday through Saturday.

Questions 9 and 10

Complete the sentences below.
Write **NO MORE THAN THREE WORDS** for each answer.

9   Alex and Lilith want to visit indoor places because of a . . . . that is
forecasted for tomorrow.

10 At the University, Alex wants to see some . . . . at the galleries.

Questions 11-20

Choose the correct letter, **A**, **B** or **C**.

11 At the Student Union, students can choose to eat from

    A only one cafeteria.

    B about five venues.

    C eight different places.

12 Options for vegans and vegetarians include

    A a wide selection of food with special areas cook it.

    B a few products at the campus store.

    C little to nothing in most places.

13 People who choose to drink alcohol

    A must have good health.

    B must get parental permission.

    C must be a certain age.

14 Entertainment at the Student Union includes well-known names and

    A unknown people.

    B music groups from nearby.

    C amateur performances.

15 The Movie Appreciation group shows

    A all kinds of movies, including those from other countries.

    B a very limited number of films and documentaries.

    C only light fare, including comedies and musicals.

16 The forms for people who want to hold events at the Student Union are

    A available in limited numbers.

    B available at a location in the main hall.

    C available only on special days.

17 One piece of information the event form must include is

    A the name a faculty sponsor.

    B when the event is being held.

    C the number of people attending.

18 The budget for an event has to list

    A the stores shopped at.

    B any taxes paid.

    C anything purchased for the event and any people hired.

19 If an event needs special equipment, like speakers or microphones,

    A the Student Union will contact the Media Resources Center.

    B a deposit fee must be paid to the Media Resources Center.

    C students must rent or purchase it themselves.

20 There is a box at the information desk where

    A students can get the latest information on events.

    B anyone can give ideas to improve the Student Union.

    C people can recycle cans and bottles.

Questions 21-24

Complete the notes below.

Write **NO MORE THAN THREE WORDS AND/OR A NUMBER** for each answer.

University Assignment Details

- The students must make a 21 .... presentation on Eastern Europe.
- This presentation has to be 22 .... minutes long.
- Afterwards, there will be a ten minute 23 .... session. The students will also be graded on this.
- The students must also hand in a synopsis of their presentation 24 .... beforehand. It has to be 500 words long.

Questions 25 and 26

Choose **TWO** letters **A-E**.

What are the **TWO** disadvantages of making a slide show for the presentation?

    A The software for making slide shows is hard to use.

    B The time making a slide show could be spent researching and studying.

    C It is hard to find the right equipment to display slide shows.

    D Slide shows are distracting and take away from what people are saying.

    E Professors prefer presentations without visual aids.

Questions 27-30

Complete the table below.

Write **NO MORE THAN THREE WORDS OR A NUMBER** for each answer.

AUTHOR	TITLE	PUBLISHER	YEAR PUBLISHED
27	The Political Economy of the Former Soviet Bloc	—	—
Smith	An 28 .... in Transition	29 .... Press	—
Brown	Foisted into Power	Academic Press	30 ....

31 The full effects of global warming will

    A be felt right away.

    B devastate the Earth very soon.

    C not be known for many, many years.

32 Climate change will make

    A an existing problem even worse.

    B the Earth a more comfortable place to live.

    C it possible to grow more food for people.

Questions 33-38

Complete the notes below.

Write **NO MORE THAN THREE WORD AND/OR A NUMBER** for each answer.

Some statistics about water:

a) Of all the water on the planet, less than 33 .... % is freshwater good for drinking.

b) Two-thirds of that water is locked up in ice in Greenland and Antarctica.

c) Accessible freshwater comes from lakes, rivers, underground aquifers, and 34 ....

Uneven distribution across the world:

a) Canada has 0.5% of the world's people, but 10% of the world's freshwater.

b) Brazil has 3% of the world's people and 35 .... % of freshwater in the world.

Poor water management:

a) 36 .... is very water intensive, requiring over fifteen tons of water for one kilogram of meat.

b) Getting water from far off places takes 37 .... from school and other productive work.

c) Desalination plants can convert seawater into freshwater, but are 38 .... to operate and maintain.

Questions 39 and 40

Choose **TWO** letters A-F.

According to the lecture, **TWO** practical solutions that address water scarcity are

A building many desalination plants.

B reducing the number of showers taken.

C collecting rainwater for later use.

D growing plants that use less water and are climate appropriate.

E advertising a conservation campaign.

F building water infrastructure in less developed areas.

Questions 1-4

Complete the notes below.

Study Abroad Application

Example	Answer
Name:	Leela Kimh

Wants to study abroad during: The entire **1** . . . . year of university.

Previous experience living abroad: A summer **2** . . . . in Buenos Aires, Argentina.

Needs financial aid for: Plane **3** . . . . to South America.

Intended degree: Bachelor of Arts in Spanish and Latin American **4** . . . .

Questions 5-7

Choose the correct letter, **A**, **B** or **C**.

5 Leela's friend who studied in China said

    A the food was very different.

    B the people were friendly.

    C there was difficulty communicating.

6 One problem people studying abroad have is

    A with having enough money.

    B feeling homesick and missing friends.

    C eating different kinds of food.

7 Corben says that when applying for a study abroad program

    A Leela needs to get parental permission.

    B Leela needs to be keep things organized.

    C Leela has to raise money.

Questions 8-10

Complete the sentences below.

Write **NO MORE THAN ONE WORD** for each answer.

8 Leela must make sure her classes abroad will .... towards her degree.

9 The minimum grade point .... to study abroad is 3.2.

10 After filling out the application, Leela must .... them to the Office of Study Abroad.

11 The food festival takes place

    A the beginning of April.

    B the end of April.

    C the middle of March.

12 The East Asian section will feature cuisine from

    A Vietnam and Thailand.

    B Japan and China.

    C France and Italy.

13 The Latin American section will have

    A South American food.

    B South Asian cuisine.

    C food from Germany.

14 Besides food tasting, there will also be

    A live music and dancing.

    B stores selling their products.

    C events that show people how to cook.

15 For a list of events, people can

    A call the information center.

    B look them up on the Internet.

    C pick up a brochure.

16 The speaker highly recommends that participants

    A practice their cooking techniques.

    B buy their aprons beforehand.

    C register in advance for workshops.

Questions 17-20

Complete then table below.

Write **NO MORE THAN THREE WORDS** for each answer.

Name	Purpose	Who should attend
World Tour of Spices	Introduce different spices and flavor profiles.	For adults who want to seriously 17 ....
Candy Adventures	Make healthy candy and sweets.	Meant mainly for 18 ....
Salads 19	Make tasty salads and dressings.	Anyone interesting in 20 ....

Questions 21-30

Choose the correct letter, **A**, **B** or **C**.

21 The continuing education program is for people who

   A want to learn new hobbies.
   B want to start getting another degree.
   C cannot find employment elsewhere.

22 The woman is interested in

   A making money to travel the world.
   B learning about accounting.
   C being an entrepreneur.

23 The city center is accessible by public transportation but

   A is under renovation now.
   B doesn't offer as many classes.
   C is more expensive.

24 The woman takes care of her ill father during

   A weekends.
   B the evening.
   C normal working hours.

25 The man finally suggests taking classes

   A through the Internet.
   B at the city center campus.
   C at the suburban satellite campus.

26 **The class for returning students teaches time management techniques like**

   A how to organize and use one's time efficiently.
   B how to talk to your teachers.
   C making friends in class.

27 The class that reviews study skills goes over

    A beginning English grammar.

    B basic math skills.

    C writing for academic classes.

28 According to the dialogue, the woman can go online in order to

    A email fellow students.

    B contact teachers.

    C sign up for classes.

29 The price of online classes is

    A the same as everything else.

    B cheaper than going to either campus.

    C more expensive than going to the city center campus.

30 Textbooks and other course materials are

    A free when taking the online course.

    B available at campus bookstores.

    C available online.

Questions 31-32

Complete the notes below.

Write **NO MORE THAN TWO WORDS AND/OR A NUMBER** for each answer.

Donation

- More than fifty million dollars donated by the estate of Paul A. Muadib.
- The entire college felt very excited about this generous 31 ....
- There was a lot of money given to the school, but not enough for every single 32 ....

Questions 33-37

Complete the table below.

Write **NO MORE THAN THREE WORDS** for each answer.

SURVEY DETAILS	
First Part	• The first part consisted of an 33 .... • Students could list any number of 34 .... ideas.
Second	• All the ideas that came up consistently were put to a 35 ....
Results	• There were 36 .... things that came up over and over again. • The 37 .... of each of them will be briefly explained.

Question 38

Choose **TWO** letters **A-F**.

Which **TWO** things concerning the dining facilities on campus did students complain about?

A   inadequate number of dining facilities

B   unfriendly staff members

C   inconvenient operating hours

D   quality of food at existing places is low

E   not enough vegetarian/vegan food

F   prices that are too expensive

Questions 39-40

Choose the correct letter, **A**, **B** or **C**.

39   Why would a significant minority of students not benefit from improved dining facilities?

A   They always make their own food and don't use those facilities.

B   They live off campus and do not eat their meals at school.

C   They can't afford to eat on campus and buy their food from other places.

40   What is one argument against improving the athletics building?

A   It would change the makeup of the student body population.

B   Only a small proportion of students actually use the athletics building.

C   It would harm the reputation of the university.

Questions 1-10

Complete the notes below.

Write **NO MORE THAN THREE WORDS AND/OR A NUMBER** for each answer.

Going Away Party for Albert

Example	Answer
Date:	August 24th

Place: **1** . . . . Grill

People to invite: * **2** . . . . from college

                                            * Cousins

                                            * **3** . . . . and boss

Date to send out invites: **4** . . . . August

Need to ask each person for this much money: **5** $ . . . .

Gift idea: **6** . . . . light

For the meal: * Buffet **7** . . . . is probably cheaper than
                                            everyone ordering individually.

                                            * People can buy drinks themselves or **8** . . . .

Ask people to bring: * A/an **9** . . . . for music

                                            * Digital **10** . . . . or ones that can be scanned.

Questions 11-16

Choose the correct letter, **A**, **B** or **C**.

11 To find out more about reservations, one needs to

   A click a link on a corner of the page.

   B navigate to another page on the website.

   C call a number that is at the bottom of the page.

12 'Extreme Tours' are special vacation packages for those

   A who desire to visit safe destinations.

   B who need to see familiar places.

   C who want to have a really exciting experience.

13 The travel agency says these excursions will give people the chance to

   A see famous and well known tourist sites.

   B test themselves and become stronger.

   C buy lots of interesting souvenirs.

14 The company has offers in South America, Australia, and

   A North America.

   B Southeast Asia.

   C Europe.

15 Unlike other companies, Fremen allows you to

   A hire a car for the duration of your vacation.

   B travel about independently.

   C speak with a travel agent for free.

16 Included in all tour packages is the cost of

   A airfare, accommodation and transportation.

   B food and entertainment.

   C tour guides.

Questions 17-20

Complete the table below.

Write **NO MORE THAN THREE WORDS AND/OR A NUMBER** for each answer.

Location	Length of tour package	Special highlights of offer
The Andes **17** .... in Peru	five days	People are friendly, generous and have **18** ....
The city of Chiang Mai in Thailand	**19** .... days	Unique culture, able to see elephants
Australia	fourteen days	Able to see some of the continent's most **20** ....

Project Number	Materials Needed	Procedure
Project 1	scissors, markers, stiff paper and pieces of 21	Cut out holes for eyes and nose. Then 22 .... in the mask.
Project 2	shoebox, styrofoam and other materials	Students can make a 23 .... scene or somewhere they have been before.
Project 3	egg cartons and pipecleaners, which are flexible lengths of 24 .... that are furry	Stick pipecleaners into egg cartons to make animals.
Project 4	white or brown bags, markers, and pieces of felt	Students can decorate the 25 .... of the paper bag.
Project 5	paper mache, made by tearing up newspapers into strips and dipping them into starch	Can cover any 26 .... with the strips, like a blown up balloon.

Questions 27-30

What problems do Jimi and Janis identify for each art project?

Choose your answers from the box and write the letters **A-G** next to questions 27-30.

Problems

A   might take too much time

B   seems really messy

C   may have already done it

D   might be too easy

E   hard to get materials

F   seems dangerous

G   might be too difficult

Project 1:   27 ....

Project 2:   28 ....

Project 3: | Example   E |

Project 4:   29 ....

Project 5:   30 ....

Questions 31-35

Complete the notes below.

Write **NO MORE THAN THREE WORDS AND/OR A NUMBER** for each answer.

The Gray Wolf

They might prey on animals people depend on for a living, but wolves are actually a **31** .... of the Earth's living system.

Wolves hunt in small groups and have a well-developed **32** ....

At the top of the hierarchy are an alpha male and an alpha **33** ....

The alpha pair's pups are usually the **34** .... successful.

Challenges for leadership do not always lead to physical **35** ....,
but are mostly for show.

Questions 36-38

Choose the correct letter, **A**, **B** or **C**.

36 Grey wolves are now found only in Canada, Alaska, Northern Eurasia and

    A many other places in the Southern Hemisphere.

    B a few other isolated areas in the world.

    C on the Indian Subcontinent.

37 Supporters of the reintroduction program agreed to

    A give money to people whose cattle were at risk.

    B delay restoring the wolf population for several years.

    C fund more studies.

38 After reintroducing the wolves, biodiversity in Yellowstone park increased and

    A maintained itself.

    B fell soon afterwards.

    C stayed exactly the same.

Questions 39 and 40

Choose **TWO** letters **A-F**.

What are **TWO** results of the wolf reintroduction program in Yellowstone park?

    A Ranchers have become angry.

    B There are fewer tourists in Yellowstone.

    C Eagle and hawk species have increased.

    D Yellowstone is not as healthy as before.

    E The local economy has benefited.

    F Local populations are fearful.

SECTION 1

> ### Questions 1-5
>
> Write **NO MORE THAN THREE WORDS AND/OR A NUMBER** for each answer.

Time	Room	Event Description
9 a.m.	1	*Example* Called 'How to Prepare for University Studies.' The talk will last for **2** .... Organizer will talk about different things that **3** .... have to think about and deal with.
4	Conference Room	People will give information on several kinds of **5** ....

Questions 6-10

Label map below with the correct room names.

Choose your answers from the box below and write them in your answer sheet.

AS	Australian Section
ES	European Section
BH	Banquet Hall
ISR	International Students' Room
OO	Organizer's Office
R	Refreshments
WR	Washrooms

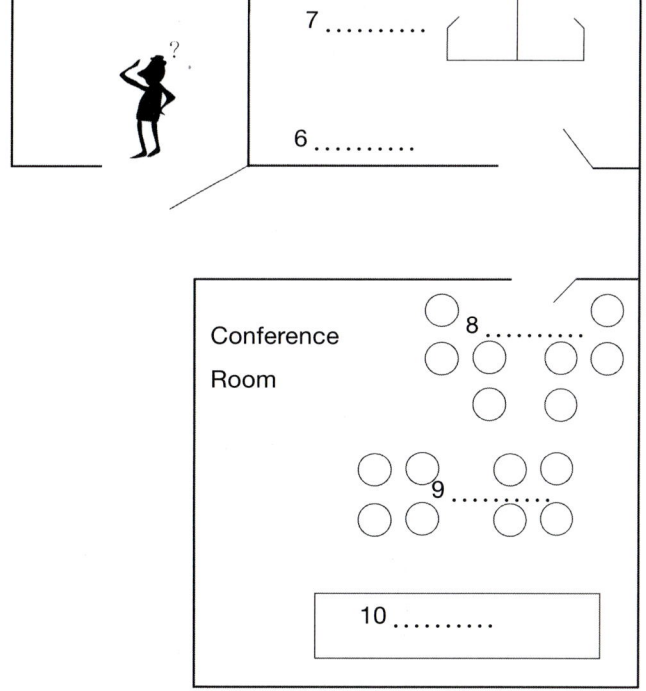

Questions 11-15
Complete the table below.
Write **NO MORE THAN THREE WORDS AND/OR A NUMBER** for each answer.

Services Provided by Center

TYPE OF SERVICE	EXAMPLE
FINANCIAL AID	Help students acquire **11** ....
12	• Deals with technical issues people have. • At the beginning of the year, assists people with connecting to the **13** .... • Recommends Apple computers because other computers are too **14** ....
SERVICING	If someone is having **15** .... , they can get whatever is broken repaired.

Questions 16-20

Write **NUMBERS OR NO MORE THAN THREE WORDS** for each answer.

CENTER INFORMATION

Full time attendant   16 . . . . Bianci

Days attendant is available   17 . . . .
Located in   Taylor Building

Extension Number   18 . . . .

Opening hours   Weekdays: 19 . . . .

                                   20 . . . . : From 12 to 5

> Questions 21-25
>
> Choose the correct letter, **A**, **B** or **C**.

21 At the start of the talk, one responsibility of the University Chancellor mentioned is

    A increasing school loyalty.

    B making sure money is spent in the right places.

    C beautifying the campus.

22 In the selection committee, the students members

    A have little to no role in the selection process.

    B have a greater say in who should be Chancellor.

    C have the same weight as others.

23 After giving a reporting to the committee chairman, the students will

    A vote on a new Chancellor.

    B talk to other members as well.

    C give up their roles to new students.

24 The chairman recommends that the students ask questions

    A that deal with topics important to everyone.

    B that are important only to the administration.

    C on academic hiring.

25 The Chancellor needs to understand the needs of the whole community and

    A not much else.

    B the needs of other similar institutions.

    C also the needs of those that make up that community.

Questions 26-30

Complete the notes below.

Write **NO MORE THAN THREE WORDS** for each answer.

The Selection Process

- Students submit report to the rest of the committee.
- The selection process is a/an **26** .... process meaning anyone can apply for the position.
- There will be **27** .... different candidates chosen from the initial pool of applicants.
- Further background checks will be conducted on those remaining candidates.
- After those are done, they will be asked to come in for a/an

  28 .... before the committee. They will also have to come in for a **29** .... time.
- The final candidates have to interact with some **30** ....
  before one name is chosen by the committee and voted on by the Board of Trustees.

Questions 31-32

Complete the notes below.

Write **NO MORE THAN THREE WORDS AND/OR A NUMBER** for each answer.

Holiday Decoration Project

Details:

	Example	*Answer*
Name of presenter:		Yuri

Did teacher training at Arlington Elementary for the month of:

31 ....

The projects aren't very messy and the necessary materials can be seen

32 ....

Questions 33-34

Complete the sentences below.

Write **NO MORE THAN THREE WORDS AND/OR A NUMBER** for each answer.

33 In general, the drawing of outline on the paper bag has to be .... in shape.

34 The piece of cardboard has to be .... in shape to the paper bag cutout.

Complete the notes below.

Write **NO MORE THAN THREE WORDS AND/OR A NUMBER** for each answer.

Decorating the Ornaments

Must affix cutout to cardboard. Gluesticks are recommended because liquid glue can be **35** ....

Materials available:

              color markers

              gold and silver glitter

              different colors of yarn

              felt pieces

              ribbon

              buttons

Students can use fewer than **36** .... different kinds of materials.

The practical reason is so that students have enough materials to

37 ....

Questions 38-40

Match the student with the holiday decoration that they made.

Write the appropriate letter **A-E** next to each person.

38 Martin . . . .

39 Lydia . . . .

40 Judy . . . .

A

B

C

D

E

Sample answer sheets

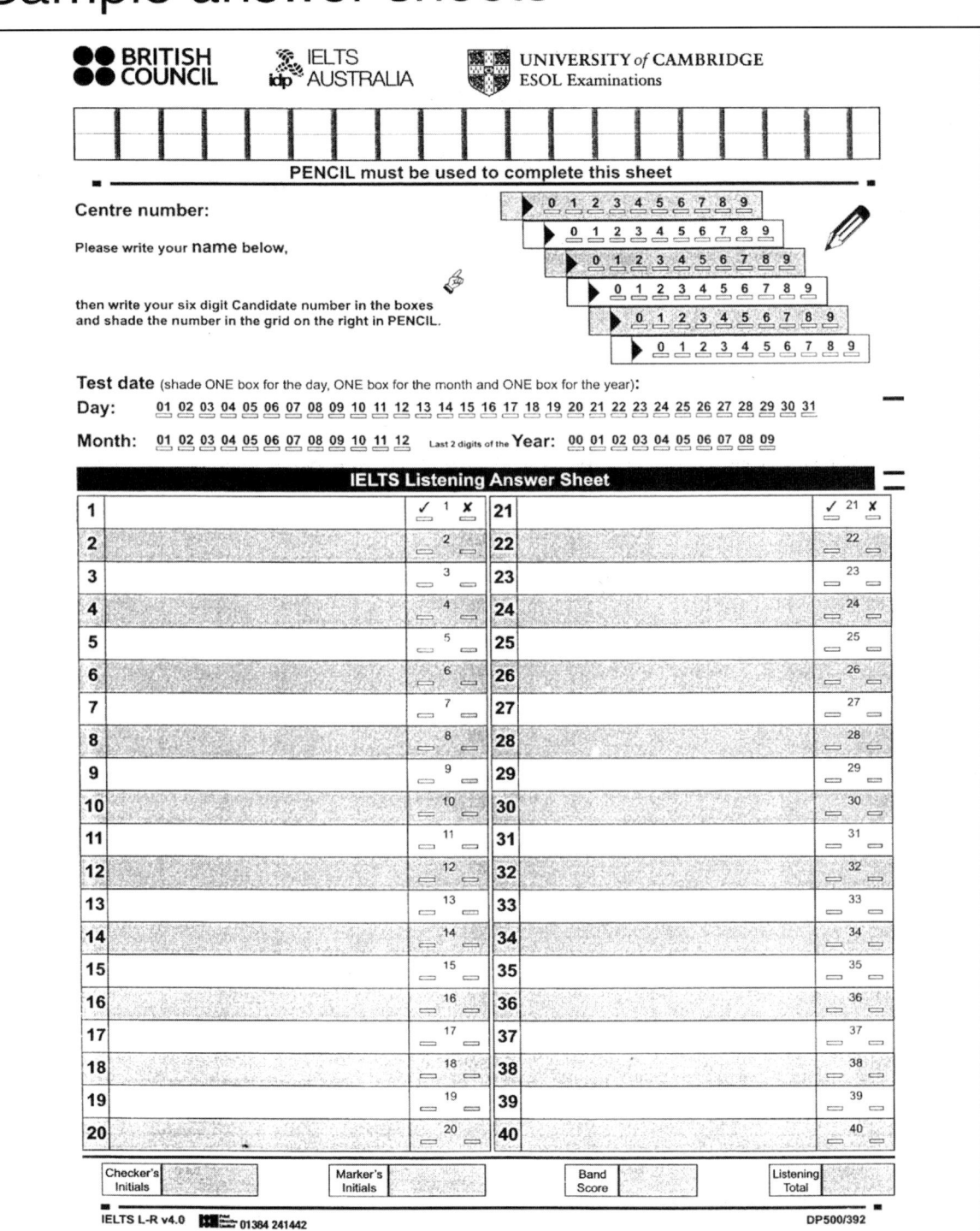

BRITISH COUNCIL **IELTS AUSTRALIA** idp **UNIVERSITY of CAMBRIDGE** ESOL Examinations

PENCIL must be used to complete this sheet

Centre number:

Please write your **name** below,

then write your six digit Candidate number in the boxes and shade the number in the grid on the right in PENCIL.

```
0 1 2 3 4 5 6 7 8 9
  0 1 2 3 4 5 6 7 8 9
    0 1 2 3 4 5 6 7 8 9
      0 1 2 3 4 5 6 7 8 9
        0 1 2 3 4 5 6 7 8 9
          0 1 2 3 4 5 6 7 8 9
```

Test date (shade ONE box for the day, ONE box for the month and ONE box for the year):

Day: 01 02 03 04 05 06 07 08 09 10 11 12 13 14 15 16 17 18 19 20 21 22 23 24 25 26 27 28 29 30 31

Month: 01 02 03 04 05 06 07 08 09 10 11 12   Last 2 digits of the Year: 00 01 02 03 04 05 06 07 08 09

IELTS Listening Answer Sheet

1		✓ 1 ✗	21		✓ 21 ✗
2		2	22		22
3		3	23		23
4		4	24		24
5		5	25		25
6		6	26		26
7		7	27		27
8		8	28		28
9		9	29		29
10		10	30		30
11		11	31		31
12		12	32		32
13		13	33		33
14		14	34		34
15		15	35		35
16		16	36		36
17		17	37		37
18		18	38		38
19		19	39		39
20		20	40		40

Checker's Initials		Marker's Initials		Band Score		Listening Total	

IELTS L-R v4.0   01384 241442   DP500/392

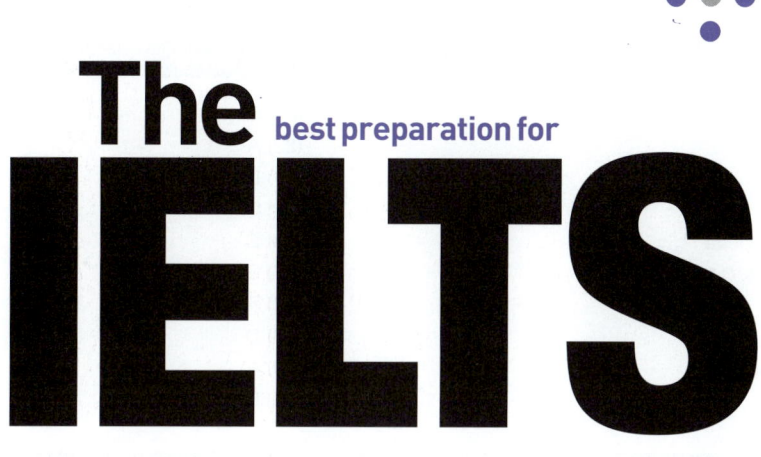

The best preparation for IELTS

김영균 지음

Listening

Answers

넥서스

••••••• Actual Test 1

Section 1	**Questions 1-10**	p. 170

(1) art museums
(2) explore
(3) two hours//2 hours
(4) free
(5) university website
(6) eleven dollars//11 dollars
(7) outlet
(8) seven//7
(9) 3rd November
(10) paladin

Section 3	**Questions 21-30**	p. 174

(21) B
(22) A
(23) D
(24) B
(25) E
(26) G
(27) F
(28) D
(29) A
(30) B

Section 2	**Questions 11-20**	p. 172

(11) Three hundered fifty//350
(12) beef, oranges
(13) mild winters
(14) entertainment
(15) computer
(16) Sunset Road
(17) fruit market
(18) Ranch museum
(19) movie studios
(20) subway (station)

Section 4	**Questions 31-40**	p. 176

(31) widespread
(32) long term
(33) energy costs
(34) bronze//silver
(35) silver//bronze
(36) beginning
(37) paint
(38) gardens
(39) sixty//60
(40) unique plan

If your score...

0-12	You are highly unlikely to get an acceptable score under examination conditions and we recommend that you spend a lot of time improving your English before you take IELTS. 당신이 시험 상황에서 만족할 만한 점수를 받지 못할 가능성이 크므로, 아이엘츠 시험을 보기 전에 영어를 향상할 수 있도록 많은 시간을 들여야 한다.
13-27	You may get an acceptable score under examination conditions but we recommend that you think about having more practice or lessons before you take IELTS. 당신이 시험 상황에서 만족스러운 점수를 받을 수 있을지 모르지만 아이엘츠 시험을 보기 전에 더 많이 연습하고 공부하기를 권한다.
28-40	You are likely to get an acceptable score under examination conditions but remember that different institutions will find different scores acceptable. 당신이 시험 상황에서 만족스러운 점수를 받을 가능성이 크지만 다른 기관들은 더 좋은 점수를 원할 수도 있다는 것을 기억해야 한다.

Script	

Woman	Good afternoon.
Man	Good afternoon. What can I do for you?
Woman	Yes, I understand the University offers... uh, organized trips to...
Man	Correct, we have about **Example** three trips per month, on both weekdays and weekends.
Woman	I see... can I ask what kind of places do you go to?
Man	Certainly, well, usually there are excursions to the city. **Q1** There are many interesting cultural venues to see, such as theatres and art museums. We also organize trips to the local mountains for hiking or sometimes even to discount shopping areas around here. **Q2** We don't organize guided tours, since most students like to explore on their own.
Woman	How far away are they usually?
Man	Well, it's a good thing the city is not too far south of here, since most of the excursions we organize go there. **Q3** They are never more than two hours away.
Woman	And so, how much do I have to pay for each excursion?
Man	Oh, **Q4** the great thing is, that the transportation is free. You pay for just entrance fees and the like, or for whatever you buy.
Woman	That sounds great.
Man	Yes, and for certain events, like theatre shows, you can get a discount on tickets when you buy them through the school.
Woman	Oh, really? So how do I buy discounted tickets?
Man	When we travel to the venue, you will be given a discount at the box office or the ticket booth if you show your school identification card. **Q5** You can also purchase tickets beforehand for you and your friends from the University website at the discounted price.
Woman	Alright, what part of the website is it?
Man	Well, log on to the University website with your ID number.
Woman	Right, the login screen on the main page.
Man	There will be a section called 'Campus Activities' on the navigation bar on the left side. In that section there is another link for 'Off Campus Excursions.' The monthly schedule is shown there, and there is also an online form to purchase any discount tickets available.

Woman	Nice, thanks for the advice.

Woman	So, yeah, my computer is down, can I ask you what excursions there are this month?
Man	Yeah, it's the beginning of the school year, so the new schedule isn't up on the website yet. But I have the schedule here on my computer. We have all the dates confirmed, and when the site is updated, you'll be able to buy discount tickets from there.
Woman	Thanks, I am pretty busy during the week, so maybe you could just tell me about some of the next few ones coming up on the weekends.
Man	Definitely, the weekend before October break there is a bus going to Big River Valley Park. That's the... let me see... that's the twelfth. This is a hiking trip to see fall foliage, **Q6** so there will be a small entrance fee of $11.00 to enter the park. It's a six-hour excursion.
Woman	Oh, wonderful, the fall colors are so gorgeous that time of year.
Man	The week after October break, there is a bus going to Woodberry Grove. That's the 26th of October. It's has a lot of outlet stores. It's very popular at this time of year because students like to buy things for their dormitory rooms.
Woman	What's an outlet store?
Man	An outlet store is a kind of discount store.
Woman	Um, could you spell that?
Man	**Q7** Outlet... O-U-T-L-E-T.
Woman	Ahh... yes, thank you.
Man	**Q8** So, yeah, that bus leaves at 11 a.m. and comes back at 6 p.m.
Woman	Alright, got it.
Man	The next weekend, on Sunday, there is a trip going down to the city. So, yes, **Q9** on the 3rd of November students can visit the Museum of Contemporary Art. They have a new exhibition showing modern Chinese art.
Woman	That sounds really interesting, how much is it?
Man	The school has a special arrangement with the Museum, so it's free with your student ID.

Woman	I'll definitely go to that one. When will the bus be leaving?
Man	It leaves from Lauder Hall at 12 p.m. and gets back around 9 p.m., so it will be nine hours.
Woman	Wow, thanks for all the info.
Man	No problem, if you have any other questions about the Off Campus Excursions, feel free to email me.
Woman	OK, here, I have a pen. What is it?
Man	It's 'paladin@mail.com.'
Woman	Hmm? Could you spell that?
Man	**Q10** 'Paladin,' P-A-L-A-D-I-N@mail.com.
Woman	Thanks again.
Man	It's my pleasure, don't worry about it.

Woman	안녕하세요.
Man	안녕하세요. 무엇을 도와 드릴까요?
Woman	네. 저는 학교에서 단체 현장 학습을 간다고 알고 있습니다.
Man	맞아요. 저희는 주중과 주말을 포함해서 매월 3번 정도 현장 학습을 갑니다.
Woman	알겠습니다. 어떤 장소로 가는지 물어봐도 될까요?
Man	네. 주로 도시로 현장 학습을 갑니다. 그곳은 구경하기에 흥미로운 극장, 예술 박물관과 같은 문화적인 장소가 많이 있습니다. 저희는 또한 지역 산으로 하이킹을 가는 현장 학습, 때로는 그 근처 할인 쇼핑 지역에 가는 현장 학습을 기획합니다. 대부분의 학생들이 혼자서 현장 학습 가는 것을 좋아하기 때문에 저희는 안내원이 있는 현장 학습을 기획하지 않습니다.
Woman	그곳은 대개 얼마나 먼가요?
Man	글쎄요. 저희가 가려고 기획하는 대부분의 현장 학습은 여기에서 남쪽으로 그렇게 멀리 떨어져 있지 않아서 좋습니다. 그곳들은 2시간을 넘지 않습니다.
Woman	그러면 각 여행마다 얼마를 지불해야 하나요?
Man	네. 교통비가 무료라는 점이 아주 좋습니다. 당신은 단지 입장료와 기타 등등 그리고 당신이 구매하는 것만 지불하면 됩니다.
Woman	아주 좋은데요.
Man	네. 그리고 극장 쇼와 같은 어떤 행사들은 학교를 통해서 표를 구매했을 시, 할인을 받을 수 있습니다.
Woman	오, 정말요? 그러면 할인 표를 어떻게 구매할 수 있나요?
Man	저희가 행사지로 갈 때, 당신이 학생증을 제시하면, 매표소에서 할인을 받을 수 있습니다. 또한 당신과 당신 친구들은 학교 웹사이트에서 할인된 가격으로 표를 미리 구매할 수 있습니다.
Woman	네, 알겠습니다. 웹사이트의 어느 부분인가요?
Man	음. 당신 학생증 번호로 학교 웹사이트에 들어가면 됩니다.
Woman	네. 메인 페이지에 있는 화면에서 로그인하면...
Man	좌측의 검색창에 '교내 활동'이라는 영역이 있을 것입니다. 그 영역에 '교외 현장 학습'이라는 또 다른 링크가 있습니다. 거기에 월간 일정이 나와 있으며, 구입할 수 있는 할인 표의 온라인 서식도 있습니다.
Woman	네. 알려주셔서 감사합니다.

Woman	제 컴퓨터가 다운됐어요. 이번 달에 어떤 현장 학습이 있는지 물어봐도 될까요?
Man	네. 신학기라서 아직 새로운 일정이 웹사이트에 올라가 있지 않습니다. 하지만 제 컴퓨터에 그 일정이 있습니다. 모든 날짜들은 확정되었고, 사이트가 업데이트 될 때 거기에서 할인 표를 구입할 수 있습니다.
Woman	감사합니다. 제가 주중에 바빠서 그러는데요. 다음 주 주말에 진행되는 현장 학습을 몇 가지 알려주실 수 있나요?
Man	물론이지요. 10월 방학 전 주말은 Big River Valley 공원으로 가는 버스가 있습니다. 그것은... 어디

Woman	보자... 12일입니다. 이것은 가을 낙엽을 보기 위한 하이킹 현장 학습으로, 공원 입장료가 11달러입니다. 그리고 6시간이 소요됩니다.
Woman	오, 훌륭하네요. 일 년 중 이맘 때가 가을 빛깔이 아름다워요.
Man	10월 방학 후, 주중에는 Woodberry Grove로 가는 버스가 있습니다. 그때는 10월 26일입니다. 거기에는 많은 아울렛 상점들이 있습니다. 학생들은 기숙사 방에 필요한 물품을 사는 것을 좋아하기 때문에 매년 이 시기는 매우 붐빕니다.
Woman	아울렛 상점이 뭔가요?
Man	아울렛 상점은 일종의 할인 가게입니다.
Woman	음. 철자가 어떻게 되나요?
Man	아울렛... O-U-T-L-E-T.
Woman	아, 감사합니다.
Man	버스는 오전 11시에 출발해서 오후 6시에 돌아옵니다.
Woman	네. 알겠습니다.
Man	다음 주 일요일에는 시내로 가는 현장 학습이 있습니다. 학생들은 11월 3일에 현대 예술 박물관을 방문할 수 있습니다. 그들은 근대 중국 예술을 보여주는 새로운 전시회를 엽니다.
Woman	그건 정말 흥미롭게 들리는데요. 가격은 얼마인가요?
Man	학교는 박물관과 특별한 협정을 맺고 있어서 학생증만 있으면 무료입니다.
Woman	저는 꼭 거기에 갈 거예요. 버스는 몇 시에 출발하나요?
Man	Lauder Hall에서 정오에 출발해서 저녁 9시에 돌아옵니다. 9시간이 소요되는 현장 학습입니다.
Woman	와, 모든 정보를 알려주셔서 감사합니다.
Man	괜찮아요. 교외 현장 학습에 관하여 다른 질문이 있으면, 거리낌 없이 이메일을 보내 주세요.
Woman	네. 지금 적을게요. 이메일 주소가 어떻게 되나요?
Man	paladin@mail.com입니다.
Woman	음... 철자를 말해 주세요.
Man	Paladin, P-A-L-A-D-I-N@mail. com입니다.
Woman	다시 한번 감사드립니다.
Man	천만에요.

certainly 확실히   **excursion** 소풍, 짧은 여행   **venue** 회합 장소, 개최 예정지   **organize** 계획하다, 준비하다   **guided tour** 안내원이 딸린 (관광) 여행   **whatever** ~것은 무엇이든   **beforehand** 미리, 벌써   **down** (컴퓨터 등이) 고장 난   **confirm** 확인하다   **come up** 다가오다, 가까이 오다   **break** 잠깐의 휴식, 휴가   **foliage** 잎   **entrance** 입장   **dormitory** 기숙사   **contemporary** 현대의, 동시대의   **exhibition** 전람회, 전시회   **arrangement** 합의, 조정   **info** 정보, 소식   **feel free to** 마음대로 ~해도 좋다   **email** ~에게 전자 우편을 보내다, 전자 우편으로 보내다

::: Section 2

Good morning everyone and welcome to the historic downtown area of Harbor town. I'm going to give a presentation on the history of the area before I let you all go. There's great weather today, so I'll try to keep this short. So, from this room you can see most all of the historic area. **Q11** This intersection is where the city was first founded about 350 years ago. The San Gabriel River is wide and deep and it was an excellent waterway for the movement of goods. **Q12** Harbor town used to produce lots of beef and oranges. Before the city grew, there was lots of open land for grazing and planting fruit trees. They traded these products with other towns and cities. **Q13** The weather in this region is excellent for growing oranges because there are warm summers and mild winters. Citrus fruits can't survive in places where there is severe frost. At the height of citrus cultivation, there were over 500 orchards growing citrus fruit. Unfortunately, this fertile land also had lots of oil underneath it. In the rest of the country, new technology required the energy found in fossil fuels. After the first oil wells were tapped, agriculture gradually gave way to industry. The farms, orchards, and ranches that surrounded the town were replaced by new factories, cities, and roads. There is very little agriculture in the region these days, and certainly no cattle. **Q14** The oil eventually ran out, of course. But other industries, such as aerospace and entertainment, were established. Well, that's a brief history of Harbor town. **Q15** You can use one of the computer terminals available in the main office, if you want more information.

I will highlight some of the sites here just to give you an idea of what we have in the historic center of Harbor town. You can then explore the area as you please. So, I've already mentioned the intersection where the city was first founded. **Q16** The main east-west street is called Sunset Road and the main north-south street is called Santa Monica Avenue. The Central Office we are in right now is at the northern most end of Santa Monica Avenue. There are public restrooms here, as well as computer terminals that connect to the Internet. **Q17** Across from the Central Office is the fruit market. At its height, people from all over the country came to buy fruit from the distributors there. If you travel south from the market and go past the intersection **Q18** you will see the Ranch Museum. Here you can learn about the old ranching lifestyle that was such a hallmark of our region. Now, going back to the intersection, if you go west of Santa Monica avenue, you will find old City Hall. It is an excellent example of the architecture of the time. In the opposite direction, going east of the main intersection, **Q19** you can see Sunny Movie Studios. They don't make movies there now, of course, but it was the first company to make movies in our region. Also, **Q20** the subway station is accessible from all four corners of the intersection. If you didn't take the bus here today, I am sure that is where you came from. Well, thanks again, and I hope you enjoy your visit to the historical area of Harbor town.

안녕하세요, 여러분. 역사의 중심지인 Harbor 마을에 오신 것을 환영합니다. 저는 여러분이 이곳을 방문하기 전에 이 지역의 역사를 소개하고자 합니다. 오늘은 날씨가 좋아서 소개를 짧게 끝내려고 합니다. 이 방에서부터 여러분은 역사 지역의 대부분을 볼 수 있습니다. 이 교차로는 약 350년 전에 도시가 최초로 건립되었던 곳입니다. San Gabriel 강은 넓고 깊어서 상품들을 수송하기에 뛰어난 수로였습니다. Harbor 마을은 쇠고기와 오렌지를 많이 생산했습니다. 도시가 성장하기 전에는 목초지와 과일 나무들을 심을 수 있는 개방된 땅이 많이 있었습니다. 그들은 이러한 상품들을 다른 마을 또는 도시와 물물 교환을 했습니다. 이 지역은 더운 여름과 온난한 겨울 날씨 때문에 오렌지를 재배하기에 좋습니다. 감귤류의 과일들은 심한 서리가 있는 지역에서는 자랄 수 없습니다. 감귤류 재배가 절정일 때는 500개가 넘는 오렌지 과수원이 있었습니다. 불행하게도 이렇게 비옥한 땅은 그 아래에 많은 기름을 가지고 있었습니다. 우리나라의 다른 지역에서는 새로운 기술이 화석 연료에서 발견된 에너지를 요구했습니다. 최초의 유정이 깨뜨려진 후 농업은 점차 산업화가 되었습니다. 농지, 과수원, 그리고 마을을 둘러싼 목장들은 새로운 공장, 도시 그리고 길로 바뀌었습니다. 요즈음 그 지역에 농업은 거의 없고, 확실하게 소떼도 없습니다. 물론 기름은 결국 다 소진되었습니다. 그러나 우주 과학과 연예계와 같은 다른 산업들이 정착했습니다. 이것이 Harbor 마을의 간단한 역사입니다. 더 많은 정보를 원하시면, 본사에 있는 컴퓨터 단말기를 사용해 주세요.

역사의 중심지인 Harbor 마을이 가지고 있는 것을 여러분에게 알려주기 위해 몇몇 장소를 강조할 것입니다. 그리고 나서 여러분은 본인이 좋아하는 장소를 답사하실 수 있습니다. 이 도시가 최초로 건립되었던 교차로는 이미 언급했습니다. 동서 중심가를 Sunset 길이라고 부르며, 남북 중심가를 Santa Monica 가로수라고 부릅니다. 지금 저희가 있는 본사는 Santa Monica 가로수의 북쪽 가장 끝에 있습니다. 거기에는 인터넷에 연결하는 컴퓨터 단말기뿐 아니라 공중 화장실이 있습니다. 본사의 바로 맞은 편에 과일 시장이 있습니다. 한창일 때는 전역에서 온 사람들이 도매업자들에게 과일을 사러 왔습니다. 여러분이 시장에서 남쪽으로 가서 교차로를 지나면 Ranch 박물관을 볼 수 있을 것입니다. 여기에서 여러분은 저희 지역의 특징인 오래된 목장 생활 방식에 관하여 배울 수 있습니다. 이제 교차로로 다시 돌아가서 여러분이 Santa Monica 서쪽으로 가면 구 시청 건물을 찾으실 수 있을 것입니다. 시청은 그 시대의 뛰어난 건축물의 한 예입니다. 반대 방향에서 주 교차로의 동쪽으로 가면, 여러분은 Sunny 영화 스튜디오를 볼 수 있습니다. 물론 지금은 그곳에서 영화를 만들지는 않지만 저희 지역에서 영화를 만든 최초의 회사였습니다. 또한 교차로의 네 모퉁이는 지하철역과 가깝습니다. 만약 여러분이 이곳에 버스를 타고 오지 않으셨다면, 그곳에서부터 전철을 이용하셨을 것입니다. 다시 한번 감사드립니다. 그리고 역사의 중심지인 Harbor 마을의 방문을 즐겨주시길 바랍니다.

intersection 교차, 횡단 **found** 설립하다, ~의 기초를 세우다 **waterway** 수로, 운하 **grazing** 목초지, 목장 **citrus** 감귤류 식물의 총칭 **severe** 모진, 심한 **frost** 빙점하의 온도 **cultivation** 경작, 재배 **orchard** 과수원 **at the height of** ~의 절정에서, 한창 ~중에 **fertile** 기름진, 비옥한 **rest** 나머지, 잔여 **fossil fuel** 화석 연료 **oil well** 유정 **tap** 구멍을 뚫어 ~의 즙(액)을 받다, ~의 수액을 받다 **agriculture** 농업, 농사 **gradually** 차차, 점차 **give way** 물러가다, 양보하다 **ranch** 대목장 **establish** 설립하다, 정착시키다 **aerospace** 대기권과 그 밖의 우주, 항공 우주(공간) **terminal** (컴퓨터) 단말기 **highlight** 강조하다, ~에 흥미를 집중시키다 **please** 기쁘게 하다, 만족시키다 **as well as** ~와 마찬가지로 잘 **distributor** 분배자 **hallmark** 특징

Kiana	Hi, Dr. Reade, are you busy right now? Do you mind if I come in for a second?
Dr. Reade	Hey, Kiana, no, I don't mind at all.
Kiana	Thanks, I just wanted to say that I'm enjoying your urban studies course and that I'm having some trouble with the first assignment.
Dr. Reade	OK, no problem. What do you want to ask?
Kiana	**Example** This is my first time writing a paper of this length.
Dr. Reade	Alright, what sort of trouble are you running into?
Kiana	Well, writing more than ten pages is actually turning out to be quite a task. **Q21** I've been rereading some of the material and I'm just not sure how to approach the assignment.
Dr. Reade	Yes, it takes some time to get used to academic writing assignments.
Kiana	More time than I expected, really. I also want to do a really good job on the assignment. I don't want to put a half-hearted effort into it.
Dr. Reade	I'm glad to hear that. I'll say that these assignments get easier to manage as time goes on.
Kiana	That's a small relief.
Dr. Reade	I mean, it gets easier to plan the assignment and to organize one's time, but it still takes hard work and a sincere effort to produce a good piece of academic writing. **Q22** My role is to guide you to the readings I think are the most relevant, and to give you tips on managing your time.
Kiana	OK, could we talk about the readings then?
Dr. Reade	Sure, we can go over them.
Kiana	I guess I want to ask about the Kolehaus text first, it seems like a pretty interesting book.
Dr. Reade	But sometimes a bit over the top, no? **Q23** I would recommend reading just the first part of the book, it's the most relevant to the assignment that I gave you. The rest of the text goes on about a topic we will cover later in the semester.
Kiana	Alright, I'll just read the intro then.
Dr. Reade	As for the Pehllee article, oh, did you read that one yet?
Kiana	Yes, I accessed it online and then printed it out.
Dr. Reade	OK, **Q24** I would recommend you review that again. Also, remember what I said about the Leebskid article?

Kiana	**Q25** I think you told the class to focus on the research methods, right?
Dr. Reade	Yes, she approaches the problem in an innovative way. Let's see, for the Gary article, I think you should... let me see, **Q26** I think it would be best for you to read just the conclusion.
Kiana	Just the conclusion? I see.
Dr. Reade	Yes, I would ask you to read the whole thing, but this way would be more efficient. **Q27** Speaking of which, you should not bother reading the Wolfson article.
Kiana	Yeah, it didn't seem particularly relevant to the topic.
Dr. Reade	Let's see any other reading you wanted to talk about.
Kiana	Let me see, um, yes, the Kudler article? What do you think of that one?
Dr. Reade	Ah, yes, how could I forget? That one is pretty central to the topic. I really think you must go over it again.

Dr. Reade	Alright, is there anything else you wanted to ask about?
Kiana	Yes, I wanted to ask about the line graph that you provided, it seems that the legend identifying the different parts is not there.
Dr. Reade	Ah, it must have not photocopied correctly, here let me explain them. They all represent percentages of the population in Manassas, OK? **Q28** Line one here at the top is the percentage of people who were born in a foreign country.
Kiana	Born outside the country, OK, and this one?
Dr. Reade	The next line down, line two refers to the percentage of people with citizenship.
Kiana	Alright, got it.
Dr. Reade	**Q29** Those making a middle class wage are represented by the fifth line down.
Kiana	OK, middle class wage earners, and the line number four?
Dr. Reade	That is the percentage of people with a college education or higher.
Kiana	Alright, and the one in the middle?
Dr. Reade	**Q30** That one is the percent of population who are married and have children.
Kiana	Got it, thank you so much Dr. Reade, I really appreciate your help.

Kiana	안녕하세요, Reade 박사님. 지금 바쁘신가요? 제가 잠시 들어가도 될까요?
Dr. Reade	안녕하세요, Kiana. 들어와요.
Kiana	감사합니다. 저는 박사님의 도시 연구 수업을 재밌게 듣고 있는데요. 첫 과제에 약간의 어려움이 있어서요.
Dr. Reade	괜찮아요. 무엇을 알고 싶나요?
Kiana	이 정도 길이의 과제를 작성하는 건 처음이에요.
Dr. Reade	좋아요. 어떤 문제가 있나요?
Kiana	그게 10페이지 이상을 쓰는 것은 사실 꽤 많은 양입니다. 일부 자료들을 읽었지만 과제에 어떻게 접근해야 하는지를 모르겠습니다.
Dr. Reade	네. 학술적인 작문 과제에 익숙해지는 데는 시간이 걸려요.
Kiana	정말 생각했던 것보다 더 많은 시간이 걸려요. 그리고 저는 과제를 정말 잘하고 싶습니다. 마지 못해서 하는 것을 원하지는 않거든요.
Dr. Reade	그런 말을 듣게 되어서 기쁘군요. 시간이 지나면 이런 과제는 더 쉬워질 거예요.
Kiana	조금 안심이 돼요.
Dr. Reade	과제를 기획하고, 시간을 관리하는 것은 더 쉬워질 거예요. 하지만 좋은 학술 작문을 쓴다는 것은 여전히 힘든 일이어서 성실히 노력해야만 합니다. 제 역할은 가장 관련있는 선집들을 학생들에게 가르치고, 시간을 관리하는 몇 가지 팁을 주는 거예요.
Kiana	네. 그러면 선집에 관해서 얘기해도 될까요?
Dr. Reade	좋아요. 그것들을 검토해 보죠.
Kiana	먼저 꽤 흥미로워 보이는 Kolehaus 교재에 관해 물어보고 싶습니다.
Dr. Reade	하지만 가끔은 재미없지 않나요? 과제와 가장 관련있는 부분인 앞부분만 읽으세요. 그 교재의 나머지 부분은 우리가 다음 학기에 다룰 주제에 관한 거예요.
Kiana	네. 그러면 저는 서론만 읽겠습니다.
Dr. Reade	Pehllee 논문에 관해서는... 이미 이 논문을 읽었나요?
Kiana	네. 저는 온라인에 접속해서 Pehllee 논문을 출력했습니다.
Dr. Reade	좋아요. 그것을 다시 한번 검토해 보세요. 제가 Leebskid 논문에 관해 언급했던 걸 기억하나요?
Kiana	박사님이 연구 방법에 초점을 맞추라고 수업 시간에 말씀하셨던 것을 기억합니다. 맞나요?
Dr. Reade	맞아요. Leebskid는 혁신적인 방법으로 그 문제에 접근해요. 자, Gary 논문에서 해야 할 것은... 결론만 읽는 것이 가장 좋을 것 같군요.
Kiana	결론만요? 알겠습니다.
Dr. Reade	네. 전체를 읽는 것도 좋지만 이 방식이 더 효과적일 것 같아요. Wolfson 논문을 억지로 읽을 필요는 없어요.
Kiana	네. 특별히 주제와 관련있어 보이진 않았어요.
Dr. Reade	네가 읽기를 원했던 다른 선집을 살펴보자.

Kiana	잠시만요. 음... Kudler 논문은요? Kudler 논문은 어떻게 생각하세요?
Dr. Reade	오, 내가 그 논문을 어떻게 잊겠니? 그 논문은 주제와 연관성이 많아요. 내 생각에 너는 꼭 그 논문을 검토해야 할 것 같구나.

Dr. Reade	좋아요. 물어보고 싶은게 더 있나요?
Kiana	네. 저는 박사님이 주신 선 그래프에 관해서 질문이 있는데요. 이것은 다른 부분을 나타내는 범례는 없는 것 같아서요.
Dr. Reade	오, 올바르게 복사되지 않은게 틀림없어요. 여기서 그것을 설명할게요. 그것은 모두 Manassas의 인구 비율을 나타내고 있어요. 그렇죠? 맨 위에 있는 선은 외국에서 태어난 사람들의 비율이에요.
Kiana	외국에서 태어났다고요? 네. 그러면 이것은요?
Dr. Reade	첫 번째 선 아래에 있는 두 번째 선은 시민권을 가진 사람들의 비율이에요.
Kiana	네. 이해했어요.
Dr. Reade	중산층 임금 근로자들의 비율은 5번째 선이에요.
Kiana	네, 중산층 임금 근로자들. 그리고 4번째 선은요?
Dr. Reade	그 선은 대학교 교육이나 그 이상의 교육을 받은 사람들의 비율이에요.
Kiana	네. 중간에 있는 선은요?
Dr. Reade	그 선은 결혼해서 자녀들이 있는 인구 비율이에요.
Kiana	네. 매우 감사합니다, Reade 박사님. 도와주셔서 감사합니다.

mind 싫어하다, 꺼리다 **length** 길이, 범위 **sort** 종류, 부류 **run into** ~에 부딪치다, ~와 우연히 만나다 **turn out** 결국 ~임이 드러나다, ~의 결과가 되다 **approach** 접근하다, 착수하다 **get used to** ~에 익숙해지다 **half-hearted** 열의가 없는, 마음 내키지 않는 **relief** 안도, 안심 **sincere** 참된, 진실의 **reading** 선집, 읽을거리 **relevant** 관련된, 적절한 **go over** 건너다, 검토하다 **over the top** 허풍으로, 과장하여 **intro** 서론, (서두의) 중심 **access** 입수하다, 이용하다 **print out** (프린터로) 출력하다 **innovative** 혁신적인, 쇄신적인 **efficient** 능률적인, 효과가 있는 **legend** 점례, 설명(문) **central** 중심적인, 주요한 **identify** 확인하다, 알다 **photocopy** 복사하다 **represent** 나타내다, 의미하다 **citizenship** 시민권 **middle class** 중산층, 중산 계급 **wage** 임금

::: **Section 4**

Good morning, everyone. Today, I am here to talk about the construction of green buildings. Given the current state of the global environment, new types of architecture, design, and construction techniques are absolutely necessary. My brief lecture today will cover two topics: what qualifies a building to receive **Q31** a 'green' certification and also how widespread such sustainable buildings currently are. There is a growing demand for so-called 'green' buildings. **Q32** Government agencies and corporations around the world understand that sustainable workplaces are quite cost effective in the long run. Though initial outlays for construction are usually more expensive, **Q33** the savings in maintenance and energy costs make up for it. Here at the Ministry of Environmental Stewardship, we have created a detailed set of requirements that a building must pass in order to be certified as 'green.' For buildings that have already been constructed, **Q34, 35** we offer two levels of certification, bronze and silver, depending on the number of guidelines implemented. These include reducing or recycling waste products as well as installing efficient heating and cooling systems. **Q36** For a gold certification, a building must have had sustainable and environmentally friendly practices from the beginning of its construction. Measures such as using local materials, wood grown from well managed forests, or reducing the use of toxic chemicals all contribute toward this prestigious distinction. It's pleasing to see how mainstream 'going green' is now. Here at the Ministry, however, we know and understand that this cannot be just some passing fad. We created these guidelines so that institutions could not merely 'greenwash' their buildings, claiming that they are environmentally friendly, when in fact, they aren't.

I would now like to talk about some buildings that have received these special certifications. In the 60's there was a great number of public housing projects built. Over the years, many of them have fallen into gross disrepair. As part of an urban revitalization project, construction companies have consulted with Ministry experts to make those council estates a greener and healthier place to live. **Q37** At Cabrini Fields, lead pipes and lead paint were removed, improving the health of children living there. **Q38** A system of rooftop and community gardens also helped residents to support themselves. It was one of the first buildings we awarded a bronze certification to. One building with a silver certification is the Milop Jewett Tower, built over a century ago and located in the downtown area. The insides of the building were completely scooped out, allowing the construction company to implement innovative new ways of saving energy. **Q39** The utility bill of the entire building is now 40% down, only 60% of its previous level, despite rising energy costs. Lastly, I would like to talk about the latest building to receive a gold certification from the Ministry. Arcadia Arbors is a really great example of green engineering and construction. **Q40** From the very beginning, the project heads made a really unique plan and held to it. Many of the Ministry's guidelines were followed, and we even got ideas for other ways to make buildings sustainable. The centerpiece of this skyscraper is a multistory hanging garden that serves both an aesthetic and practical purpose.

안녕하세요, 여러분. 저는 오늘 친환경 건물의 건축에 관하여 말하고자 합니다. 전 세계 환경의 현 상태를 고려하면, 새로운 형태의 건축, 디자인 그리고 건설 공법이 절대적으로 필요합니다. 오늘 강의는 간단히 두 가지 주제를 다룰 것입니다. 환경 인증을 받기 위해 건물이 어떤 자격을 갖추어야 하는지와 그런 지속적인 건물들이 현재 얼마나 널리 퍼져 있는가입니다. 소위 '친환경'이라고 불리는 건물에 대한 수요가 증가하고 있습니다. 정부 기관들과 세계 기업들은 긴 안목으로 봤을 때 지속적인 일터의 비용이 꽤 효율적이라고 생각합니다. 비록 건축의 초기 지출은 일반적으로 더 비싸지만, 유지비의 절약과 에너지 비용면에서 이것을 만회할 수 있습니다. 저희 환경 보호국은 건물이 친환경 인증을 받기 위해 통과해야만 하는 세부 조건들을 만들었습니다. 이미 건설된 건물들에 대해 저희는 이행해야만 하는 지침의 수에 따라 동과 은으로 된 두 가지 레벨의 인증을 제시합니다. 이것은 효과적인 냉난방 장치를 설치할 뿐 아니라 폐기물을 줄이고 재활용하는 것을 포함합니다. 금으로 된 인증을 받으려면, 건물은 건축 초기에서부터 지속적이고 친환경적인 실습을 해야만 합니다. 지역 자원, 잘 가꾼 숲에서 자란 나무, 또는 독성이 든 화학 물질들의 사용을 줄이는 방법들은 뛰어난 차별화에 공헌합니다. 이제 어떻게 '녹색' 환경으로 가고 있는가를 지켜보는 일은 즐거운 일입니다. 하지만 환경 보호국은 이것이 단지 일시적인 유행일리 없다는 것을 알고 있습니다. 협회는 사실 그렇지도 않으면서 그들의 건물을 친환경 건물이라고 주장하면서 '환경 보호 홍보 활동'을 하지 못하게 하기 위해 지침을 만들었습니다.

저는 지금 특별 인증서를 받은 건물에 대해 말하고자 합니다. 60년대에는 많은 공영 주택이 계획에 의해 건설됐습니다. 수년에 걸쳐서 많은 공영 주택이 황폐해졌습니다. 도시 활성화 프로젝트의 일부로서, 건설 회사들은 공영 주택 단지를 거주하기에 더 친환경적이고, 위생적인 곳으로 만들기 위해 정부 전문가들과 의논을 했습니다. 카브리니 지역은 납으로 된 관과 페인트가 제거되었고, 그곳에 살던 어린이들의 건강도 좋아졌습니다. 지붕과 지역 정원 시스템은 주민들이 스스로 재배할 수 있도록 도왔습니다. 이는 저희가 동상을 수여한 최초의 건물 중 한 곳입니다. 은상을 받은 건물은 한 세기 전에 세워진 밀랍탑으로, 시내 쪽에 위치하고 있습니다. 건물의 내부는 완전하게 들어내어 졌고, 건설 회사는 에너지 절약을 위해 혁신적인 새로운 방법을 실시하고 있습니다. 건물 전체에 대한 공공 요금은 지금 40% 감소되어 에너지 비용의 증가에도 불구하고 이전의 60% 수준입니다. 마지막으로 환경 보호국으로부터 금상을 받은 최근 건물에 대해 말씀드리겠습니다. 알카디아 알보로스는 환경 공학과 건축의 아주 좋은 예입니다. 초기에 프로젝트 수장들은 매우 특별한 계획을 세웠고, 이를 고수했습니다. 환경 보호국의 많은 지침을 따랐고, 저희는 건물이 지속될 수 있는 다른 방안도 모색했습니다. 마천루의 중심에는 심미와 실용을 목적으로 한 정원이 여러 층에 위치해 있습니다.

cover 학습하다, 강의하다 **qualify** 적임(적격)으로 하다, 제한하다 **green** 친환경 보호(단체)의, 생태계를 중시하는 **widespread** 광범위한 **sustainable** 지지할 수 있는, 입증할 수 있는 **workplace** 일터 **effective** 효과적인, 유효한 **in the long run** 긴 안목으로 보면, 결국은 **outlay** 경비, 지출(액) **savings** 절약 **make up for** ~을 보상하다, 만회하다 **detailed** 상세한 **requirement** 요구, 필요 조건 **certify** 증명하다 **implement** 실행하다 **install** 설치(장치)하다 **heating system** 난방 장치(설비) **cooling system** 냉방 장치(설비) **certification** 증명, 보증 **environmentally friendly** 친환경적인 **practice** 실습, 연습 **toxic** 치명적인 **distinction** 차별, 구별 **mainstream** 주류, 대세 **fad** 일시적 유행 **institution** 제도, 협회 **merely** 단지, 다만 **greenwash** 환경 보호 홍보 활동을 하다 **claim** 주장하다 **fall into disrepair** 황폐해지다 **gross** 엄청난, 큰 **revitalization** 활성화 **consult** 상담(상의)하다 **expert** 전문가, 숙련가 **council estate** 공영 주택 단지 **rooftop** 지붕, 옥상 **resident** 거주자 **award** 수여하다, 주다 **scoop out** ~에서 물을 떠내다, 파서 만들다, 퍼내다 **latest** 최신의, 최근의 **from the very beginning** 처음부터 **green engineering** 환경 기술, 환경 공학 **centerpiece** 중심물, 가장 중요한 항목(작품) **held to** 고수하다 **skyscraper** 초고층 빌딩 **aesthetic** 심미적인 **practical** 실용적인

::: Actual Test 2

Section 1	Questions 1-10	p.178

(1) C
(2) A
(3) B
(4) C
(5) A
(6) State Capitol
(7) Lake
(8) Park
(9) (pretty) bad storm
(10) (good) modern art

Section 2	Questions 11-20	p.180

(11) C
(12) A
(13) C
(14) B
(15) A
(16) B
(17) B
(18) C
(19) A
(20) B

Section 3	Questions 21-30	p.182

(21) long
(22) thirty five//35
(23) question and answer
(24) 1 week//one week
(25) B//D
(26) D//B
(27) Fovac
(28) Economy
(29) University
(30) 2005

Section 4	Questions 31-40	p.184

(31) C
(32) A
(33) three//3
(34) rain
(35) twelve//12
(36) raising cattle
(37) time away//away time
(38) (very) expensive
(39) C//D
(40) D//C

If your score...

0-12	You are highly unlikely to get an acceptable score under examination conditions and we recommend that you spend a lot of time improving your English before you take IELTS. 당신이 시험 상황에서 만족할 만한 점수를 받지 못할 가능성이 크므로, 아이엘츠 시험을 보기 전에 영어를 향상할 수 있도록 많은 시간을 들여야 한다.	
13-27	You may get an acceptable score under examination conditions but we recommend that you think about having more practice or lessons before you take IELTS. 당신이 시험 상황에서 만족스러운 점수를 받을 수 있을지 모르지만 아이엘츠 시험을 보기 전에 더 많이 연습하고 공부하기를 권한다.	
28-40	You are likely to get an acceptable score under examination conditions but remember that different institutions will find different scores acceptable. 당신이 시험 상황에서 만족스러운 점수를 받을 가능성이 크지만 다른 기관들은 더 좋은 점수를 원할 수도 있다는 것을 기억해야 한다.	

Lilith	Hey, Alex? Are you OK? I was worried something happened.
Alex	Oh, sorry for being late. I drove down the wrong highway and got lost.
Lilith	Don't worry, it's only been **Example** twenty minutes. Actually, I just looked at some Austin tourist websites. I got some tea, you want anything?
Alex	Yeah, **Q1** I think I'll have some tomato juice. It's just what I need right now.
Lilith	Yes, it's really hot and humid out right now. I think I'll get iced tea this time around. So, you went on the wrong highway, huh?
Alex	Heh, for sure. I've never driven in this area before, right? So, after I pick up the rental car from the airport, I tried to follow the map to the downtown area here. Unfortunately, **Q2** there was a lot of road construction going on and I went south on the highway instead of going north. After a few minutes, I realized I was going the wrong way, so I exited the highway and came back up here.
Lilith	Well, I'm glad you're got here OK. Did everything go well at the car rental place?
Alex	Oh, yeah, it went very well. **Q3** The business owner was kind of a strange person, really tall and thin. He had a bushy beard and mustache. He was also wearing a cowboy hat. I've never quite seen anyone quite like that before.
Lilith	I guess every place in the world has eccentric people.
Alex	Yeah, definitely. But he told me about all these great places to eat around here. **Q4** He said they have some really great Mexican food in the area.
Lilith	That's great, I haven't had that in such a long time. We definitely have to go to a place for a dinner. Well, I want some more iced tea, how about you?
Alex	Yeah, I need to order still. You know what? **Q5** I think I'll get one of their sandwiches too, they look really good.
Lilith	OK, let's order then.

Alex	Now then, what are we going to do today? I was thinking it would be nice to see the State Capitol and then maybe the University?
Lilith	Well, according to the website, let me see, **Q6** the State Capitol has tours only on Mondays, Wednesdays and Fridays. Yeah, if we went there, it would be much better to go on a guided tour... oh wait, yes, there are tours on Mondays, Wednesdays, and Fridays, but also on Saturdays. The University site lists a lot of places that are interesting, so maybe we can spend most of the day at both

the Capitol and there. **Q7** We should definitely go to the Lake after that, as well, and even spend the night camping there.

Alex	Great plan, is there anything else you found online?
Lilith	Yeah, I know you studied biology, **Q8** so I was thinking that the park would be good. They have a pretty unique collection of trees and plants. They are open Monday through Saturday, so we can go there any time. There's also the mountain... there are some photos on the website. It looks like they have some great views of the city, and I definitely want to do some hiking.
Alex	Yes, we would have to take another day for the park and the mountain. But you know, the guy at the rental place was talking about the weather. **Q9** It seems that there will be a pretty bad storm coming tomorrow. We need to plan around that since it won't be good to be outside when it comes.
Lilith	Certainly not, it's not worth hiking somewhere if the weather is terrible. You know, we can go to the park and the mountain today, and then go to the indoor places, the Capitol and the University tomorrow. It'll be hard to get around in the rain, but at least we'll be inside.
Alex	I agree. By the way, how much are these places?
Lilith	All of them are free except for the park. Wait, I'm not sure about the Capitol tour... yeah, they don't charge anything for the guided tours.
Alex	Alright, then, we'll go hiking first, and then relax at the park. Then we can camp at the lake. We'll go to the Capitol and the University tomorrow.
Lilith	Yeah, this is one of the best Universities in the country, especially known for their art programs.
Alex	Really? Yeah, I heard about that. **Q10** They have some art galleries there too, ones with some good modern art.
Lilith	Wow, it seems like that's a lot for us. Yeah, I'm really excited about camping at the lake. The sunsets are supposed to be beautiful there.

Lilith	안녕, Alex. 괜찮아? 무슨 일이 있을까 봐 걱정했어.
Alex	늦어서 미안해. 고속도로를 잘못 들어가서 길을 잃었어.
Lilith	걱정하지 마. 겨우 20분인데. 사실 나는 Austin 관광 웹사이트를 봤어. 나는 차를 마셨는데 뭐 좀 마실래?
Alex	응. 난 토마토 주스를 마실래. 난 지금 토마토 주스가 필요해.
Lilith	응. 지금 밖은 정말 덥고 습해. 난 아이스티를 마실 거야. 그래서 너는 고속도로를 잘못 들어갔다는 거야?
Alex	엣, 그래. 난 이곳을 와 본 적이 없어. 공항에서 차를 빌린 후에 시내로 오는 지도를 따라오려고 했어. 안타깝게도 많은 도로 공사가 진행 중이어서 북쪽으로 가는 대신 남쪽 고속도로로 갔어. 몇 분 후에 길을 잘못 들었다는 것을 알고, 고속도로를 나와서 이곳에 왔어.
Lilith	응. 네가 여기에 와서 기뻐. 자동차 빌리는 곳에서는 모든 것이 순조로웠어?
Alex	응. 정말 좋았어. 사장님은 키가 꽤 크고 말랐는데 약간 특이하신 분이야. 그는 수북한 턱수염과 콧수염이 있어. 그리고 카우보이 모자도 쓰고 계셨어. 내가 이전에 좀처럼 보지 못했던 사람이었어.
Lilith	세상 모든 장소에는 유별난 사람이 있는 것 같아.
Alex	응. 정말 그래. 하지만 그는 이 주변에 있는 맛있는 음식점을 내게 알려줬어. 그는 이 지역에 정말 맛있는 멕시코 음식점이 있다고 말했어.
Lilith	좋아. 나는 오랫 동안 멕시코 음식을 먹어 보지 못했어. 우리는 저녁에 꼭 그걸 먹어야 해. 나는 아이스티를 조금 더 마실건데, 너는 어때?
Alex	응. 나도 주문할 거야. 있잖아, 난 샌드위치도 주문할래. 샌드위치가 너무 맛있어 보여.
Lilith	그래. 그러면 주문하자.

Alex	자, 그러면 오늘 뭘 할까? 주 의회 의사당을 보는 것도 좋을 것 같아. 그 다음은 대학교?
Lilith	글쎄. 웹사이트에 따르면... 어디 보자... 월요일, 수요일 그리고 금요일에만 안내를 한다. 우리가 거기에 갔다면, 안내원이 설명해 주는 견학이 훨씬 좋았을 텐데. 잠깐만. 월요일, 수요일, 금요일 그리고 토요일에도 안내가 있어. 대학교 사이트에는 많은 흥미로운 장소들이 나열되어 있어서 우리는 의회 의사당과 대학교에서 대부분의 낮 시간을 보낼 수 있을 거야. 그 다음에 우리는 꼭 호수에 가야 해. 그리고 그곳에서 야간 야영도 할 수 있을 거야.
Alex	대단한 계획인데. 인터넷에서 찾은게 더 있어?
Lilith	응. 네가 생물학을 공부했으니깐 공원이 좋을 거라고 생각했어. 공원에는 꽤 독특한 나무와 식물이 있어. 공원은 월요일부터 토요일까지 개방해서 우리는 언제든지 그곳에 갈 수 있어. 그리고 산도 있고... 웹사이트에 사진 몇 장도 있어. 산에서 도시의 좋은 경치도 볼 수 있을 것 같아. 그리고 나는 정말 하이킹을 하고 싶어.
Alex	응. 공원과 산은 다른 날에 가야 할 것 같아. 그런데 너도 알다시피 자동차 빌리는 곳의 주인이 내일 꽤 심한 폭풍우가 있을 것 같다고 말했어. 비가 오면 외출하는 건 좋지 않을 테니 우리는 계획을 세워야 해.
Lilith	안 돼. 날씨가 좋지 않으면 하이킹을 할 만한 곳이 없어. 알다시피 우리는 오늘 공원과 산을 갈 수 있어. 그리고 나서 내일 의회 의사당과 대학교 같은 실내 장소로 가면 돼. 비를 피하는 건 쉽지 않을 거야. 하

지만 적어도 우리는 실내에 있을 거야.

Alex 그래. 그런데 그곳 입장료는 얼마야?

Lilith 공원을 제외하고는 모두 무료야. 잠깐만, 의회 의사당 관광은 잘 모르겠어. 그들은 관광 안내에는 돈을 청구하지 않거든.

Alex 좋아. 그러면 먼저 하이킹을 한 다음에 공원에서 쉬자. 그리고 호수에서 야영을 할 수 있어. 우리는 내일 의회 의사당과 대학교에 갈 거야.

Lilith 응. 이 대학교는 이 나라에서 가장 우수한 대학 중 한 곳이야. 특히 예술 프로그램으로 잘 알려져 있어.

Alex 정말? 나도 들어본 적이 있어. 그들은 훌륭한 근대 예술품을 보유하고 있는 예술 화랑이 몇 개 있어.

Lilith 와우! 우리에게 많은 도움이 될 것 같아. 호수에서 야영하는 건 정말 흥분돼. 그곳의 일몰은 정말 아름다울 것 같아.

drive down 차를 몰고 (~까지) 가다　　**highway** 간선 도로, 주요 도로　　**get lost** 길을 잃다
for sure 분명히, 확실히　　**go on** 계속하다, 나아가다　　**exit** 퇴장하다, 나가다　　**go well** 잘 되다, 무사하다　　**bushy** 관목이 우거진, 덤불이 많은　　**eccentric** 별난, 괴벽스러운　　**get around** 잘 피하다, 극복하다　　**charge** (지불을) 부담시키다, 청구하다　　**camp** 야영하다　　**be known for** ~으로 알려지다
sunset 일몰, 해질녘　　**be supposed to** ~하기로 되어 있다

Script

So the Student Union here is really the heart of campus life. There are many different services and most of the student groups and organizations meet at this facility. As a student at the university, you have full access to all that we offer. I guess I will talk about the dining facilities first. **Q11** We have eight venues from which students can choose to have their meals. Two of these are franchise outlets that offer normal fast food fare, such as fish and chips, hamburgers and soda. One dining area has a 'do-it-yourself' system. **Q12** Specializing in food for the vegetarian and vegan members of the campus community, there is a wide selection of vegetables, fruits, and grains at the end of the buffet are several cooking stations available for students to create their own meals. The student union has a wide variety of entertainment options as well. **Q13** Those over the minimum age can drink at one of the three bars. During the school year, they regularly offer live music. **Q14** Musical groups from both the local scene and, occasionally, even very famous people have performed there. All the bars serve domestic and imported beers, wine, and hard liquor. A cinema theatre with 750 seats is available for screening films. **Q15** The movie appreciation group also screens many types of films, even foreign and classic movies. Also, the theatre is where guest speakers hold lectures. These speakers are sometimes professors from other universities or other notable people.

Now, I want to explain how to go about reserving a space in the Student Union for your event. We have several different types of rooms, ranging from small gathering areas to large lecture halls. Students can also show a movie or documentary at the cinema theatre. **Q16** Any student organization that wants to hold an event or meeting must submit a form available at the information desk in the main hall. **Q17** On this form you must provide a name, their contact information, a short description of the event, the type of room required, and the time and date you need it. Any organization sponsoring the event or meeting must also be listed, along with a budget. **Q18** This budget has to include items bought for the event and any people who are hired. There is also a section for any sort of multimedia resources you need. Write down anything you might need, such as speakers, projectors, screens, microphones, podiums, or even computers. **Q19** We will contact the Media Resources Center to make sure all the necessary equipment is there at the right time. We are always looking for ways to improve the Student Union. If there is any part of the building that needs service, please inform the person at the information desk. **Q20** There is also a suggestion box at the desk where you can fill out a card and give us more ideas for improvements. We have about 1,500 people working here for the community and we're open to anything that can make your university life more enjoyable and productive.

학생 회관은 정말 학교 생활의 중심입니다. 여러 많은 서비스를 제공하며 대부분의 학생 모임과 학생회가 이곳에서 열립니다. 이 대학교의 학생으로서, 여러분은 저희가 제공하는 모든 시설을 이용할 수 있습니다. 먼저 식당에 관하여 말씀드리겠습니다. 저희는 학생들이 식사를 선택할 수 있는 8곳의 식당이 있습니다. 이 중 2곳은 프랜차이즈 판매점으로 생선, 감자 튀김, 햄버거, 소다 같은 것을 일반 패스트푸드 가격으로 판매합니다. 한 식당은 '스스로 요리해서 먹는' 시스템을 갖추고 있습니다. 교내 공동체의 채식주의자와 완전 채식주의자 학생들을 위한 전문 식당이 있으며, 여기에는 채소, 과일 그리고 곡물 등의 다양한 음식이 있습니다. 뷔페 식당 뒤에는 학생들이 요리할 수 있는 몇몇 요리 시설이 있습니다. 또한 학생 회관은 다양한 오락 시설이 있습니다. 적정 연령이 넘는 학생들은 3개의 바 중 한 곳에서 술을 마실 수 있습니다. 그리고 이곳은 학기 중에 정기적으로 라이브 음악을 제공합니다. 지역 무대에서 활동하는 음악 단체 또는 이따금씩 매우 유명한 사람들이 이곳에서 연주를 합니다. 모든 바는 국내외산 맥주, 와인 그리고 독한 술을 판매합니다. 750개의 좌석을 보유한 극장은 영화를 상영하는데 유용합니다. 또한 영화 감상 단체는 외국 영화와 고전 영화 등 다양한 장르의 영화를 상영합니다. 극장에서는 객원 강사가 강의를 하기도 합니다. 이러한 강사들은 때때로 다른 대학교에서 온 교수들이거나 저명 인사들입니다.

이제 여러분의 행사를 위해 학생 회관을 예약하는 방법에 관해 설명하고자 합니다. 저희는 작은 모임 장소에서부터 넓은 강의실까지 몇몇 다양한 형태의 장소가 있습니다. 또한 학생들은 영화관에서 영화와 다큐멘터리를 보여줄 수 있습니다. 행사나 모임을 열고자 하는 학생회는 중앙 홀에 있는 안내소에서 양식을 기입해 제출하면 됩니다. 이 양식은 여러분의 이름, 연락처, 간단한 행사 설명, 필요한 장소의 형태, 그리고 사용할 시간과 날짜를 기입해야 합니다. 또한 행사 또는 모임을 후원하는 단체는 목록에 예산을 기입해야 합니다. 예산은 행사를 위해 구매한 품목과 고용된 사람들도 포함해야 합니다. 여러분이 필요로 하는 멀티미디어 자원에 대한 영역도 있습니다. 스피커, 프로젝터, 스크린, 마이크로폰, 연설대, 컴퓨터까지 여러분이 필요로 하는 것을 적으세요. 저희는 필요한 모든 장비가 적절한 때에 그곳에 있는지를 확인하기 위해 멀티 미디어실과 연락할 것입니다. 저희는 학생 회관을 발전시키는 방법을 항상 찾고 있습니다. 만약 건물의 어떤 부분에 보강이 필요하다면, 안내소에 계시는 분께 알려주시기 바랍니다. 개선 사항을 적은 카드를 넣을 수 있는 제안함이 책상에 있습니다. 이곳에서는 약 1,500명이 공동체를 위해 일을 하고 있으며, 여러분이 교내 생활을 더욱 즐겁고, 생산적으로 보낼 수 있도록 모든 안을 반영하겠습니다.

student union 학생 회관   **heart** 중심, 중앙부   **facility** 설비, 시설   **have access to** ~에 접근하다, ~에게 출입할 수 있다   **venue** 회합 장소, 개최 예정지   **regularly** 규칙적으로, 정기적으로   **outlet** 소매점, 계열 판매점   **fare** 운임, 요금   **do-it-yourself** 스스로 하는   **specialize in** 전문으로 삼다, 전문적으로 다루다   **selection** 선발, 선택   **grain** 곡물, 곡류   **station** 장소, 부서   **a variety of** 가지각색의, 다양한   **scene** 배경, 무대   **domestic** 국내의, 가정의   **import** 수입하다   **hard liquor** 증류주   **screen** 상영하다   **available** 쓸모있는, 이용할 수 있는   **hold lecture** 개최하다   **notable** 저명한, 유명한   **reserve** 예약하다, 지정하다   **gathering** 모임, 집합   **submit** 제출하다   **budget** 예산, 경비   **projector** 영사기, 투사기   **podium** 지휘대, 연설대   **fill out** ~에 기입하다   **enjoyable** 유쾌한, 즐거운   **productive** 생산적인, 이익을 내는

	Script

Garrett	Hi Alice, wow, I'm about 15 minutes late. Sorry about that, the bus got stuck in a lot of traffic. You want to go over the presentation we have to do now? Or get something to eat?
Alice	No problem, there's always traffic at this time. Juan and I were thinking we could eat afterwards, you know, so we could relax and enjoy our meal.
Garrett	Sounds good, so let's go over what we have to do again.
Juan	**Q21** OK, well, since it's a long presentation, we'll all work together on the different parts of it.
Garrett	What did we decide to call it again?
Alice	I think it was 'Eastern European Economies Move Towards Democracy and Capitalism.'
Garrett	The professor said the presentation has to be how long?
Alice	**Q22** Hmm, he said about 35 minutes. That is how long the three of us are supposed to present. **Q23** Then there will be a ten minute question and answer session. Any student or the professor may ask us a question regarding the topic. Our grade also depends on how well we do in that part.
Garrett	We also have to write a summary of our presentation right?
Juan	Yes, **Q24** the summary of our presentation has to be submitted one week before our presentation date. It must be 500 words.
Garrett	How are we going to do the presentation?
Alice	I thought we could give the class a basic handout, like an outline of our presentation. We could even create a poster with a map of the area we are talking about.
Garrett	Well, I was thinking we could make a slide show using computer software and then using a projector during our presentation. People pay more attention to images on a screen.
Alice	Hmm... well, actually, I've never really used that kind of software. I always thought a basic handout or poster was sufficient.
Garrett	I think giving the information we have with visuals like that will really make our presentation stand out.
Alice	Well, it would have to be done really well, to make any sort of impact, **Q25** and I am not sure if that would be a good use of time. Maybe it would be better to spend that time on research and writing.

Garrett	I don't think it would take away that much time.
Alice	Well, all of us have to research the assignment well and write a really good presentation. I think making a fancy visual presentation wouldn't help. **Q26** Actually, I think such slide shows are distracting. People focus more on the images on the screen than what the presenters are saying.
Garrett	I'm still not sure I agree with you.

Garrett	Alright, then. Let's go through some of the reading material. What was the main text we had?
Alice	It's called 'The Political Economy of the Former Soviet Bloc,' by **Q27** Fovac.
Garrett	That's spelled F-O-V-A-C?
Alice	Yes, that deals with the specific area of Europe we are researching. **Q28** There is also 'An Economy in Transition,' by Smith. **Q29** That one is published by the University Press.
Juan	Well, the professor suggested another useful book, one that focuses on the leadership of those countries. Sometimes the personalities of those in power affected historical events. **Q30** It's called 'Foisted into Power,' by Brown published by the Academic Press in 2005.
Garrett	Well, we still have to plan out a few more things, but I am quite hungry now. Shall we get a snack before we proceed?
Juan	Definitely, I'm getting a sandwich.
Garrett	I need some rice with lentil curry, that's for sure.
Alice	Let's go to the All Campus Dining Center, then.

Garrett	안녕, Alice. 와우, 내가 15분 정도 늦었네. 미안해. 버스를 타고 오는데 차가 많이 막혔어. 지금 발표를 검토할까? 아니면 뭐 좀 마실까?
Alice	괜찮아. 이 시간에는 항상 차가 막혀. Juan과 나는 나중에 식사를 하려고 해. 그러면 우리는 즐겁고 편하게 식사를 할 수 있잖아.
Garrett	좋아. 그러면 우리가 해야 하는 것을 검토하자.
Juan	응. 이건 발표가 길어서 우리는 각자 다른 부분을 검토할 거야.
Garrett	발표 제목을 뭐라고 결정했지?
Alice	'민주주의와 자본주의를 향한 동유럽의 경제 이동'이었던 것 같아.
Garrett	교수님께서 발표 시간이 얼마나 되어야 한다고 말씀하셨지?
Alice	음, 35분 정도라고 말씀하셨어. 35분은 우리 3명이 발표하기로 한 시간이야. 질문과 답변하는 시간이 10분 정도 있을 거야. 학생들이나 교수님이 주제에 관해서 질문을 할 수도 있어. 우리가 이 부분에서 얼마나 잘 하느냐에 따라 성적이 좌우돼.
Garrett	우리는 발표의 개요도 작성해야 해, 그렇지?
Juan	응. 발표의 개요를 발표 일주일 전까지는 제출해야 해. 개요는 500자로 작성해야 해.
Garrett	발표는 어떻게 할 거야?
Alice	발표의 개요 같은 기본적인 자료를 수업 시간에 나눠 주면 될 것 같아. 우리가 발표할 지역의 지도가 있는 포스터도 만들 수 있어.
Garrett	글쎄. 컴퓨터 소프트웨어로 슬라이드 쇼를 만든 다음, 발표 때 프로젝터를 사용하면 될 거라고 생각했어. 사람들은 화면의 영상에 더 집중을 하니깐 말이야.
Alice	음, 글쎄. 사실 난 그런 종류의 소프트웨어를 사용해 본 적이 없어. 나는 늘 기본적인 자료나 포스터면 충분하다고 생각했거든.
Garrett	영상을 이용해서 정보를 제공하는 건 우리 발표를 더욱 두드러지게 할 거야.
Alice	글쎄. 어떤 효과를 내기 위해서는 정말 좋을 것 같지만 시간 활용면에서도 좋은지는 잘 모르겠어. 아마 그 시간을 자료 준비와 작문에 할애하는 게 더 좋을 것 같아.
Garrett	그렇게 많은 시간을 할애한다고는 생각하지 않아.
Alice	글쎄. 우리는 과제를 잘 연구해야 하고, 정말 좋은 발표문을 작성해야만 해. 시각적으로 좋은 발표 자료를 만드는 것은 도움이 되지 않을 것 같아. 사실 그런 슬라이드 쇼는 시선을 집중시키지 못하는 것 같아. 사람들은 발표자가 말하는 것보다 화면의 영상에 더 집중을 하거든.
Garrett	나는 여전히 잘 모르겠어.

Garrett	그러면 좋아. 읽기 자료를 검토하자. 우리가 가지고 있는 주 교재가 뭐지?
Alice	그것은 Fovac의 '소비에트 영역 이전의 정치 경제'라고 불리는 거야.
Garrett	철자가 F-O-V-A-C야?

Alice	응. 그것은 우리가 조사하는 유럽의 특정 지역을 다루고 있어. 또한 Smith가 저술한 '경제 이동'이 있어. 이 책은 학내 출판부에서 발행한 거야.
Juan	음. 교수님은 또 다른 유익한 책을 추천하셨는데 그 책은 그러한 국가들의 지도력에 중점을 두고 있어. 때때로 권력을 가진 사람들의 성격은 역사적인 사건에 영향을 끼쳤어. 2005년 아카데믹 출판사에서 발간된 Brown의 '속임수를 쓴 권력'에 나와 있어.
Garrett	글쎄. 우리는 여전히 몇 가지 계획을 세워야만 하는데, 난 지금 배가 너무 고파. 계속하기 전에 간식을 먹는게 어때?
Juan	좋아. 난 샌드위치를 먹을 거야.
Garrett	난 렌즈콩 카레가 있는 밥이면 돼.
Alice	그러면 교내 식당으로 가자.

distracting 마음을 산란케 하는, 미칠 것 같은   **political** 정치의, 정치상의   **get stuck** 꼼짝 못하다
afterward(s) 후에, 나중에   **democracy** 민주주의   **capitalism** 자본주의   **present** 나타나다, 출석하다   **session** 수업(시간), 모임   **regarding** ~에 관해서는   **handout** 인쇄물, 유인물
outline 개요, 요점   **slide show** 슬라이드 쇼   **pay attention to** ~에 유의하다   **sufficient** 충분한, 흡족한   **visual** 시각 정보, 영상   **stand out** 눈에 띄다, 두드러지다   **impact** 효과, 영향(력)
take away 가져다가   **distract** 흐트러뜨리다, 전환하다   **go through** ~을 통과하다   **deal with** 다루다, 논하다   **affect** ~에 영향을 미치다, 작용하다   **plan out** ~을 면밀히 계획하다   **proceed** 계속하다, 옮아가다   **lentil** 렌즈콩

::: Section 4

In this lecture series, we have been looking at the most pressing environmental issues that the world faces. One of those issues, global warming, has become very fashionable to talk about in the past decade. Though I am not trying to diminish its importance as a problem, **Q31** it must be understood that the effects of an increasingly warm planet will not be seen for many more decades. One problem affecting the lives of people right now is the scarcity of water. The need for freshwater will only increase as the world's population grows, especially in developing countries. **Q32** In the future, changing weather patterns that come with global warming will only make the problem worse. People need water to drink, cook food, shower, and wash clothes. Most of the planet is covered with water but, unfortunately, only a tiny percentage of it is fit for human use. **Q33** Of all the water in the world, less than 3% is freshwater. More than two-thirds of that remaining percentage is locked up in glaciers in Greenland, Antarctica and elsewhere, also unavailable for human use. **Q34** The water vital for life comes from lakes, rivers, underground aquifers, rain, and snow. This surface water, groundwater and precipitation is not distributed equally across the Earth's surface. For example, Canada, which has about one half of one percent of the world's people, contains about 10% of the world's readily available freshwater. **Q35** Brazil makes up about three percent of the world's population but within its borders contain nearly 12% of the world's freshwater resources. As the economies of developing countries grow, their need for freshwater also grows. One example of this has to do with the production of meat. In some countries, the demand for beef increases when people earn more money. **Q36** However, raising cattle is incredibly water intensive, requiring about fifteen tons of water for one kilogram of grain-fed beef.

The scarcity of water has a direct impact on human life. When people are forced to walk many kilometers to the nearest source of freshwater, it may take hours away from their day. **Q37** This, in turn, takes time away from school or from other productive work that helps the general economy. A number of solutions have been proposed to deal with the scarcity of water. Some of them are technological, like the construction of desalination plants. These plants convert brackish, salty seawater into water fit for human use. **Q38** They are very expensive to operate and maintain, though, and cannot meet the world's growing demand for water. Other kinds of solutions involve only a little technology or involve modifying individual people's habits. **Q39** In a rural part of India, a village facing water shortages started collecting rainwater. A simple system allowed them to save water that fell over a large area and use it during dry periods. In the suburbs that surround the cities of developed countries, house owners are using xeriscaping techniques. The main purpose of xeriscaping, unlike traditional landscaping, is to not use supplemental irrigation. This requires the use of plants, shrubs and trees that are appropriate for the climate. **Q40** In dry areas, this means planting ones that use less water. In the future, many countries will need to use a variety of these techniques in order to provide enough water for their citizens. Water security will be of utmost importance to those governments, especially in areas that are politically unstable.

이번 연속 강의에서는 세계가 직면한 가장 절박한 환경 문제를 살펴보고 있습니다. 그러한 문제 중 하나인 지구 온난화는 지난 10년 동안 유행되어 왔습니다. 비록 저는 문제의 심각성을 줄이려고 하지는 않지만 지구 온난화 증가의 결과는 수십 년 이상 나타나지 않을 것입니다. 지금 당장 사람들의 생활에 영향을 미치는 한 가지 문제는 물 부족입니다. 담수는 세계의 인구가 증가함에 따라 그 필요성이 커질 것이며, 특히 개발 도상국에서는 더욱 그럴 것입니다. 미래에는 지구 온난화에 따르는 기후 양식의 변화가 그 문제를 더욱 악화시킬 것입니다. 사람들은 마시고, 음식을 요리하고, 샤워하고, 옷을 세탁하기 위해 물을 필요로 합니다. 대부분의 행성은 물로 가득 차 있지만 불행하게도 그것의 작은 비율만이 인간의 사용에 적합합니다. 세상의 모든 물 중에서 3% 미만이 담수입니다. 그 나머지 비율의 2/3 이상이 그린란드, 남극 대륙과 그 밖의 인간이 사용할 수 없는 빙하에 잠겨 있습니다. 생명 유지에 필요한 물은 호수, 강, 지하 대수층, 비, 그리고 눈으로부터 생겨납니다. 이러한 표면수, 지하수 그리고 강수량은 지구 표면에 동등하게 나뉘어져 있지 않습니다. 예를 들면 세계 인구의 약 0.5%를 차지하는 캐나다는 유용한 담수의 10% 정도를 보유하고 있습니다. 브라질은 세계 인구의 약 3%를 차지하지만 세계 담수 자원의 거의 12%를 보유하고 있습니다. 개발 도상국의 경제가 발달함에 따라서 담수에 대한 그들의 필요성도 증가합니다. 이것의 한 가지 예는 고기 생산과 관계가 있습니다. 어떤 나라에서는 사람들이 더 많은 돈을 벌수록 쇠고기의 수요가 증가합니다. 하지만 소떼를 키우는 것은 사료를 먹인 쇠고기의 1kg에 약 15톤의 물이 필요하므로 믿을 수 없을 만큼의 물이 필요합니다.

물 부족은 인간 생활에 직접적으로 영향을 끼칩니다. 사람들은 담수가 있는 가장 가까운 원천지까지 수 킬로미터를 걸어가야 할 때 몇 시간이 걸릴 수 있습니다. 또한 이것은 학교나 전반적인 경제 활동에 기여하는 다른 생산적인 작업으로부터 더 많은 시간을 소요하게 합니다. 물 부족을 해결하기 위한 많은 대안이 제안되고 있습니다. 그것 중 일부는 담수화 공장의 건설과 같은 기술적인 것입니다. 이러한 공장들은 맛없고, 소금기가 있는 바닷물을 인간이 사용하기에 적합한 물로 바꿉니다. 공장을 가동시키고, 유지하는 데에는 많은 비용이 듭니다. 하지만 전 세계적으로 증가하는 물의 수요는 충족시킬 수 없습니다. 다른 해결책들은 약간의 기술을 필요로 하거나 개인의 습관을 고치는 것을 필요로 합니다. 인도의 시골 지역에서 물 부족에 직면한 마을은 빗물을 모으기 시작했습니다. 간단한 시스템으로 넓은 지역에 떨어진 물을 저장해서 건기 동안 그것을 이용하는 것이었습니다. 선진국 도시의 교외에 거주하는 주택 소유자들은 건식 조경 기술을 사용하고 있습니다. 전통적인 조경과 달리, 건식 조경의 주 목적은 추가의 물을 사용하지 않는 것입니다. 건식 조경은 기후에 알맞은 식물, 관목 그리고 나무가 필요합니다. 건조한 지역에서 식물, 관목 그리고 나무를 심는 것도 더 적은 양의 물을 사용하는 것을 의미합니다. 미래에 많은 나라들은 시민들에게 충분한 양의 물을 제공하기 위해서 다양한 기술을 사용해야 할 것입니다. 특히 정치적으로 불안정한 지역의 정부는 물의 안전이 가장 중요할 것입니다.

pressing 절박한, 긴급한   **fashionable** 유행하는, 최신 유행의   **decade** 10년간   **scarcity** 부족, 결핍   **fit** 적당한, 꼭 맞는   **freshwater** 담수, 민물   **lock up** 가두어 넣다   **glacier** 빙하 **aquifer** 대수층   **surface water** 지표수, 표층수   **groundwater** 지하수   **precipitation** 강수량   **distribute** (골고루) 퍼뜨리다, 분포되다   **readily** 쉽사리, 손쉽게   **within borders** 영토 내에   **intensive** 집중적인   **be forced to** ~하지 않을 수 없다   **in turn** 차례로, 번갈아   **desalination** 탈염, 담수화   **brackish** 소금기 있는, 맛없는   **involve** 필요로 하다   **period** 기간, 시기   **developed country** 선진국   **xeriscaping** 건식 조경   **landscap** 미화하다, 조경하다   **supplemental** 보충하는, 추가의   **irrigation** 관개, 물을 끌어들임   **shrub** 관목   **utmost** 최대의, 최고의   **unstable** 불안정한, 변하기 쉬운

Actual Test 3

Section 1   Questions 1-10   p. 186

(1) third//3rd
(2) language program
(3) ticket//tickets
(4) history
(5) C
(6) B
(7) B
(8) count
(9) average
(10) submit

Section 2   Questions 11-20   p. 188

(11) A
(12) B
(13) A
(14) C
(15) B
(16) C
(17) learn (about) cooking
(18) children
(19) forever
(20) healthy eating

Section 3   Questions 21-30   p. 190

(21) B
(22) C
(23) B
(24) C
(25) A
(26) A
(27) C
(28) C
(29) B
(30) A

Section 4   Questions 31-40   p. 192

(31) gift
(32) idea
(33) open question
(34) different
(35) vote
(36) four//4
(37) pros and cons
(38) A, D//D, A
(39) B
(40) B

If your score...

0-12	You are highly unlikely to get an acceptable score under examination conditions and we recommend that you spend a lot of time improving your English before you take IELTS. 당신이 시험 상황에서 만족할 만한 점수를 받지 못할 가능성이 크므로, 아이엘츠 시험을 보기 전에 영어를 향상할 수 있도록 많은 시간을 들여야 한다.
13-27	You may get an acceptable score under examination conditions but we recommend that you think about having more practice or lessons before you take IELTS. 당신이 시험 상황에서 만족스러운 점수를 받을 수 있을지 모르지만 아이엘츠 시험을 보기 전에 더 많이 연습하고 공부하기를 권한다.
28-40	You are likely to get an acceptable score under examination conditions but remember that different institutions will find different scores acceptable. 당신이 시험 상황에서 만족스러운 점수를 받을 가능성이 크지만 다른 기관들은 더 좋은 점수를 원할 수도 있다는 것을 기억해야 한다.

Corben	Hi, Leela. Please sit down. So you are interested in studying abroad next year, right?
Leela	Yes, that's right. I've always wanted to live and to study in South America.
Corben	OK, well, I have to go over a few things with you first Leela. Once I get some information, I can tell you about studying abroad. What is your last name?
Leela	**Example** Kimh, that's K-I-M-H.
Corben	OK, now, when are you interested in studying abroad?
Leela	**Q1** I want to study my entire third year of university abroad.
Corben	Wow, that's a long while, but well worth it. Have you ever lived or studied abroad before?
Leela	**Q2** Yes, I took a summer language program in Buenos Aires, Argentina.
Corben	Will you be applying for financial aid for your year abroad?
Leela	I think I will be. **Q3** Living costs are lower in South America, but plane tickets can be very expensive.
Corben	What kind of degree do you want?
Leela	**Q4** I plan to obtain a Bachelor of Arts in Spanish and Latin American History. I'm especially interested in how countries there became democracies.
Corben	That sounds very interesting. Do you have any idea what countries you want to study in?
Leela	I think I'll do one semester in Bolivia, and then another semester in Peru.
Corben	That's all the basic information I need.
Leela	Just ask, if you need anything else.

Corben	Now, Leela, there are some things I have to explain to you about going abroad for a year. You know that it can be difficult at times.
Leela	Yes, actually I had a friend who went to China for just a semester. **Q5** She said the language barrier was quite a problem.
Corben	Actually, not only is there a language barrier, there are also cultural differences that can make living or studying in another country very difficult. **Q6** You mentioned going abroad before, but over the course of a year, some people can experience severe loneliness.

Leela	I think I'm prepared to deal with that.
Corben	**Q7** Also, you have to be organized when it comes to applying for your study abroad program. Our university here may not accept every course you take abroad. **Q8** You have to make sure with your academic advisor about which ones are appropriate and will count towards your degree.
Leela	Understood. Thanks for the advice. Actually, I did want to go over the application procedure briefly with you. I read it on the website but...
Corben	Yes, it can be slightly confusing. **Q9** First of all, please remember to keep your grade point average at 3.2 or above. There are high standards for those sponsored by the school to study in another country. Once you have declared your major, you can begin your research into which programs you want to go to. **Q10** After filling out the appropriate application, you will submit them to the Office of Study Abroad. After they review your materials, you will be informed about whether or not you can study abroad under the University's name. You will also be informed about how much financial aid you will receive.
Leela	Sounds slightly daunting.
Corben	Well, from what I have seen, I don't think you need to worry.
Leela	OK then, I'll print the forms from the online website now and get started.
Corben	Good luck, Leela.
Leela	Thank you so much.
Corben	No problem, if you have any other questions, please email or call.
Leela	I will, bye then.

Corben	안녕하세요, Leela. 앉으세요. 내년에 외국으로 유학을 가고 싶다던데, 맞나요?
Leela	네, 그렇습니다. 저는 항상 남아메리카에서 공부하고 살기를 원했거든요.
Corben	좋아요. 그러면 먼저 몇 가지 검토해 볼 사항이 있어요, Leela. 일단 유학을 가기 위해선 제가 알아야 할 몇 가지 정보가 있어요. 성은 어떻게 되나요?
Leela	김입니다. K-I-M-H.
Corben	네. 그러면 언제 유학을 가고 싶나요?
Leela	저는 해외에서 대학교 3학년 전 과정을 공부하고 싶습니다.
Corben	와우! 길지만 꽤 괜찮군요. 이전에 외국에서 살았거나 공부해 본 적이 있나요?
Leela	네. 아르헨티나의 부에노스아이레스에서 여름 어학 프로그램에 참가했어요.
Corben	해외 유학 기간 동안 재정적인 지원을 받을 수 있나요?
Leela	그럴 거라고 생각해요. 생활비는 남아메리카가 더 저렴하지만 비행기 표는 꽤 비싸거든요.
Corben	어떤 종류의 학위를 받고 싶나요?
Leela	저는 스페인어와 라틴 아메리카 역사의 학사 학위를 받을 계획입니다. 저는 특히 국가들이 어떻게 민주주의화가 되었는지에 관심이 많습니다.
Corben	매우 흥미롭군요. 어떤 나라에 관해서 공부하고 싶나요?
Leela	저는 볼리비아에서 한 학기를 마치고 페루에서 다음 학기를 공부할 생각입니다.
Corben	제가 필요한 기본 정보는 여기까지입니다.
Leela	필요한 정보가 더 있으면, 편히 물어보세요.

Corben	Leela, 일 년 동안 유학하는 것에 관해 설명할게 있어요. 당신도 알겠지만 해외에서 공부하는 것은 때때로 힘들 수 있어요.
Leela	네. 제 친구 중에 한 학기만 중국으로 유학을 다녀온 친구가 있어요. 친구는 언어 장벽이 큰 문제라고 말했어요.
Corben	사실 언어 장벽뿐 아니라 다른 나라에서 살거나 공부하는 것을 힘들게 하는 문화적인 차이도 있어요. 당신이 유학 가는 것을 언급했지만 일 년이 넘는 과정 동안 어떤 사람들은 심각한 외로움을 겪을 수도 있어요.
Leela	저는 그런 것을 다룰 준비가 되어 있다고 생각합니다.
Corben	또한 당신이 유학 프로그램에 지원하려면 준비해야 할 게 있어요. 저희 대학교는 당신이 해외에서 받은 모든 과정을 인정하지 않을 수도 있어요. 학교 지도 교수님께 알맞은 과정이 무엇인지, 학위가 인정되는 과정인지를 꼭 확인하세요.
Leela	알겠습니다. 조언해 주셔서 감사합니다. 사실 저는 지원 절차를 간단히 검토하길 바랐거든요. 웹사이트에서 지원 절차를 읽었지만...
Corben	네. 지원 절차는 다소 복잡할 수 있어요. 무엇보다도 성적을 평점 3.2 이상으로 유지해야 한다는 것을

기억하세요. 학교는 다른 나라에서 공부하는 학생들을 후원하지만 학교 기준이 높아요. 일단 당신 전공이 확정되면, 당신이 하고자 하는 프로그램의 조사를 시작할 수 있어요. 지원서를 잘 작성한 뒤, 유학 사무소에 제출하세요. 유학 사무소에서 당신 자료를 검토한 후 학교의 지원을 받으며 해외 대학교에서 공부를 할 수 있는지의 여부를 알려줄 것입니다. 당신이 받게 될 재정적인 도움이 얼마인지도 알려줄 것입니다.

Leela	다소 의기소침해지네요.
Corben	글쎄요. 제 경험상 걱정하지 않아도 될 것 같네요.
Leela	알겠습니다. 그러면 저는 온라인 웹사이트에서 지원서를 출력해서 작성을 시작하겠습니다.
Corben	잘해 보세요, Leela.
Leela	대단히 감사합니다.
Corben	천만에요. 궁금한 게 있으면 이메일이나 전화로 연락주세요.
Leela	네, 그러겠습니다. 안녕히 계세요.

entire 전체의, 완전한   **aid** 도움, 원조   **living cost** 생계비   **bachelor** 학사   **Arts** 인문 과학, 문과계   **at times** 때때로, 가끔   **appropriate** 적절한, 적당한   **count** 가치가 있다, 중요하다   **procedure** 순서, 절차   **briefly** 간단히, 잠시 동안   **first of all** 무엇보다도 먼저, 첫째로   **standard** 기준, 표준   **declare** 선언하다, 단언하다   **under the name of** ~이라는 이름으로, ~의 명의로   **daunt** 위압하다, 기운을 꺾다   **from what I have seen** 내가 들은(본) 바로는

::: **Section 2**

Script

Vincent	Good morning, everyone. Today, we have a special guest speaker. Laura Lanthal is the director of the International Food Festival this year. Laura, can you tell us about what to expect at the festival?

Laura · Of course, Vincent. This spring, people in the city can go to the 7th Annual International Food Festival. This is a special event for the whole family. I do have to tell you, though, we are holding it at a different date than before. Easter is exceptionally early this year, and if the festival were held as usual, it would have fallen on the same weekend. **Q11** This year, the festival will be held on the first week of April, before Easter. The festival will be held at the Walker Field Grounds and will be divided into four main areas. There will be a Western food area with authentic representations of European cuisine. **Q12** There will also be an East Asian section with chefs and products from Japan, Korea, and China. A South Asian section will have food from India, Vietnam, Thailand, and Indonesia. For the first time this year, we will also have **Q13** a Latin American section where people can try things from Mexico, various Caribbean countries, and South America. There will also be special booths where people can learn about all these cuisines. **Q14** This year, we are expanding the cooking workshop and demonstration portion of the festival. Attendees last year really seemed to like learning about food and having a 'hands-on' experience.

Laura · I'll give you a brief description of three of the workshops we have. Like I said, these allow you to participate directly in the making of food and teach you techniques you can use at home. **Q15** For a full list of them, please go to our online website. We will give you the site address after the end of my talk. **Q16** You will also find there the procedure to pre-register for the workshops. Pre-registration takes place when you buy your festival tickets and is highly recommended. Non-western food has become increasingly popular these days and many people are interested in how to cook such food at home. Such cuisines use a variety of different spices, ones that aspiring cooks might not be familiar with. Therefore, our World Tour of Spices is a good introduction to the flavor profiles of other cuisines. **Q17** I would recommend it for adults who want to seriously learn about cooking. Small children might not take to the more exotic spices. **Q18** One workshop that is meant for children is Candy Adventures. There are traditional activities like making gingerbread houses. Other activities teach basic decorating techniques including the proper use of coloring dye. Kids can also learn how to make flowers and other objects out of cake frosting. We understand the concerns of parents regarding their children's health, so everything used in this workshop is either sugar-free, or uses acceptable sugar substitutes. Lastly, we have a workshop that is suitable for the whole family. **Q19, Q20** Salads Forever is a workshop for everyone interested in healthy eating. There will be different kinds of salads that people can try and demonstrations that show how to make them. Salads have grown in popularity these days and are a healthy addition to any diet, if prepared the right way. The workshop will also teach how to make healthy salad dressings. I'm afraid that's all I have today. Please visit the festival website for more details.

Vincent 좋은 아침입니다, 여러분. 오늘은 올해 국제 음식 축제의 감독이신 Laura Lanthal 양을 특별 초빙 연설자이십니다. Laura, 축제에 관하여 말씀해 주실 수 있으세요?

Laura 물론입니다, Vincent 씨. 올봄 도시 거주자들은 7번째 연례 국제 음식 축제에 갈 수 있습니다. 이것은 특별 가족 행사입니다. 하지만 저는 이전과는 다른 날에 축제가 열린다는 것을 여러분에게 알려드리고자 합니다. 올해는 특히나 부활절이 빨라서 축제가 여느 때처럼 열린다면 같은 주말에 열렸을 것입니다. 올해 축제는 부활절 전 주인 4월 첫째 주에 열릴 것입니다. 축제는 워커 필드 운동장에서 열릴 예정이며, 4개의 주요 영역으로 구분될 것입니다. 정통 유럽 요리를 위한 서양 음식 구역이 있을 것입니다. 또한 일본, 한국, 중국에서 온 요리사와 음식이 있는 동아시아 구역이 있을 것입니다. 남아시아 구역은 인도, 베트남, 태국, 인도네시아에서 온 음식이 있을 것입니다. 올해는 처음으로 멕시코, 카리브해의 여러 국가들과 남아메리카에서 온 음식을 맛볼 수 있는 라틴 아메리카 구역이 있을 것입니다. 또한 사람들이 이런 모든 요리를 배울 수 있는 특별 공간이 있을 것입니다. 올해 저희는 축제의 요리 실습실과 실연 부분을 확대할 것입니다. 작년 참가자들은 요리를 직접 해 보는 체험을 했으며, 음식 배우는 것을 좋아하는 것 같았습니다.

Laura 3개의 강습회에 대해 간단히 설명하겠습니다. 말씀드렸듯이 강습회는 여러분이 직접 음식을 만드는데 참여하고, 집에서 이용할 수 있는 요령들을 알려드립니다. 강습회의 모든 목록을 원하시면, 저희 온라인 웹사이트를 확인해 주세요. 제 이야기가 끝난 후, 여러분에게 사이트 주소를 알려드리겠습니다. 또한 여러분은 웹사이트에서 강습회에 등록하기 전의 절차를 확인하실 수 있습니다. 사전 예약은 여러분이 축제 표를 구매하실 때 이루어지며, 이를 적극 권장합니다. 요즈음 비 서양식 음식은 점점 대중화되고 있으며, 많은 사람들이 집에서 이런 음식을 요리하는 방법에 관하여 관심을 가지고 있습니다. 이런 요리는 다양한 향신료를 사용하며, 이는 훌륭한 요리사들에게는 친숙하지 않을 수도 있습니다. 그러므로 저희의 World Tour of Spices는 다른 요리의 맛 소개에도 좋은 안내서가 될 수 있습니다. 저는 요리를 열심히 배우려는 성인들에게 World Tour of Spices를 추천합니다. 어린이들은 이국적인 향신료를 좋아하지 않을 수도 있습니다. 어린이들을 위해 기획된 강습회는 사탕 모험입니다. 생강 빵으로 된 집을 만드는 것과 같은 전통적인 활동이 있습니다. 다른 활동은 적절한 색소 염료를 포함한 기본적인 장식 기술을 가르칩니다. 또한 어린이들은 케이크 반죽으로 꽃과 다른 물체를 만드는 방법을 배울 수 있습니다. 저희는 자녀들의 건강에 관한 부모님들의 염려를 알기 때문에 이 강습회에서는 무설탕 또는 식용 설탕 대용물을 사용합니다. 마지막으로 저희는 모든 가족들에게 적절한 강습회가 있습니다. Salads Forever는 건강한 식사에 관심있는 모든 사람들을 위한 강습회입니다. 사람들이 맛볼 수 있는 여러 가지 종류의 샐러드가 있고 또 샐러드를 만드는 법을 보여주는 실연이 있을 것입니다. 요즈음 샐러드에 관한 인기가 높아졌으며, 알맞게 요리하면 어떤 음식에도 건강식이 될 수 있습니다. 또한 강습회는 건강식 샐러드 드레싱을 만드는 법을 알려줄 것입니다. 이것으로 오늘 제가 준비한 것을 마치겠습니다. 좀 더 자세한 내용을 원하시면, 축제 웹사이트를 방문해 주세요.

exceptionally 예외적으로　**as usual** 평소와 같이　**authentic** 진짜의　**representation** 대표(자), 연출　**cuisine** 요리(법)　**demonstration** 실연, 증명　**portion** 일부, 부분　**attendee** 출석자　**hands-on** 개인이 적극 참여하는　**participate in** ~에 참여하다　**take place** 일어나다, 개최되다　**aspiring** 상승하는　**flavor** 맛, 풍미　**profile** 도표, 개요　**exotic** 이국적인　**gingerbread** 생강이 든 빵(쿠키, 케이크)　**frost** 설탕을 입히다　**sugar-free** 무설탕의　**acceptable** 받아들일 수 있는, 만족스러운　**substitute** 대용식품, 대리인　**suitable** 적당한　**popularity** 인기, 평판　**diet** 음식물

Script

Male	Welcome, my name is Jeremy Holtz.
Female	Hello, Jeremy. I was told to come to this office and ask about your continuing education program. I'm interested in taking classes and wanted to know more about the program.
Male	Certainly, we have several different programs depending on your education goals and on what you are doing now. **Q21** For example, we have continuing education programs for those who want to finish a degree, or start a new one, and we also have a program for working adults.
Female	Well, I'm working part-time now and I'm interested in completing a degree in business administration. I am working at a hospital, you see, **Q22** but I want to change my job, either work in hospital management, or have my own business.
Male	OK, that sounds great. Many students in our program want to advance in their current careers or even change them. What kind of degree do you have now?
Female	I am a registered nurse with a two-year degree.
Male	Great, first we have to figure out where you want to take classes. We have satellite campuses all over the region. **Q23** The one at the city center is accessible by public transportation but offer fewer course times. A car is the best way to attend classes at our satellite campuses in the suburbs, but they have more classrooms and therefore, more courses.
Female	Well, I have been saving up for a car, but I don't have enough money to buy one yet. I think the city center campus will be better.
Male	OK, now we have to decide which program you want to register for. We have night courses, where the classes generally run from 7 p.m. to 10 p.m.. Classes during these hours are usually once a week. There are also courses during the day that might work for you, depending on your work schedule.
Female	Well, like I said, I'm working part-time and, unfortunately, I work during the evenings. You see, I'm living at my parents' house right now. My father is quite ill, actually, and since my mother works normal hours, **Q24** I take care of him during the day and my mom takes care of him in evening when I work. The city center campus doesn't offer classes during the weekends?
Male	No, the suburban one does, but unfortunately, there are no classes during that time at the city center campus... **Q25** you know maybe the online courses will be better for you. Do you have access to the Internet?
Female	Yes, I have a computer at home.
Male	That might be the best way for you then. It's still a new program, we're still

working out the bugs, but it will allow you to work part-time, take care of your father and take classes. The completion of your degree will probably take longer, however.

Female	So, how exactly does this work? I'm slightly nervous about studying again... it's been years since I've been a student.
Male	Yes, it can be a bit daunting at times. Continuing your education and improving yourself are well worth the effort. Actually, before you start taking online classes, there are several refresher courses that you are required to take.
Female	What kind of courses are those?
Male	These are especially made for the returning adult student. We understand that education is just one of a number of priorities for those that take classes with us. The refresher courses teach you how to manage time and juggle between different areas in your life. **Q26** Techniques like writing down your daily schedule and ways to avoid procrastinating are talked about. **Q27** Also, there is one course that reviews basic study skills, like the most efficient way to read the course texts, as well as basic academic writing.
Female	I think that would be really helpful for me. I enjoyed studying when I was going to school, but I definitely need some tips on how to manage my classes along with the rest of my life.
Male	Many students I've seen are in a similar position; they have to balance both their work and family life with their education. It's not easy, but it is very rewarding for the ones that finish their education all the way through.
Female	OK, so how do I register for the classes?
Male	**Q28** You need to go online to do that. I will give you a brochure with the appropriate web address. You can choose which course modules to take online. You can go through them as time allows. There is even a place to keep track of progress toward your degree.
Female	Alright, can I ask then about the costs of the online courses?
Male	**Q29** They are cheaper than classes at either campus, of course. Online you'll see a number of different ways to pay. You can pay upfront for each course module you take, or pay over a number of months.
Female	The latter method of payment will probably be better for me. Are the textbooks and other course materials expensive?

Male	**Q30** No, not at all, actually, with all online courses, the relevant materials are included free of charge. They are available to download after you register.
Female	That sounds great. Thank you so much.
Male	No problem, my contact information is also in the brochure.

Male	환영합니다. 제 이름은 Jeremy Holtz입니다.
Female	안녕하세요, Jeremy. 사무실에 와서 평생 교육 프로그램에 대해 질문을 해도 된다고 들었어요. 저는 수업을 듣는데 관심이 있고, 그 프로그램에 대해 더 많이 알고 싶어요.
Male	네. 당신의 교육 목표와 당신이 지금 하고 있는 일에 따른 다양한 프로그램이 있어요. 예를 들면 학위를 마치기를 원하거나, 새로운 학위를 시작하려는 사람들을 위한 평생 교육 프로그램이 있어요. 그리고 성인 근로자를 위한 프로그램도 있어요.
Female	음, 저는 지금 파트타임 일을 하고 있고, 경영학 학위를 마치는데 관심이 있어요. 저는 지금 병원에서 일을 하고 있지만 병원 관리직으로 일을 하거나 자영업으로 직업을 바꾸고 싶어요.
Male	좋아요. 저희 프로그램의 많은 학생들은 현재의 경력을 더 쌓거나 또는 바꾸기를 원합니다. 지금 어떤 학위를 가지고 있나요?
Female	저는 2년제 학위를 가지고 있는 정식 간호사입니다.
Male	좋아요. 먼저 당신이 어디에서 수업을 듣고 싶어하는지를 알아야 해요. 저희는 전 지역에 분교가 있습니다. 도시 중심지에 있는 캠퍼스는 대중 교통을 이용할 수 있지만 수업 시간대가 많지 않아요. 교외에 있는 분교에서 수업을 들으려면 자동차를 이용하는 것이 가장 좋은 방법이에요. 하지만 분교에는 교실과 수업 강좌가 더 많아요.
Female	글쎄요. 자동차를 사려고 저축을 하고 있지만 아직 차를 살만큼 돈이 충분하지는 않아요. 도시 중심지에 있는 캠퍼스가 나을 것 같아요.
Male	좋아요. 이제 당신이 어떤 프로그램에 등록하고 싶어하는지를 알아야 해요. 일반적으로 수업이 7~10시까지 있는 야간 과정이 있어요. 이 시간에 진행되는 수업은 대개 일주일에 한 번 있어요. 당신의 근무 스케줄에 따라 다르지만 낮에 근무하는 당신을 위한 주간 수업도 있어요.
Female	글쎄요. 제가 말한 것처럼 저는 파트타임으로 일을 하고 있고, 안타깝게도 저녁 시간에 일을 해요. 지금은 부모님과 함께 살고 있고요. 사실 아버지께서 편찮으셔서 어머니께서 정규 시간에 일을 하세요. 낮에는 제가 아버지를 돌보고, 제가 일하는 저녁에는 어머니께서 아버지를 돌보세요. 도시 중심지에 있는 캠퍼스에는 주말 수업이 없나요?
Male	없어요. 교외 지역에는 주말 수업이 있지만 아쉽게도 도시 중심지에 있는 캠퍼스에는 그 시간대 수업이 없어요. 아마 당신에게는 온라인 과정이 더 나을 것 같아요. 인터넷에 접속할 수 있나요?
Female	네. 집에 컴퓨터가 있어요.
Male	그러면 그게 당신에게 가장 좋은 방법인 것 같아요. 새로운 프로그램이기 때문에 아직 저희는 오류를 해결 중이에요. 하지만 파트타임 일을 하면서 아버지를 돌볼 수 있고, 수업도 들을 수 있어요. 하지만 학위를 취득하는 데는 더 오랜 시간이 걸릴 거예요.

Female	그러면 온라인 과정은 정확히 언제 시작되나요? 다시 공부를 한다는 것이 약간 두렵거든요. 학생이었던 때 이후로 수년이 지났어요.
Male	네. 때때로 겁이 나죠. 학업을 지속하고, 당신 자신을 향상시키는 것은 노력할 만한 가치가 있어요. 사실 온라인 수업을 듣기 전에 청강해야만 하는 몇 가지 재교육 강습이 있어요.
Female	재교육 강습은 어떤 종류의 강좌인가요?

Male	이 수업은 성인 학생을 재교육하기 위해 특별히 마련됐어요. 저희는 교육이 수업을 듣는 사람들의 중요 우선권 중의 하나라고 생각하거든요. 재교육 강습은 시간을 관리하는 법 그리고 당신 삶에서 다른 것들을 다루는 법을 알려줘요. 당신의 일상 스케줄을 적는 것에 대한 요령과 미루는 것을 피하는 방법을 알려줘요. 또한 기본적인 학술 작문뿐 아니라 수업용 교재를 읽기 위한 최적의 방법과 같은 기본적인 학습 기술을 복습하는 강좌가 있어요.
Female	그건 제게 큰 도움이 될 것 같아요. 제가 학교 다닐 때는 공부하는 걸 좋아했지만 수업과 제 남은 인생에 관해서는 여러 가지 충고가 꼭 필요하거든요.
Male	제가 본 많은 학생들은 비슷한 위치에 있어요. 그들은 일과 가족 생활을 교육과 균형을 맞추어야 하거든요. 쉽지 않지만 교육을 마친 그들에게는 보람있는 일이죠.
Female	네. 그러면 수업은 어떻게 등록하나요?
Male	온라인으로 등록할 수 있어요. 제가 웹 주소가 적혀 있는 브로셔를 드릴게요. 당신은 온라인으로 수강할 수 있는 강좌를 선택할 수 있어요. 당신은 시간이 되는 한 면밀히 살펴볼 수 있어요. 학위를 취득할 수 있도록 학습 과정을 살펴볼 수 있는 곳도 있어요.
Female	그렇군요. 온라인 강좌 비용은 얼마인가요?
Male	물론 온라인 강의 비용은 어느 쪽의 캠퍼스보다도 더 저렴해요. 온라인 수업료를 지불하는 많은 다양한 방법이 있어요. 당신이 선택하는 각 과정 모듈에 관하여 즉시 납부하거나 아니면 수개월에 걸쳐 납부할 수 있어요.
Female	후자의 납부 방식이 제게 더 나을 것 같아요. 교재와 다른 강좌 자료는 비싼가요?
Male	천만에요. 사실 모든 온라인 강좌 관련 교재 자료는 무료예요. 등록 후에 교재를 다운로드 할 수 있어요.
Female	좋네요. 정말 감사합니다.
Male	별말씀을요. 제 연락처는 브로셔에도 나와 있어요.

continuing education 평생 교육, 보습 교육   region 지방, 지역   suburb 교외, 시외   required 필수   procrastinate 꾸물거리다, 연기하다   rewarding ~할 만한 가치가 있는   goal 목적, 목표   advance 진보하다, 향상하다   registered 공인된, 정부 허가를 받은   figure out ~을 이해하다   satellite 위성의   accessible 접근하기 쉬운   save up 모으다, 저축하다   work out (문제를) 풀다, 해결하다   bug (프로그래밍 등의) 버그, 오류   refresher course 재교육 강습   priority 우선하는(우선해야 할) 일, 우선권   juggle 잘 조절(처리)하다   procrastinate 미루다, 연기하다   balance 균형을 맞추다   rewarding ~할 만한 가치가 있는, ~할 보람이 있는   all the way through 일관하여   module 기본 단위, 기준 치수   go through ~을 조사하다, 검토하다   keep track of ~의 진로를 쫓다, ~을 놓치지 않고 따라가다   upfront 선불의   free of charge 무료로

Thank you, Mr. Chairman, for asking the student body about the recent large donation to our school and what it should be spent on. Also, thank you to the rest of the Board of Trustees for letting us have some say over how to improve our University. We know that sometimes students and administration have different priorities regarding the development of the school, but we hope you sincerely consider some of the ideas that are proposed. When the estate of Paul A. Muadib announced that he had left over fifty million dollars to the school, **Q31** the whole community was quite ecstatic and very grateful for such a generous gift. Since the initial euphoria has passed, though, we have all realized that some tough decisions have to be made. The donation can help fund new projects for the school, or improve existing facilities and programs, **Q32** but there is not enough money to pay for every single idea. That is why the University Senate, through an online survey, asked the student body what ideas they thought were best. **Q33** The first part of this survey consisted of an open question. **Q34** Students could list any number of different ideas. The results were then compiled in order to do a second online survey. Ideas that were totally impossible, or those that were jokes, were taken out. **Q35** All the ideas that consistently came up again and again were put to a vote. **Q36** We found that the four things that came up the most were all pretty different. **Q37** I will mention them briefly before going over the pros and cons of each of them. In the first part of the survey, we saw over and over again that students wanted to improve the residential dormitories, completely redo the campus dining system, remodel the athletics building, and finally, increase funding for research projects and grants, especially for those in science. Obviously, there is not enough money from the donation to pay for all those ideas, so we have to prioritize.

The ideas that got the most votes were improving the residential dormitories and completely redoing the campus dining system. They both got 30% and 28%, respectively, of students saying that was what most of the money should be spent on. Many of the dorm facilities are quite old and definitely need some repair, particularly the shared bathrooms. **Q38** Also, students have been complaining for a while that there is not an adequate number of dining facilities on campus, and that the quality of the food at existing places is low. Spending most of the donation in these areas would definitely improve the quality of life on campus. However, a significant minority of the student population, about 40%, does not live on campus. **Q39** They commute from their homes elsewhere and therefore, would not benefit from those improvements. 25% of students thought improving the athletics building was the best use of the money and 17% voted for giving money to research projects for science. **Q40** There are many people who are attracted to our university because of our athletics programs, so improving the building would improve the reputation of the university. Only a small percentage of students actually ever use the athletics building, however. Though it received the fewest votes, giving money to University research projects has great potential. Any new patents that come about because of that research can possibly earn the school lots of money.

최근 학교에 기부된 많은 기부금과 그것이 어떻게 사용되어야 하는지를 학생회에 질문해 주신 의장님께 감사드립니다. 또한 저희 대학교를 어떻게 향상시켜야 하는지에 대해 말할 수 있게 해 주신 나머지 재단 위원들께도 감사드립니다. 때로는 학생들과 행정부가 학교 발전에 관해 다른 우선순위를 가지고 있지만 저희는 여러분이 제안한 안이 진심으로 고려되길 바라고 있습니다. 자산가 Paul A. Muadib이 학교에 5천만 달러를 양도한다고 공표했을 때, 전 지역사회가 기뻐했고, 이런 엄청난 선물에 매우 감사했습니다. 초기의 기쁨이 지나고, 저희 모두는 중요한 결정을 내려야 한다는 것을 깨달았습니다. 기부를 통해 학교의 새 프로젝트에 자금을 제공하거나 기존 시설과 프로그램을 향상시킬 수 있지만 각각의 안에 지급할 돈으로는 넉넉하지 않습니다. 그래서 Senate 대학교가 어떤 안이 가장 좋은지를 온라인 설문을 통해 전교생에게 물어봤습니다. 이 설문의 첫 번째 부분은 미결 안건들로 구성되어 있습니다. 학생들은 다른 안에 관하여 목록을 만들 수 있었습니다. 그 결과는 두 번째 온라인 설문을 위해 수집되었습니다. 완전히 불가능하거나, 농담으로 이루어진 안은 제외되었습니다. 계속해서 나온 모든 안은 표결에 부쳐졌습니다. 저희는 가장 화제가 되는 네 가지 안이 매우 다르다는 것을 발견했습니다. 그들 각각에 대한 찬반양론을 검토하기 전에 간단히 언급할 것입니다. 첫 번째 부분의 설문에서 학생들이 원했던 것은 다음과 같습니다. 거주를 위한 기숙사를 향상시키고, 교내 식사 체계를 완전히 새롭게 하는 것입니다. 체육관을 리모델링하고, 마지막으로 특히 과학 연구 계획비와 보조금의 자금을 늘리는 것입니다. 명백하게도 그러한 모든 안에 돈을 지급하기에는 기부금이 충분하지 않아서 저희는 우선순위를 정해야만 합니다.

가장 많은 지지를 받은 안은 거주를 위한 기숙사를 향상시키고, 교내 식사 체계를 완전히 새롭게 하는 것입니다. 이 두 가지 안은 각각 30%와 28%의 지지를 얻었고, 학생들은 대부분의 기부금이 이 두 가지 안에 사용되어야 한다고 말했습니다. 기숙사 시설의 많은 부분이 꽤 오래 되어서 확실히 수리를 해야 합니다. 특히 공동 화장실이 수리되어야 합니다. 또한 학생들은 구내 식당 시설의 수가 충분하지 않고, 기존 식당의 음식 질이 낮다고 한동안 불평을 했습니다. 이러한 부분에 대부분의 기부금을 사용하는 것은 분명히 교내 생활의 질을 높여줄 것입니다. 그러나 학생수의 약 40%에 해당하는 상당 수는 교내에 거주하지 않습니다. 그들은 집에서 통학을 하므로 이러한 개선으로부터 많은 혜택을 누리지 않습니다. 25%의 학생들은 체육관 건물을 수리하는 것이 기부금을 최상으로 사용하는 것으로 생각했고, 17%가 기부금을 과학 연구 계획에 사용해야 한다고 투표했습니다. 저희 대학의 체육 프로그램 때문에 저희 학교에 끌리는 많은 사람들이 있습니다. 따라서 건물을 수리하는 것은 대학교의 명성을 높일 것입니다. 그러나 실제로 적은 비율의 학생들만이 체육관 건물을 사용합니다. 비록 가장 적은 표를 받더라도 대학교의 연구 계획에 자금을 제공하는 것은 큰 잠재력을 지닙니다. 그 연구로 인해 생기는 새로운 특허도 학교에 많은 돈을 가져올 수 있기 때문입니다.

donation 기부, 기부금   **ecstatic** 희열에 넘친, 황홀한   **euphoria** 행복감, 다행증   **obviously** 명백하게도, 두드러지게   **prioritize** 우선순위를 매기다   **adequate** 충분한, (양이) 알맞은   **student body** (대학 등의) 학생 총수, 전 학생   **sincerely** 마음으로부터, 진정으로   **grateful** 고맙게 여기는, 감사하는   **euphoria** 행복감   **tough** 곤란한, 힘든   **fund** 자금을 제공하다   **consist** 이루어져 있다   **compile** 수집하다   **take out** 꺼내다, 끄집어 내다   **again and again** 몇 번이고, 되풀이해서   **pro and con** 찬반 두 갈래로   **pro** 찬성자, 찬성 투표   **con** 반대론자, 반대 투표   **redo** 다시 하다   **remodel** 개조하다, 고치다   **grant** 보조금, 조성금   **prioritize** 우선 사항을 결정하다   **respectively** 각각, 제각기   **adequate** 충분한, 알맞은   **significant** 상당한, 현저한   **minority** 소수, 소수 투표수   **commute** 통근(통학)하다   **attract** 끌다, 얻다   **though** ~에도 불구하고   **come about** 일어나다, 생기다

⠿ Actual Test 4

Section 1 ▶	Questions 1-10	p. 194

(1) Apple Tree
(2) best friend
(3) coworkers
(4) thirteenth//13th//13
(5) fifteen//15
(6) book
(7) dinner
(8) bring their own
(9) MP3 player
(10) photos

Section 3 ▶	Questions 21-30	p. 197

(21) string
(22) color
(23) historical
(24) wire
(25) bottom
(26) object
(27) D
(28) G
(29) C
(30) B

Section 2 ▶	Questions 11-20	p. 196

(11) A
(12) C
(13) B
(14) B
(15) B
(16) A
(17) mountains
(18) warm hearts
(19) seven//7
(20) exciting cities

Section 4 ▶	Questions 31-40	p. 199

(31) critical part
(32) social system
(33) female
(34) most
(35) fights
(36) B
(37) A
(38) A
(39) C//E
(40) E//C

If your score...

0-12	You are highly unlikely to get an acceptable score under examination conditions and we recommend that you spend a lot of time improving your English before you take IELTS. 당신이 시험 상황에서 만족할 만한 점수를 받지 못할 가능성이 크므로, 아이엘츠 시험을 보기 전에 영어를 향상할 수 있도록 많은 시간을 들여야 한다.
13-27	You may get an acceptable score under examination conditions but we recommend that you think about having more practice or lessons before you take IELTS. 당신이 시험 상황에서 만족스러운 점수를 받을 수 있을지 모르지만 아이엘츠 시험을 보기 전에 더 많이 연습하고 공부하기를 권한다.
28-40	You are likely to get an acceptable score under examination conditions but remember that different institutions will find different scores acceptable. 당신이 시험 상황에서 만족스러운 점수를 받을 가능성이 크지만 다른 기관들은 더 좋은 점수를 원할 수도 있다는 것을 기억해야 한다.

Robin	Hey Bruce, looks like we got some planning to do for Albert's going away party, right?
Bruce	There are certainly some things we have to talk about now.
Robin	Yeah, that's better than doing everything at the last minute.
Bruce	OK, so I can write some notes as we talk.
Robin	Sure thing.
Bruce	So, when should we have the party?
Robin	Hmm, he goes to Thailand on the twenty-sixth of August.
Bruce	OK, let's have it on the **Example** twenty-fourth then.
Robin	Yes, let me see, that's a Friday, that'd be perfect.
Bruce	Now, where should we have it? At a bar, or a club?
Robin	You know, I think he would like something really intimate, nothing too loud. **Q1** A restaurant would be good, maybe the Apple Tree Grill?
Bruce	Great place, sounds good!
Robin	OK, now we have to think about who to invite.
Bruce	Well, **Q2** his best friend from college
Robin	Sure.
Bruce	And his cousins
Robin	Right.
Bruce	Oh yes, **Q3** his coworkers
Robin	Yeah, OK, his coworkers and his boss
Bruce	Any other people?
Robin	How about his yoga classmates?
Bruce	Hmm, he does love yoga, but that might be too many people.
Robin	I suppose so.
Bruce	I can email and text message the invitations. When should I send them?
Robin	We should send them out soon, but not too early.
Bruce	How about the sixteenth of August then?

Robin	Well, **Q4** why not give it a few more days, the thirteenth?
Bruce	Alright, I think that's a good time too.

Robin	OK, now we have to think of a gift.
Bruce	Should we all get one?
Robin	No, I was thinking, we could all give money for the party and the gift, you know, something really nice.
Bruce	Yeah, that'd be better than getting him little things individually. I can ask for the money.
Robin	Thanks for doing that, how much should we ask for?
Bruce	**Q5** I think we should ask for maybe, fifteen dollars each? Is that too much?
Robin	No, not at all. He's going away for two years. That would give us about one hundred and fifty dollars.
Bruce	That's a good amount.
Robin	Yeah, well, I'm thinking we could get him something practical.
Bruce	Yes, especially since he's going abroad.
Robin	Something he could use, something that's also portable.
Bruce	We could get him an article of clothing, perhaps. Or maybe even a pair of shoes?
Robin	Hmm, shoes are nice, but they might wear out easily, especially where he's going.
Bruce	Maybe a book light?
Robin	A what?
Bruce	**Q6** Yeah, he loves to read and a book light would be very convenient when he travels.
Robin	OK, that's one good gift idea, did you write that down?
Bruce	Yup.
Robin	Now, we need to think about reservations at the restaurant.
Bruce	Well, we should get their big banquet room, yeah?

Robin	Yes, definitely. Should we ask the restaurant to prepare a buffet?
Bruce	Isn't that expensive?
Robin	No, I don't think it is.
Bruce	**Q7** A buffet dinner sounds cheaper than everyone ordering individual meals.
Robin	Definitely.
Bruce	How about drinks?
Robin	**Q8** They can buy drinks themselves, or bring their own.
Bruce	OK.
Robin	Yeah, it would cost too much if we bought drinks ourselves.
Bruce	Certainly.
Robin	**Q9** We have to ask someone to bring an MP3 player. The restaurant has speakers we can hook it up for music.
Bruce	Sounds good.
Robin	Actually there is one more thing that I thought we should do since Albert is leaving for such a long time.
Bruce	What were you thinking of?
Robin	Maybe we could have a slide show of all the fun times we've had.
Bruce	Hmm... that'll take a little bit of work but I think it's a great idea.
Robin	Actually, in the invitation, can you ask for some photos people have of him?
Bruce	Yeah, definitely.
Robin	**Q10** I can scan them, or people can send me digital photos they have.
Bruce	Alright, I'll tell them when I send out the invitations.
Robin	Then I can make a little presentation.
Bruce	Hah, I can't wait to see his reaction.
Robin	Yeah, especially that one picture where.

Robin	안녕, Bruce. 우리는 Albert 환송 파티 계획을 세워야 할 것 같아, 그렇지 않니?
Bruce	우리는 지금 이야기해야 해.
Robin	그래. 임박해서 모든 것을 하는 것보다는 나아.
Bruce	좋아. 그러면 난 우리가 이야기하는 것을 적을게.
Robin	그래.
Bruce	그러면 언제 파티를 할까?
Robin	음... 그는 8월 26일에 태국으로 가.
Bruce	좋아. 그러면 24일에 하자.
Robin	그래. 어디 보자. 그 날은 금요일이네. 완벽한데.
Bruce	어디에서 파티를 할까? 바 아니면 클럽?
Robin	있잖아. 그는 정말 친숙하고 너무 시끄럽지 않은 곳을 좋아할 거야. Apple Tree Grill 같은 레스토랑이 좋을 것 같아.
Bruce	좋은 장소야. 좋았어.
Robin	좋아. 이제 누구를 초대할지 생각해 보자.
Bruce	글쎄. 그의 가장 친한 대학교 친구
Robin	물론이야.
Bruce	그리고 그의 사촌들
Robin	맞아.
Bruce	오, 맞아. 그의 동료들
Robin	그래, 좋아. 그의 동료들과 사장님
Bruce	또 다른 사람들은?
Robin	그의 요가 수업 친구들은 어때?
Bruce	음, 그는 요가를 좋아하지만 사람이 너무 많은 것 같아.
Robin	나도 그런 것 같아.
Bruce	내가 초대 이메일과 문자를 보낼게. 언제 이메일과 문자를 보내야 할까?
Robin	곧 보내야 해. 하지만 너무 빠르면 안 돼.
Bruce	그러면 8월 16일은 어때?
Robin	글쎄. 며칠 더 빨리 보내서 13일은 어때?
Bruce	좋아. 그때가 좋을 것 같아.

- -

Robin	좋아. 이제 선물에 대해 생각해 보자.

Bruce	우리 모두 하나씩 준비해야 할까?
Robin	아니. 내 생각에 파티와 정말 좋은 선물을 위해 돈을 내면 될 것 같아.
Bruce	그래. 그에게 개인적으로 작은 선물을 주는 것보다는 좋을 것 같아. 내가 돈을 걸 수 있어.
Robin	고마워. 얼마를 걸어야 할까?
Bruce	각자 15달러씩 내면 될 것 같아. 너무 많이 걷나?
Robin	아니, 전혀. 그는 2년 동안 떠나 있을 거야. 약 150달러 정도가 될 것 같아.
Bruce	적당한 금액인데.
Robin	그래. 그에게 실용적인 선물을 했으면 좋겠어.
Bruce	그래. 특히 그가 해외로 가니깐 말이야.
Robin	그가 이용할 수 있고, 휴대할 수 있는 선물로 말이야.
Bruce	아마 의류를 선물할 수 있을 거야. 아니면 신발이라도?
Robin	음, 신발이 좋긴 하지만 그가 가는 곳은 특히나 쉽게 닳을 것 같아.
Bruce	그러면 북라이트?
Robin	뭐라고?
Bruce	응, 그는 독서를 좋아해서 여행할 때 북라이트가 매우 편할 거야.
Robin	좋아. 그건 선물로 좋은 생각이야. 북라이트를 적었어?
Bruce	응.
Robin	이제 식당 예약에 관해 생각해야 해.
Bruce	글쎄. 우리는 대 연회실을 빌려야 할 것 같은데, 그렇지 않을까?
Robin	그래, 확실히. 뷔페를 준비하라고 식당에 요청해야 할까?
Bruce	비싸지 않을까?
Robin	아니. 그렇게 비싸지 않을 것 같아.
Bruce	뷔페식이 모든 사람이 각자 식사를 주문하는 것보다 더 저렴할 것 같아.
Robin	맞아.
Bruce	마실 것은 어떻게 할까?
Robin	사람들은 마실 것을 각자 사거나 아니면 가지고 올 거야.
Bruce	좋아.
Robin	그래. 만약 우리가 마실 것을 산다면, 비용이 너무 많이 들거야.
Bruce	틀림없이.
Robin	우리는 누가 MP3 플레이어를 가지고 올 것인지를 물어봐야 해. 그 레스토랑은 음악이 나오도록 연결할 수 있는 스피커가 있어.
Bruce	좋아.

Robin	사실 Albert가 그렇게 오랫 동안 떠나있기 때문에 우리가 해야 하는 게 하나 더 있어.
Bruce	그게 뭔데?
Robin	우리가 보냈던 모든 즐거운 시간을 슬라이드 쇼로 만드는 거야.
Bruce	음... 그건 시간이 좀 걸리는 작업이지만 좋은 생각인 것 같아.
Robin	초대할 때 그의 사진을 가지고 있는 사람이 있는지 물어봐 줄 수 있어?
Bruce	응, 물론이지.
Robin	내가 사진을 스캔할 수도 있고, 그들이 가지고 있는 디지털 사진을 내게 보낼 수도 있어.
Bruce	좋아. 내가 초대장을 보낼 때 그들에게 말할게.
Robin	그러면 나는 발표를 할 수 있을 거야.
Bruce	아, 난 빨리 그의 반응을 보고 싶어.
Robin	그래. 특히 사진 한 장은...

go away 가다, 떠나다   **at the last minute** 마지막 순간에, 막판에 가서   **sure thing** (감탄사적) 물론, 틀림없이, 알았어   **intimate** 친밀한, 자세한   **amount** 액, 양   **practical** 실용적인, 실제로 도움이 되는 **portable** 휴대용의, 간편한   **easily** 쉽게, 용이하게   **hook up** 연결하다, 접속하다   **scan** 자세히 조사 하다

Person 1	Welcome to the Fremen Travel Services Website. We appreciate your visit. Please listen to this introductory webcast for general information. You can click another link at any time. For webcasts in other languages, like Spanish or German, please click on the links above the media player. From this website you can access audio information on our latest travel offers. If you have already made a reservation with us previously, and would like to check on its status, please click on the 'Reservations' link **Q11** in the upper right hand corner of the page. We also have information regarding our new line of 'Extreme Tour' packages.
Person 2	Thank you for choosing Fremen Travel Services as your guide. This webcast will explain our recently developed line of 'Extreme Tour' packages. **Q12** These specials vacations were made for those with adventure in mind. We have already gotten awards from a highly regarded travel agency association for these tours. Here at Fremen, we want to help you create memories that last a lifetime. These are not your everyday, ordinary tour packages. **Q13** On these excursions, you will have the chance to challenge yourself and grow as a person. How many other travel agencies can claim to help you do that? We currently offer 'Extreme Tours' on three different continents. In South America, we have programs in Brazil, Peru, and Argentina. **Q14** In Southeast Asia, you can go to Thailand or Vietnam. Finally, we just recently started selling spaces for tours in Australia. We also plan to offer more locations around the world in the coming year. Please check this website for future updates. There are highly trained people guiding you on every one of our tours. For those independent travelers, don't worry, there are plenty of opportunities available **Q15** to explore on your own. Whenever you purchase one of our tour packages, we do our best to accommodate you. **Q16** Round trip airfare to your destination is included, along with any accommodation and transportation needed in that country. We don't include food or any sort of entertainment in the price. We know that our customers often want to discover these things by themselves.

Person 2	Following is a brief summary of some of the tours that we offer. **Q17** Peru is home to an ancient civilization. The Andes Mountains provide stunning views to enjoy when you go hiking and camping on our five day tour package. There will also be an opportunity to see ancient ruins and also to go white-water rafting. **Q18** The people in Peru are very friendly, and you will not forget their generosity and warm hearts. Another 'Extreme Tour' package we have is in Thailand. **Q19** They have a very unique culture there and even our seven day vacation there might not be enough to see everything. The tour includes an overnight stay on a river boat, parasailing, and a visit to one of Thailand's biggest cities, Chiang

Mai. We also have an excursion to an elephant ranch that you do not want to miss. Finally, we have something really special for you in our newest vacation package in Australia. **Q20** We have over two weeks of activities, that is fourteen days, which take you from the Gold Coast, to the Outback, and to some of the continent's most exciting places. Go on this tour if you want to scuba drive with thousands of tropical fish at the Great Barrier Reef, see the awesome beauty of Australia's deserts, and party in some of the best clubs and bars in the country. Thank you for considering Fremen Tours, I invite you to look at the comment board on this website. There you can read the testimonials of all the people who have gone on our tours.

Person 1 Fremen 여행사 웹사이트에 오신 것을 환영합니다. 여러분의 방문에 감사드립니다. 일반 정보에 관한 소개 방송을 들어주시기 바랍니다. 여러분은 언제든지 다른 링크를 클릭하실 수 있습니다. 스페인어 또는 독일어와 같은 다른 언어로 된 방송을 원하시면, 미디어 플레이어 상단의 링크를 클릭하시기 바랍니다. 저희가 제공하는 최근 여행 음성 정보를 이 웹사이트에서 얻으실 수 있습니다. 만약 여러분이 이전에 예약한 상태를 확인하고자 한다면, 그 페이지 우측 상단에 있는 예약 링크를 클릭하시기 바랍니다. 또한 저희는 '극한 여행' 패키지의 새로운 노선에 관한 정보도 있습니다.

Person 2 가이드로서 Fremen 여행사를 선택해 주셔서 감사합니다. 이 방송은 최근에 개발한 '극한 여행' 패키지에 대해 설명할 것입니다. 이 특별 휴가는 모험을 즐기려는 사람들을 위해 개발됐습니다. 저희는 이미 이 여행에 대해 저명한 여행사 협회로부터 상을 받았습니다. 이곳 Fremen에서는 일생 동안 간직할 수 있는 추억을 만드는데 도움을 드리고 싶습니다. 이것은 여러분의 일상적이고 평범한 여행 상품이 아닙니다. 이 여행에서 여러분은 자신에게 도전하고 더욱 성장하는 기회를 가질 것입니다. 얼마나 많은 여행사들이 여러분을 그렇게 만들 수 있다고 공언할 수 있겠습니까? 저희는 현재 3개의 다른 대륙을 '극한 여행'으로 제공합니다. 브라질, 페루, 아르헨티나로 구성된 남아메리카 프로그램이 있고, 태국이나 베트남을 갈 수 있는 동남아시아 프로그램도 있습니다. 마지막으로 저희는 최근에 호주 여행 상품을 판매하기 시작했습니다. 내년에는 전 세계의 더 많은 지역들에 대한 상품을 제공할 계획입니다. 앞으로 이 웹사이트 상에서 업데이트되는 것을 확인해 주시기 바랍니다. 저희의 모든 여행을 안내해 주실 숙련된 가이드가 있습니다. 독자적인 여행객들도 걱정하지 마세요. 여러분 스스로 탐험할 수 있는 많은 유용한 기회가 있습니다. 여행 상품 중 한 가지를 구매하실 때마다 여러분의 편의를 도모하도록 최선을 다하겠습니다. 그 나라에서 필요한 숙박 시설, 교통과 행선지까지의 왕복 여행 항공 운임이 포함됩니다. 음식이나 어떤 종류의 오락물은 비용에 포함되지 않습니다. 저희는 종종 고객들이 스스로 그런 것들을 알아내기를 원한다는 것을 알고 있습니다.

Person 2 다음은 저희가 제공하는 여행의 간단한 개요입니다. 페루는 고대 문명의 고장입니다. 안데스 산맥은 5일간의 여행 상품으로, 등산이나 캠핑을 할 때 즐길 수 있는 놀랄 만한 경치를 제공합니다. 또한 고대 유적지를 보거나 또는 급류에서 래프팅을 할 기회가 있을 것입니다. 페루인들은 매우 친근해서 여러분은 그들의 관대함과 따뜻한 마음씨를 잊지 못할 것입니다. 저희가 가지고 있는 또 다른 '극한 여행' 상품은 태국입니다. 그들은 매우 독특한 문화를 가지고 있어서 모든 것을 둘러보기에 7일간의 휴가는 충분하지 않을 것입니다. 그 여행은 나룻배에서 하룻밤 묵는 것과 패러세일링 그리고 태국의 가장 큰 도시들 중 한 곳인 치앙마이의 방문을 포함합니다. 또한 여러분이 꼭 보고 싶어하는 코끼리 사육장도 견학합니다. 마지막으로 가장 최신의 휴가 상품으로 호주를 추천해 드립니다. 저희는 2주에 걸친 코스들이 있으며, 여러분은 골드 코스트에서 아웃백 그리고 호주의 가장 흥미로운 장소들까지 14일 동안 방문할 것입니다. 만약 그레이트 배리어리프에서 수천 개의 열대 물고기와 스쿠버 다이빙을 하길 원하신다면, 이 여행을 선택하세요. 그러면 경이로운 호주 사막의 아름다움과 그 나라에서 가장 좋은 클럽과 바에서의 파티를 경험하실 수 있습니다. Fremen 여행을 고려해 주셔서 감사합니다. 저는 여러분이 이 웹사이트의 게시판을 보시길 권합니다. 이곳에서 여러분은 저희 여행을 했던 모든 사람들의 추천 글을 읽으실 수 있습니다.

webcast 웹캐스트   **at any time** 언제라도   **upper** 더 위의(위에 있는)   **association** 협회, 단체
accommodate 편의를 도모하다, 숙박시키다   **entertainment** 오락물   **stunning** 멋진, 훌륭한
ruins 옛터, 유적   **white-water** 급류의, 급류타기의   **ranch** 대목장, 농장   **testimonial** 증거

Jimi	Hey, Janis.
Janis	Hey, Jimi. What's up?
Jimi	Not much. I'm kind of worried about these lessons we have to plan. I've not worked much with children before.
Janis	Oh, you don't have anything to worry about, Jimi. All we have to do is choose a few art projects to do with the kids. Then we have to get the materials for them and do the projects by the end of the month.
Jimi	OK, that doesn't sound too bad then. Maybe we could get some ideas from online websites.
Janis	Yup, already did that, I printed out descriptions of the best five and I wanted to ask what you thought.
Jimi	Great, yeah, let's look over them.
Janis	Here you go. Some are from a teaching website and some are from an arts and crafts website. We can talk about what kind of materials we'll need and what would be best for our students.
Jimi	Hmm... the first art project here is called 'Make your own mask.' That sounds like fun. For materials, **Q21** all we need are scissors, markers, stiff paper and pieces of string. We have all of those at the school already.
Janis	What's the procedure again?
Jimi	You give everyone the stiff paper. **Q22** There are some basic guidelines the kids have to follow, like where to cut out holes for the eyes and then one hole for the nose. The kids then color in the mask any way they want, or we can ask them to create masks with a theme, like animals or something.
Janis	That seems easy to do.
Jimi	OK, now the second project here...
Janis	Yes?
Jimi	This one is called 'Shoebox Dioramas.' Each student gets a shoebox and puts one long side of the shoebox into the lid. It now looks sort of like a covered theatre stage. The students then have to create a scene inside the shoebox with the materials we give them, including, styrofoam and basically anything else we can think of. **Q23** We can tell them to do a historical scene, or just somewhere they have been before.
Janis	Alright, well, what's the next one?

Jimi	For art project number three we need egg cartons and pipe cleaners.
Janis	What's a pipe cleaner?
Jimi	**Q24** Pipe cleaners are basically flexible lengths of metal wire that are furry. They come in all sorts of different colors. They're very useful in crafts. For this project, you take the individual egg holder cups and stick the pipe cleaners in them to make animals.
Janis	OK, that sounds interesting.
Jimi	The fourth art project is called 'Paper Bag Animal.' Students can use brown or white paper bags. They decorate these bags with markers or pieces of colored felt. **Q25** They decorate the bottom of the bag. When children put their hands in the bag and hold the bag upright, it becomes a sort of puppet.
Janis	We'd need quite a few paper bags.
Jimi	Yes, we'd need the small lunch bag kind, the grocery paper bags would simply be too large.
Janis	OK, I suppose they would have them available at the corner store.
Jimi	Yes, it's not very green to pack lunches in them, but they're still popular to use.
Janis	So, what do you think of the last project?
Jimi	Well, this fifth project sounds fun. It's called 'Paper Mache Sculptures.' We tear some newspapers into strips and dip them into liquid starch. **Q26** The kids can choose any object to cover with the strips, like a blown up balloon. After letting them dry, the kids can decorate the paper mache with paint.
Janis	Sounds a little messy... shall we go over them and see what's good and bad about each?
Jimi	Sure.

Jimi	So yeah, number one sounds really easy to do. And you mentioned that we already have all the materials, right?
Janis	Yes, but I think I wanted to do something a bit more hands-on and creative. I mean, I suppose they can wear their masks and play around, but the project is just basically drawing on paper. **Q27** It might be too easy.
Jimi	I suppose so.
Janis	What do you think about number two?

Jimi	Well, it certainly is more creative, but do you think that is too hard? I mean, they would have to create whole scenes out of a lot of different kinds of materials.
Janis	Well, I think that the kids could do it. We would have to give them a little more guidance. But you're right, **Q28** it might be too difficult for them. How about number three?
Jimi	I did this one as a child.
Janis	Yes, I tried to make egg carton creatures as well. It was quite fun, as I recall. Do you think we could get the supplies?
Jimi	I suppose though, unfortunately, the craft store in town is closed. It might be hard.
Janis	I see, well, then we'd have to find another way to get them if we do this project.
Jimi	OK, well, what do you think of the fourth art project?
Janis	Well, when I first looked at it, I thought it might be good but you know what...
Jimi	Yes, what is it?
Janis	Actually, **Q29** I think our students may have already done this art project in another section.
Jimi	Oh really, you think they have?
Janis	Yes, I'm pretty sure now actually. I don't think it'd be good to repeat it.
Jimi	I suppose so.
Janis	How about the last project?
Jimi	I really like the concept... **Q30** but it seems really, really messy. I mean, we have to dip the newspaper strips by hand into the starch, then wrap it around something, and finally paint the object after it dries. It sounds really fun, but there will definitely be a lot of clean up.
Janis	Well, that's too bad then... hmm... I guess I can go online and do some more research.
Jimi	You know, I'll help with that, too.
Janis	Thanks, Jimi. I'm sure we'll find something.

Jimi	안녕, Janis.
Janis	안녕, Jimi. 무슨 일이야?
Jimi	별일 없어. 난 우리가 기획해야 하는 수업이 걱정돼. 이전에 어린이들과 같이 해 본 적이 없어서.
Janis	오. 걱정할 거 없어, Jimi. 우리가 해야 할 일은 아이들과 함께 하는 몇 가지 미술 과제를 선택하는 거야. 아이들을 위해 재료를 준비하고, 월말까지 과제를 끝내면 돼.
Jimi	그래, 그리 나쁘지 않네. 온라인 웹사이트에서 아이디어를 좀 얻을 수 있지 않을까?
Janis	응. 이미 그렇게 했어. 나는 가장 좋은 5개 설명서를 출력했어. 그리고 네가 어떻게 생각하는지 물어보고 싶었어.
Jimi	대단해. 그러면 그것들을 검토해 보자.
Janis	여기 있어. 어떤 것은 교습 웹사이트에서, 어떤 것은 미술 공예 웹사이트에서 가지고 왔어. 어떤 종류의 재료들이 필요한지, 그리고 어린이들에게 어떤 것이 가장 좋은지를 얘기해야 해.
Jimi	음... 첫 번째 미술 과제는 '당신의 가면을 만드는 것'이라고 불리는 거야. 이건 재미있을 것 같아. 필요한 재료는 가위, 마커, 마분지 그리고 실타래야. 이것들은 이미 학교에 있어.
Janis	순서는 어떻게 돼?
Jimi	모든 어린이들에게 마분지를 나눠 줘. 어린이들에게 눈을 만들기 위한 구멍과 그 다음에 코를 만들기 위한 구멍을 어디에서 잘라야 하는지를 알 수 있게 해주는 기본 윤곽선이 있어. 어린이들은 자기들이 원하는 방식으로 가면에 색칠하고, 우리는 동물과 같은 어떤 주제를 가진 가면을 만들라고 할 수도 있어.
Janis	만들기 쉬울 것 같은데.
Jimi	응. 이제 두 번째 과제를...
Janis	응?
Jimi	이건 '구두 상자 세트'라고 불리는 거야. 각각의 어린이들은 구두 상자를 가지고 있고, 구두 상자의 긴 면을 뚜껑 쪽으로 두는 거야. 그것은 이제 덮개가 있는 극장 무대처럼 보여. 어린이들은 스티로폼과 기본적인 재료를 포함해서 우리가 그들에게 나눠준 재료를 가지고 구두 상자 안에 장면을 만들어야 해. 우리는 역사적인 장면이나 그들이 이전에 가 봤던 어떤 장소를 만들라고 할 수도 있어.
Janis	좋아. 그 다음은 뭐야?
Jimi	세 번째 미술 과제로, 우리는 계란 상자와 파이프 청소 기구가 필요해.
Janis	파이프 청소 기구가 뭐야?
Jimi	파이프 청소 기구는 기본적으로 부드러운 털로 된 유연한 길이의 금속선이야. 이건 모든 종류의 다양한 색깔을 나타내고, 공예에서 매우 유용해. 과제에서 각각의 계란 용기 컵을 파이프 청소 기구에 고정시켜서 동물을 만들 수 있어.
Janis	좋아. 흥미로운데.
Jimi	네 번째 미술 과제는 '종이 가방 동물'이라고 불리는 거야. 어린이들은 갈색이나 흰색 종이 가방을 이용할 수 있어. 그들은 마커나 색깔있는 펠트 조각으로 종이 가방을 장식할 수 있어. 그들은 가방 밑부분을 장식하는 거야. 어린이들이 가방에 손을 넣어서 가방 위쪽으로 잡아 당기면 인형이 되는 거야.
Janis	우리는 꽤 많은 종이 가방이 필요할 거야.

Jimi	응. 우리는 작은 점심 가방류가 필요해. 잡화류 종이 가방은 너무 클 것 같아.
Janis	그래. 어린이들은 모퉁이에 있는 가게에서 그것들을 구입할 수 있을 거야.
Jimi	응. 점심을 싸기에 친환경적이지는 않지만 여전히 대중적으로 사용하는 거야.
Janis	그러면 마지막 과제는 어떻게 생각해?
Jimi	음, 다섯 번째 과제는 재미있을 것 같아. 그것은 '혼용지 조각'이라고 불리는 거야. 신문지를 가늘고 길게 찢어서 액체용 풀에 담그는 거야. 어린이들은 부푼 풍선과 같은 조각들을 덮는 물체를 선택할 수 있어. 조각들을 말린 후 어린이들은 페인트를 가지고 혼용지를 장식할 수 있어.
Janis	좀 지저분할 것 같은데... 뭐가 좋고, 뭐가 안 좋은지 검토해 볼까?
Jimi	그래.

Jimi	첫 번째 과제는 정말 만들기 쉬운 것 같아. 그리고 네가 말한 것처럼 우리는 모든 재료를 다 가지고 있잖아, 그렇지?
Janis	응. 하지만 나는 조금 더 실질적이고 창의적인 것을 했으면 좋겠어. 아이들은 가면을 쓰고 놀 수 있지만 그 과제는 단지 종이에 그림을 그리는 것에 불과하잖아. 그건 너무 쉬운 것 같아.
Jimi	그렇네.
Janis	두 번째 과제는 어떤 것 같아?
Jimi	글쎄. 확실히 첫 번째 과제보다 더 창조적인 것 같아. 하지만 너무 어려운 것 같지 않아? 어린이들은 다양한 많은 종류의 재료를 가지고 전체 장면을 만들어야 하니깐.
Janis	글쎄. 난 어린이들이 그렇게 할 수 있다고 생각해. 우리가 그들에게 좀 더 많은 걸 알려준다면 말이야. 하지만 네 말이 맞아. 아이들에게 너무 어려울 것 같아. 세 번째 과제는 어때?
Jimi	어렸을 때 나도 이것을 했어.
Janis	응. 나도 계란 상자를 만들려고 했어. 이미 말한 것처럼 꽤 재미있었어. 우리가 재료를 구할 수 있을까?
Jimi	그럴 거라고 생각하지만, 불행히도 이 마을의 공예품 가게가 문을 닫았어. 재료를 구하는 건 어려울 것 같아.
Janis	알았어. 그러면 만약 이 과제를 해야 한다면, 우리는 재료를 구할 수 있는 다른 방법을 찾아야만 하는 거네.
Jimi	그렇지. 네 번째 미술 과제는 어떤 것 같아?
Janis	글쎄. 처음 그것을 봤을 때는 좋을 것 같다고 생각했는데... 그게...
Jimi	응, 그게 뭔데?
Janis	사실 어린이들이 이미 이 미술 과제를 다른 영역에서 했을 것 같아서.
Jimi	오, 정말? 그들이 했을까?
Janis	응. 지금은 정말 확실해. 그것을 반복하는 게 좋을 것 같지는 않아.
Jimi	나도 그래.

Janis	마지막 과제는 어때?
Jimi	발상은 정말 좋지만... 너무 지저분해 보여. 우리는 신문지 조각을 풀에 담가야 하고, 무엇으로 싼 다음에 신문지 조각이 마르면 마지막으로 그 물체에 색칠을 해야 하잖아. 정말 재미있을 것 같지만 청소할게 많을 것 같아.
Janis	글쎄. 그러면 안 좋은데... 음, 인터넷에서 조금 더 조사해야 할 것 같아.
Jimi	있잖아, 나도 도울게.
Janis	고마워, Jimi. 우리는 꼭 좋은 것을 발견할 거야.

look over ~을 훑어보다, ~을 조사하다   **craft** 공예   **stiff** 뻣뻣한, 딱딱한   **cut out** ~을 잘라(베어)내다 **theme** 주제, 제목   **lid** 뚜껑   **carton** 큰 상자, 판지 상자   **furry** 부드러운 털의, 모피로 덮인   **stick** 붙이다, 고착시키다   **upright** 똑바로 선, 수직의   **puppet** 작은 인형   **green** 생태계를 중시하는, 환경(자연)보호 단체의   **pack** 꾸리다, 싸다   **sculpture** 조각, 조각술   **tear** 찢다   **strip** 가늘고 긴 조각, 한 조각 **dip** 담그다   **starch** 풀, 녹말   **papier-mache** 혼용지   **messy** 어질러진, 지저분한   **hands-on** 실제의, 개인이 적극 참여하는   **guidance** 안내, 지도   **recall** 상기시키다, 생각나게 하다   **object** 물건, 물체

::: **Section 4**

Script

I am going to talk about one of my favorite animals today, the gray wolf. Similar to other top level predators, like the shark, wolves sometimes have a bad reputation. **Q31** It is true, they do sometimes attack herds of livestock that people depend on. In nature, however, gray wolves are a critical part of the ecosystem. Wolves are larger than the average dog. They also have a keener sense of smell since they are not a domesticated species and still live and hunt in the wild. **Q32** They hunt in small packs and actually have a sophisticated social system. Scientists have observed that wolf packs are well defined by hierarchies. There is one hierarchy for male wolves and one for female wolves. **Q33** At the top of each is an alpha male and an alpha female. They are not 'leaders' of the pack, according to the human definition, but they seem to have special privileges compared to the other wolves. This privilege has to do more with reproducing rather than having more food. Any pair of wolves in a pack may breed, **Q34** but it is usually the alpha pair's wolf pups that are the most successful. Other pairs may not be able to raise their offspring to maturity, especially when there are limited resources. The alpha status among wolves is not permanent. Wolves are free to challenge the alpha male. **Q35** These challenges are not necessarily physical fights but are mostly ritual confrontations that involve bluffing and posturing. There is always the potential for violence though, and sometimes the jockeying for alpha status is fatal for one of the participants.

The range of the gray wolf and its subspecies used to be quite extensive almost the entire continents of Asia and North America, and the whole of Europe as well. **Q36** They are now found mostly in Canada, Alaska, the northern reaches of Eurasia, and a few other scattered pockets. In some parts of the world, gray wolves have actually been re-introduced into the wild. Many people were opposed to these programs at first because they thought it would cause economic hardship for livestock owners. In the United States, local ranchers around the Yellowstone National Park area refused to allow any wolves back. Supporters of the program knew that without cooperation from ranchers, the wolves would likely be shot and killed. **Q37** Those supporters knew how important the program was and agreed to compensate ranchers for livestock lost to wolves. This important compromise paved the way for the reintroduction of wolves to Yellowstone in 1995, where they hadn't been seen for over seventy years. **Q38** The reintroduction has been a great success. Studies show that biodiversity within the park has increased and is sustaining itself. After the last gray wolves in the park were killed in 1926, the population of elk and deer soared, decreasing the number of plants available to beaver and moose. The beaver eventually became extinct there. The population of other predator species, **Q39** like the coyote, exploded. This, in turn, caused rodent populations to crash. This crash lead to a decline in bird species, like hawks and eagles. These negative trends have all reversed since the wolves came back. **Q40** As a result, Yellowstone National Park is a better, healthier place. The local economy also benefits because people are not only interested in seeing more biodiversity at the Park, but also the wolves themselves. This brings in tens of millions of more dollars annually to local lodgings, restaurants, and stores.

저는 오늘 제가 가장 좋아하는 동물 중 하나인 회색 늑대에 대해 말하려고 합니다. 상어 같은 다른 상위 등급의 육식 동물과 비슷하게 늑대는 때때로 혹평을 받습니다. 늑대가 때때로 사람들이 기르는 가축을 공격하는 건 사실입니다. 하지만 야생에서 회색 늑대는 생태계의 중요한 한 부분입니다. 늑대는 일반 개보다 더 큽니다. 그들은 길들여지지 않은 종이고, 여전히 야생에서 살고, 사냥을 하기 때문에 예민한 후각을 가지고 있습니다. 그들은 작은 무리들을 사냥하고 실제로 복잡한 사회 조직을 가지고 있습니다. 과학자들은 늑대 무리들의 계층이 잘 발달되어 있다고 말합니다. 수컷 늑대의 계층 조직이 있고, 암컷 늑대의 계층 조직이 있습니다. 각 계층의 정상에 우두머리 수컷과 암컷이 있습니다. 그들은 인간 사회와 같은 무리의 '지도자'는 아니고, 다른 늑대들과 비교했을 때 특권을 가지고 있을 뿐입니다. 이 특권은 더 많은 음식을 먹기보다는 더 많은 번식을 해야 하는 것을 의미합니다. 무리에서 어떤 쌍의 늑대들도 번식할 수 있지만 우두머리 쌍의 늑대 새끼가 가장 성공적입니다. 다른 쌍들은 특히 자원이 제한적일 때, 그들의 후손들을 다 자랄 때까지 기를 수 없을 것입니다. 늑대들 중 우두머리의 지위는 영원하지 않습니다. 늑대들은 자유롭게 우두머리 수컷을 공격합니다. 이러한 도전은 반드시 물리적인 싸움만 있는 것은 아니고 위협을 하거나 자세를 취하는 것을 포함해서 대부분 의식적인 대결입니다. 폭력에 대한 가능성이 늘 있고, 때때로 우두머리 자리를 차지하려고 책략을 쓰는 것은 관련된 늑대들 중 한 늑대에게는 치명적입니다.

회색 늑대와 그것의 변종의 영역은 아시아와 북아메리카의 거의 모든 대륙과 유럽 지역 전체로 꽤 광범위했습니다. 그들은 이제 주로 캐나다, 알래스카, 유라시아 북쪽 지역, 그리고 여러 산재된 지역에서 발견되고 있습니다. 지구의 몇몇 곳에서 회색 늑대들은 실제로 야생으로 다시 보내졌습니다. 가축 소유자들이 경제적으로 어려움을 겪을 수 있기 때문에 많은 사람들은 처음에 이 프로그램을 반대했습니다. 미국 옐로스톤 국립 공원 지역 주변의 목장 주들은 늑대가 다시 돌아오는 것을 반대했습니다. 프로그램 후원자들은 목장 주들의 협조 없이는 늑대가 총에 맞아서 죽을 수 있다는 것을 알았습니다. 후원자들은 그 프로그램이 얼마나 중요한지를 알았고, 늑대로 인한 가축 손실에 대해 목장 주들에게 보상하는 것을 동의했습니다. 이 중대한 타협은 70년 동안 볼 수 없었던 1995년 옐로스톤에 늑대들이 다시 나타나는 길을 열어주었습니다. 재등장은 성공적이었습니다. 연구는 공원 내에서 생물 다양성이 증가되고 유지되는 것을 보여 줍니다. 공원의 마지막 회색 늑대가 1926년에 죽고, 비버와 모스에게 유용한 식물의 수가 줄어들었지만 엘크와 사슴의 개체 수는 증가했습니다. 비버는 결국 멸종되었습니다. 코요테와 같은 다른 육식 동물의 수는 폭발적으로 증가했습니다. 이것은 이번에는 설치류의 개체 수를 뚝 떨어지게 했습니다. 이러한 추락은 매와 독수리 같은 새 종의 감소를 주도합니다. 이러한 부정적인 추세들은 늑대가 복귀하면서 모든 것이 역전되었습니다. 결과적으로 옐로스톤 국립 공원은 더 좋은, 건강한 장소가 되었습니다. 또한 지역 경제는 이점을 가집니다. 사람들이 공원에서 더 많은 생물들을 보는 것에 관심을 가질 뿐 아니라 늑대들도 그렇기 때문입니다. 이것은 지역 숙박 시설, 식당, 가게에 매년 수천만 달러 어치를 벌어다 줍니다.

predator 포식 동물   **herd** 가축의 떼, 무리   **livestock** 가축(류)   **critical** 결정적   **domesticated** (동물) 길든   **pack** 떼, 무리   **sophisticated** 매우 복잡한   **define** 한정하다   **hierarchy** 계층제, 계급제   **observe** 진술하다, ~라고 말하다   **definition** 정의, 한정   **reproduce** 번식하다   **breed** 번식하다   **pup** 새끼, 강아지   **offspring** 자식, 새끼   **ritual** 의식의   **bluffing** 허세부리다, 엄포 놓다   **posture** 태도를 취하게 하다   **jockey** 사기치다, 책략을 쓰다   **subspecies** 변종   **scatter** 흩뿌리다   **pocket** 작은 지역, 고립 지대   **hardship** 곤란   **rancher** 농장주, 목장 주   **cooperation** 협력, 협동   **compensate** 보상하다, 배상하다   **compromise** 타협, 절충안   **pave the way for** ~을 가능하게 하다, ~의 길을 닦다   **biodiversity** 생물의 다양성   **sustain** (생명을) 유지하다, 부양하다   **soar** 상승하다   **extinct** 멸종된   **explode** 폭발적으로 증가하다   **rodent** 설치류의   **crash** 산산이 무너지다, 파괴되다   **hawk** 매   **reverse** 바꿔 놓다, 반대로 하다   **lodging** 하숙, 숙소

⠿ *Actual Test 5*

Section 1 ▶	Questions 1-10	p. 202

(1) Blue Room
(2) Thirty//30 minutes
(3) international students
(4) Ten//10 o'clock
(5) programs abroad
(6) BH
(7) WR
(8) AS
(9) ES
(10) R

Section 2 ▶	Questions 11-20	p. 204

(11) laptop//desktop//computer
(12) help desk
(13) school network
(14) complicated
(15) major problems
(16) Jakob
(17) Monday through Friday
(18) 7760
(19) 9 to 7//nine to seven
(20) Saturday//Saturdays

Section 3 ▶	Questions 21-30	p. 206

(21) B
(22) C
(23) B
(24) A
(25) C
(26) open
(27) fifteen//15
(28) interview
(29) second//2nd
(30) community members

Section 4 ▶	Questions 31-40	p. 208

(31) November (and) December
(32) anywhere
(33) circular
(34) similar
(35) (quite) messy
(36) three//3
(37) share
(38) B
(39) E
(40) C

If your score...

0-12	You are highly unlikely to get an acceptable score under examination conditions and we recommend that you spend a lot of time improving your English before you take IELTS. 당신이 시험 상황에서 만족할 만한 점수를 받지 못할 가능성이 크므로, 아이엘츠 시험을 보기 전에 영어를 향상할 수 있도록 많은 시간을 들여야 한다.
13-27	You may get an acceptable score under examination conditions but we recommend that you think about having more practice or lessons before you take IELTS. 당신이 시험 상황에서 만족스러운 점수를 받을 수 있을지 모르지만 아이엘츠 시험을 보기 전에 더 많이 연습하고 공부하기를 권한다.
28-40	You are likely to get an acceptable score under examination conditions but remember that different institutions will find different scores acceptable. 당신이 시험 상황에서 만족스러운 점수를 받을 가능성이 크지만 다른 기관들은 더 좋은 점수를 원할 수도 있다는 것을 기억해야 한다.

Director	Hi there, how are you? I'm glad that you came to the convention today. We have a lot of schools here today talking about study abroad programs. You can talk to them and find out which program works best for you. We also have **Example** a presentation called 'How to Prepare for University Studies.' I recommend that you attend. The presentation starts at 9 a.m. and it will help you understand what you need to do before you go to University. **Q1** It will take place in the Blue Room.
Student	Oh, the Blue Room? Where is that?
Director	Ah, let me explain the schedule first. Then, I'll tell you about where the events are.
Student	OK, thanks.
Director	Yes, **Q2** so the conference organizer will talk about 30 minutes telling you how to prepare for university level courses. They can be very tough for new students. **Q3** He will also talk about the special needs of international students. They have a different set of issues to deal with than students from the home country.
Student	So, you said that was in the Blue Room?
Director	Yes, that's right. And after that you can go into the **Q4** Conference Room at 10 o' clock.
Student	What is happening there?
Director	That's where the booths are.
Student	Booths? What kinds of booths?
Director	One for each school, grouped into sections. **Q5** People from each individual school will be able to give you information about different kinds of programs abroad.

Student	OK, so how do I get around the Conference Room?
Director	Right, let me tell you about how to get there first. So when you exit the Blue Room, you have to turn left. Walk until you get to the end of the hallway, and you will see two doors on both sides of you. The Conference Room is on your right. **Q6** The room on the left side is the Banquet Hall, but there aren't any events scheduled there for today.
Student	Oh, OK. The Banquet Hall is where the washrooms are?

Director	**Q7** Yes, the washrooms are at the very back on the side opposite the doors.
Student	Alright then, so how many schools will be represented?
Director	We have over fifty schools here today.
Student	Oh, wow, that's a lot.
Director	That's OK, I'll give you a brief layout. The booths are laid out by region. That means schools from the same country will be in the same section. **Q8** The first section you see when you enter the Conference Room are the schools from Australia.
Student	I see, that is quite a popular destination these days. What other sections are there?
Director	**Q9** If you walk further on, the next section will have schools from Europe. Most of them are from England, but there are other countries as well.
Student	Oh, yes, are there any places where I can get refreshments?
Director	Of course, talking can work up an appetite. **Q10** Refreshments are available all the way in the back of the Conference Room, past the Australian and European sections.
Student	Thanks for all the help.
Director	No problem.

Director	안녕하세요. 오늘 집회에 와 주셔서 기쁩니다. 저희는 유학 프로그램에 관하여 알려드릴 많은 학교들이 있습니다. 여러분은 학교에 물어봐서 어떤 프로그램이 여러분에게 최상인지를 찾을 수 있습니다. 또한 저희는 '대학교 수업을 어떻게 준비해야 하는가'라는 프레젠테이션이 있습니다. 저는 여러분이 참석하기를 권합니다. 그 프레젠테이션은 오전 9시에 시작하며, 여러분이 대학교에 입학하기 전에 해야 하는 것을 알 수 있도록 도움을 줄 것입니다. 프레젠테이션은 Blue Room에서 열릴 것입니다.
Student	오, 블루 룸? 블루 룸은 어디에 있나요?
Director	아, 먼저 스케줄을 설명하겠습니다. 그리고 나서 행사가 열리는 장소에 대해 알려드리겠습니다.
Student	네. 감사합니다.
Director	네. 회의의 주최자가 대학교 수업 코스를 어떻게 준비해야 하는지를 30분 정도 여러분에게 알려드릴 것입니다. 수업 코스는 새로운 학생들에게는 매우 힘들 수도 있습니다. 또한 회의의 주최자는 국제 학생들의 특별 요구에 관하여 말할 것입니다. 그들은 자국 학생들과는 다른 종류의 해결해야 할 문제가 있습니다.
Student	그리고 블루 룸에서 열린다고 말씀하셨나요?
Director	네. 맞습니다. 그리고 나서 10시에 회의실로 갈 수 있습니다.
Student	거기에서 무엇을 하나요?
Director	그곳이 바로 부스가 있는 곳입니다.
Student	부스요? 어떤 종류의 부스 말인가요?
Director	각각의 학교마다 하나씩 나뉘어져서 그룹화되어 있습니다. 각각의 학교에서 온 사람들이 다른 종류의 해외 프로그램에 관한 정보를 여러분에게 드릴 것입니다.

Student	좋아요. 그러면 회의실 근처까지 어떻게 갈 수 있나요?
Director	네. 그곳에 어떻게 갈 수 있는지 먼저 알려드리겠습니다. 블루 룸을 나가서 좌회전하세요. 복도 끝까지 걸어가면 여러분 양쪽에 2개의 문이 있을 것입니다. 회의실은 여러분의 오른쪽에 있습니다. 왼쪽에 있는 방은 연회실이지만 오늘은 어떤 행사도 예정된 것이 없습니다.
Student	네. 알겠습니다. 연회실은 화장실이 있는 곳인가요?
Director	네. 화장실은 문 반대쪽 면의 맨 끝에 있습니다.
Student	네. 그래서 얼마나 많은 학교들이 참가하나요?
Director	오늘 이곳에 50개가 넘는 학교가 참석했습니다.
Student	와우, 많군요.
Director	좋습니다. 저는 여러분에게 간단한 개요를 알려드리겠습니다. 그 부스들은 영역별로 나뉘어져 있습니다. 같은 나라에서 온 학교들은 같은 구역에 위치할 것입니다. 여러분이 회의실에 들어가서 보게 될 첫 구역은 호주에서 온 학교들입니다.
Student	알겠습니다. 요즈음 호주는 꽤 인기있는 곳이에요. 다른 구역들은 무엇인가요?
Director	조금 더 걸어가면, 유럽에서 온 학교들의 구역이 있을 것입니다. 그들 대부분은 영국에서 왔지만 다른

나라에서 온 학교도 있습니다.

Student	네. 제가 뭔가를 먹을 수 있는 장소도 있나요?
Director	물론이지요. 대화는 식욕을 북돋아 주지요. 다과는 호주와 유럽 구역을 지나 회의실 뒤쪽에서 계속 이용할 수 있습니다.
Student	도움을 주서서 감사합니다.
Director	천만에요.

convention 집회, 대회　**banquet** 연회, 축하연　**attend** 출석하다, 참석하다　**schedule** 예정하다　**washroom** 세면실, 화장실　**represent** 대리하다, 대표하다　**layout** 배치(도), 설계　**lay out** 진열하다, 설계하다　**further on** 더 가서　**work up** 불러 일으키다, 북돋우다　**appetite** 식욕　**refreshment** 다과, (가벼운) 음식물　**all the way** 내내, 줄곧, 넓은 범위에서

66

::: Section 2

Script

Good morning, everybody, I hope everyone has enjoyed orientation week so far. I know that you all have been getting quite a bit of information, but I really do need to give you some more regarding the Information and Computer Services(ICS) here at Kudrow College. I've been here long enough to remember when kids hauled their typewriters around. Having a computer, **Q11** whether it is a desktop or laptop, is now indispensable. They are so necessary, in fact, that our school is willing to help students with financial aid, if they need it, in order to purchase a computer. If you want to know how the school can help you get a computer, please visit our website or the ICS center. Though we coordinate the 'one student, one computer' program, **Q12** our main task at ICS is to help students deal with any technical issues that they have. We have a help desk where students can call in and ask about any computer problems they have. **Q13** At this time of the school year, the help desk assists students with connecting computers to the school network. Included in your orientation packets are instructions on how to do so. **Q14** As you can see, the instructions for connecting a Windows based PC is much more complicated than for an Apple computer. We actually recommend the latter because it is good for students to focus on their work, not on solving problems that come from the computer's operating system. If you call the help desk, you can also get help with things like connecting your printer. Best of all, **Q15** if your computer is having major problems, you can bring it in and get it serviced.

I will tell you how to bring in your computer if you have any problems with it. **Q16** If I am not there, you can talk to the full time attendant, Jakob, that's J-A-K-O-B, Bianci. Jakob has many years of experience in computer service. Please feel free to ask him anything. **Q17** He is there Monday through Friday and can figure out what you need help with. We are located in Taylor Building. **Q18** Our extension is 7760. This year we also have extended opening hours. We are open both weekdays and weekends. During the week, **Q19, Q20** we are open from 9 to 7 and on Saturdays, from 12 p.m. to 5 p.m.. Fill out a form and if you need to, drop your computer off. We'll get it fixed right away. Thank you all for listening and good luck with your studies.

여러분, 안녕하세요. 여러분 모두 지금까지의 적응 주간이 즐거웠기를 바랍니다. 여러분 모두 꽤 많은 정보를 얻었겠지만 저는 Kudrow 대학의 컴퓨터 정보 제공 서비스(ICS)에 관해 좀 더 알려드리고자 합니다. 저는 어린이들이 그들의 타자기를 가지고 다닐 때를 기억할 만큼 꽤 오랜 시간 이곳에서 일하고 있습니다. 데스크톱이든지, 노트북이든지 컴퓨터는 이제 없어서는 안 되는 것입니다. 컴퓨터는 정말 필요한 것입니다. 학생들이 컴퓨터를 구입하기 위해 재정적인 지원을 필요로 한다면, 저희 학교는 기꺼이 도울 것입니다. 만약 학교가 어떻게 여러분이 컴퓨터를 갖는 것을 도와줄 수 있는지 알고 싶다면, 저희 웹사이트나 ICS 센터를 방문해 주세요. 비록 저희가 '1인 1대 컴퓨터 갖기' 프로그램을 후원하고 있음에도 불구하고 ICS에서 저희의 주 과제는 학생들이 가지고 있는 어떤 기술적인 문제들을 처리하는 것을 돕는 것입니다. 저희는 학생들이 전화해서 그들이 가지고 있는 컴퓨터의 문제를 질문할 수 있는 안내 데스크가 있습니다. 이번 학년에 안내 데스크는 학생들의 컴퓨터와 교내 네트워크를 연결하는 것을 지원합니다. 그런 것을 어떻게 하는지에 대한 교육이 여러분의 교육용 패킷 속에 포함되어 있습니다. 여러분이 보다시피 윈도우 기반의 PC를 연결하기 위한 교육이 애플 컴퓨터보다 더 복잡합니다. 사실 저희는 후자를 추천합니다. 왜냐하면 컴퓨터 운영 체계에서 오는 문제를 해결하는 것이 아니라 학생들이 그들의 학업에 집중하기 좋기 때문입니다. 만약 여러분이 안내 데스크에 전화를 하면, 프린트를 연결하는 방법 등의 도움을 받을 수 있습니다. 무엇보다도 여러분의 컴퓨터에 심각한 문제가 있으면, 컴퓨터를 가지고 와서 서비스를 받을 수 있습니다.

만약 여러분의 컴퓨터에 어떤 문제가 발생한다면, 그 컴퓨터를 어떻게 가지고 와야 하는지를 알려드리겠습니다. 만약 제가 ICS 센터에 없다면, 여러분은 상근 종사자인 Jakob, J-A-K-O-B Bianci에게 물어볼 수 있습니다. Jakob은 컴퓨터 서비스에 수년간의 경험이 있습니다. 언제라도 편하게 그에게 질문하셔도 됩니다. 그는 월요일부터 금요일까지 근무하며, 여러분의 문제를 해결해줄 수 있습니다. 저희는 Taylor 건물에 있습니다. 내선 번호는 7760입니다. 올해 저희는 개장 시간을 연장할 것입니다. 저희는 주중과 주말 모두 개장하고 있습니다. 주중에는 9시부터 7시까지, 토요일에는 정오부터 5시까지 개장합니다. 신청서를 작성하시고, 필요하다면 컴퓨터를 가지고 오세요. 저희가 즉시 수리해 드리겠습니다. 들어주셔서 감사합니다. 그리고 여러분의 학업이 잘 되기를 바랍니다.

so far 지금까지는 **haul** 세게 잡아당기다, 끌어당기다 **typewriter** 타자기 **indispensable** 없어서는 안 되는, 필요 불가결한 **coordinate** ~을 조정하다, 대등하게 하다 **deal with** 다루다, 처리하다 **call in** 잠깐 들르다 **assist** 돕다, 원조하다 **instruction** 교육, 사용 설명서 **best of all** 첫째로, 무엇보다도 **complicated** 복잡한, (이해하기) 어려운 **attendant** 안내원 **figure out** 해결하다 **extended** 연장한, 장기간에 걸친 **opening hours** 영업 시간 **drop off** 내려놓다

Chairman	Good evening, everyone. I hope you've both taken a look at the documents given to you. As student members of the University Chancellor Selection Committee, you will help to select a new chancellor for our university. **Q21** This person will be responsible for the operations, academics, and budget of the university. Today, I want us to talk about getting feedback from other students and about the selection process.
Sarah	OK, so, what exactly will our roles be?
Chairman	You both are full members of the committee representing the interests of the student body. When we go over the applicants for chancellor, **Q22** your votes will count the same as other committee members.
Sarah	The same as other faculty and administrators? OK.
Chairman	Indeed, it is important to have student input in this selection process. That will be part of your duties as committee members, to talk to the student body and get a feeling for what they want in a new chancellor. **Q23** You will report back to me, the committee chairman, and then talk to the rest of the committee. I suggest that you contact the student newspaper and ask them to do some sort of survey. You both can also talk to the heads of various student organizations and gauge their opinions.
Arnold	Alright, what sort of questions should we ask?
Chairman	Well, **Q24** if you know of any issues important to the student body as a whole, you can ask them about that. I know that there was a recent increase in student fees. Since the chancellor is in charge of the budget process, he or she will certainly be involved with that. That is one topic that everyone can be asked about.
Arnold	A question about financial issues? OK. You also mentioned going to different student groups. I was wondering, would that be appropriate? If the chancellor is the head of the whole University, is it that important to ask the opinions of a smaller, individual organization?
Chairman	Definitely, they may be smaller organizations, but they often represent a wide number of students. It would be in the best interests of the school to have **Q25** a chancellor that understands the needs of not just the community as a whole, but of the different parts that make up that whole.
Arnold	I see. I guess it would be best to contact the leadership group of each club and group.
Chairman	Yes, actually, that would probably be the most efficient way to get their opinion.

Chairman	After you get a feel for what the student body thinks, I would like you to create a report for me. As chairman, I am responsible for making sure the different views of the students, faculty, and the administration are heard.
Sarah	So what happens after we submit our report to the rest of the committee?
Chairman	We'll start with the rest of the selection procedures. **Q26** We have an 'open process,' meaning anyone who wants to can apply to be chancellor. That way, we will have the widest available pool to choose from. Of course, the first step will be to narrow down the field of applicants. Looking at their background and work experience, **Q27** we will end up with 15 candidates. There will be further background checks on the remaining candidates. These checks include talking to the references a candidate has listed, as well as asking about them at any previous institution they may have worked at.
Sarah	This is quite a rigorous process, isn't it?
Chairman	It has to be. The chancellor represents the University, so we need the best qualified person. **Q28** After the background checks, we will contact candidates and ask them to come in for an interview before the committee.
Arnold	I remember hearing that we'll also be sitting in on those interviews. It'll be difficult to think of good questions to ask all those candidates.
Sarah	Well, I think the committee as a whole will do that.
Arnold	Ah, OK. That sounds like the best way.
Chairman	Yes, it's quite a rigorous interview process. **Q29** Each candidate will have to come in a second time. The final five candidates will then be asked to come in **Q30** a third time and actually interact with some of the community members here. After the committee chooses the finalist, that one name will be sent to the Board of Trustees to be approved. They will also go over the candidate's material before having an up or down vote on him or her.
Sarah	Then that person becomes the chancellor of the University? It is good to have so many people working together on this. I'm sure we'll find a great chancellor.
Chairman	Yes, actually there are many interesting stories about past selection committees.

Chairman	안녕하세요, 여러분. 여러분에게 드린 서류를 검토하셨기를 바랍니다. 대학교 총장 선출 위원회의 학생 위원으로서, 여러분은 학교를 위하여 새로운 총장을 선출하는 것을 도울 것입니다. 총장은 대학교 운영, 학제 그리고 예산을 책임질 것입니다. 오늘 저는 다른 학생들로부터 피드백을 받는 것과 선출 과정에 관하여 말하고자 합니다.
Sarah	네. 그러면 저희는 정확히 무엇을 하면 되나요?
Chairman	여러분 모두는 전 학생들을 대표하는 위원회의 전 구성원들입니다. 총장 지원자를 검토할 때, 여러분의 투표권은 다른 위원회 구성원들의 투표권과 같은 가치를 지닐 것입니다.
Sarah	다른 교수진들이나 이사들과 동등하게요? 맞나요?
Chairman	실제로 선출 과정에서 학생들의 의견은 중요합니다. 전 학생들과 이야기를 나누고, 새로운 총장에게 바라는 것에 대한 감을 얻는 것이 위원회 구성원들로서 여러분 의무의 일부일 것입니다. 여러분은 위원회 의장인 제게 다시 보고하고, 그리고 나서 나머지 위원들에게 알려줄 것입니다. 저는 여러분이 학생 신문과 연락하고 어떤 종류의 조사를 해야 하는지를 물어보길 제안합니다. 또한 여러분은 다양한 학생 조직들의 대표들에게 질문하고 그들의 의견을 판단할 수 있습니다.
Arnold	네. 어떤 질문들을 해야 합니까?
Chairman	글쎄요. 만약 당신이 전체적으로 전 학생들의 중요한 문제를 알고 있다면, 당신은 그들에게 그것에 관하여 질문할 수 있습니다. 저는 최근에 수업료가 인상된 것을 알고 있습니다. 총장이 예산 진행을 담당하므로 그 또는 그녀는 확실하게 이것과 연관이 있을 것입니다. 이것은 모든 사람들이 물어볼 수 있는 한 가지 주제입니다.
Arnold	재정적인 문제에 관한 질문이요? 네, 알겠습니다. 또한 의장님께서 각기 다른 학생 그룹을 찾아가라고 말씀하셨습니다. 제가 궁금한 것은 이것이 적절한 것인가 입니다. 만약 총장이 대학교 전체의 수장이라면, 더 작고 개별적인 조직의 의견을 물어보는 것이 중요할까요?
Chairman	분명히 그들은 더 작은 조직일 수 있습니다만 그들은 종종 다양한 많은 학생들을 대변합니다. 총장은 대체로 단지 공동체가 아니라 그 전체를 구성하는 다른 부분들의 요구를 이해하도록 하는 가장 관심있는 학교가 될 것입니다.
Arnold	알겠습니다. 각각의 클럽과 그룹의 지도자 그룹과 접촉하는 것이 가장 좋은 방법일 것 같습니다.
Chairman	네. 사실 그것이 그들의 의견을 얻는 가장 효과적인 방법일 것입니다.

Chairman	전 학생들이 생각하는 것에 대한 느낌을 가진 후, 제게 보고서를 제출해 주시기 바랍니다. 의장으로서 저는 학생, 교수진 그리고 경영진이 듣는 다른 관점들을 확인할 책임이 있습니다.
Sarah	저희가 위원회의 나머지 분께 보고서를 제출한 후에는 어떻게 됩니까?
Chairman	저희는 선출 과정의 나머지를 가지고 시작할 것입니다. 저희는 총장이 되기를 원하는 사람이 지원할 수 있는 것을 의미하는 '공개 과정'이 있습니다. 이런 방식으로 저희는 선택할 수 있는 가장 광범위한 집단을 가질 것입니다. 물론 첫 단계는 지원자의 범위를 줄이는 것입니다. 지원자들의 배경과 경력을 보면서 저희는 15명의 후보자로 줄일 것입니다. 15명의 후보자들에 관한 더 많은 배경 확인이 있을 것입니다. 이러한 확인은 후보자들이 이전에 일했던 협회에 그들에 관하여 물어보는 것뿐 아니라 후보자들이 기입한 추천인들과의 대화도 포함됩니다.

Sarah	이것은 꽤 엄격한 과정이네요, 그렇지 않나요?
Chairman	엄격해야만 합니다. 총장은 대학교를 대표하기 때문에 저희는 최고의 적임자가 필요합니다. 배경을 확인한 후, 저희는 후보자들에게 연락해서 위원회 앞에서 면접을 볼 수 있는지를 물어볼 것입니다.
Arnold	저희 또한 그런 면접 자리에 앉아 있을 거라고 들었던 것이 기억납니다. 모든 후보자들에게 물어볼 좋은 질문을 생각하는 것은 어려울 것입니다.
Sarah	글쎄요. 저는 위원회는 대체적으로 그렇게 할 수 있을 거라고 생각합니다.
Arnold	좋습니다. 가장 좋은 방법인 것 같네요.
Chairman	네. 그것은 꽤 엄격한 면접 과정입니다. 각 후보자는 2차 면접에 참석해야만 합니다. 그리고 나서 최종 5명의 후보자들은 3차 면접에서 질문을 받을 것이며, 실제적으로 여기 위원회 구성원들과 상호 작용하게 됩니다. 위원회가 최종 후보자를 선택한 후, 한 명의 이름이 승인을 받기 위하여 이사진에게 보내집니다. 그들은 그 또는 그녀의 당락 여부 투표를 하기 전에 후보자의 자료를 아울러 검토할 것입니다.
Sarah	그러면 그 사람은 학교의 총장이 됩니까? 많은 사람들이 이렇게 함께 일하는 것이 좋습니다. 저희가 뛰어난 총장을 찾을 것이라고 확신합니다.
Chairman	네. 사실 과거 선출 위원들에 관한 흥미로운 이야기가 많이 있습니다.

chancellor 총장, 학장   **faculty** 학부의 교수단, 학부   **qualified** 자격 있는, 적임의   **take a look at** ~을 훑어보다   **committee** 위원회, 위원(전원)   **interest** 주장을 같이 하는 사람들, 동업자들   **applicant** 후보자, 신청자   **count** 가치가 있다, 중요하다   **administrator** 행정관, 행정 능력이 있는 사람   **input** 투입   **get a feeling** ~이라는 느낌이 들다   **head** 수석, 우두머리   **gauge** 판단하다, 평가하다   **as a whole** 전체로서, 총체적으로   **in charge of** ~을 맡아서, 담당해서   **involve** 관계(관련)시키다   **administration** 관리자측, 경영진   **narrow down** 좁히다, 요약하다   **end up with** 끝나다, 마침내는 ~되다   **remain** 남다, 잔존하다   **reference** 관련, 언급   **rigorous** 정확한, 엄밀한   **come in** 도착하다   **interact** 상호 작용하다   **finalist** 결승전 출장 선수   **up or down vote** 부동표

Teacher   Hello, everybody. How are you all doing? We are going to have a presentation done by **Example** Yuri today. She is going to tell us about an art project she did while at her last teacher training session. Yuri?

Yuri   Thank you so much. Yes, **Q31** I was at Arlington Elementary School for the months of November and December. I taught several periods of 5th grade classes during my time there. Since it was the holiday season, I chose to do some craft projects with the kids. They are not hard. **Q32** Cleaning up after the projects is easy and the materials can be found anywhere. To do this, you first have to give reasons to the kids about why they are making holiday decorations. You can tell them that during this time of year, there are several traditions that different groups of people celebrate. The one I am going over is general in nature and can be used in any of them. In one project, we started with paper bags. With a pencil we then drew the outline of our holiday decoration. **Q33** The outline has to be entirely within the borders of the paper bag, and also must generally be circular in shape. Once the outline was drawn, we carefully used craft scissors to cut the bag along the pencil outline. Since this was done on the paper bag, everyone should have ended up with two pieces of paper that are the same exact shape but are mirror images of each other. For the next part, we used thick cardboard. Posterboard or styrofoam can also be used. We took one of our paper bag shapes and traced the outline onto the cardboard. Using the craft scissors again, we made **Q34** a piece of cardboard similar in shape to our paper bag cutouts. After that step, we proceeded to the rest of the project.

Yuri   To finish up the project, we have to affix the paper bag cutouts to the cardboard. Any sort of adhesive can be used but I prefer to give my kids glue sticks. **Q35** Liquid glue can be quite messy, and with glue sticks it is easier to control the amount of adhesive used. After attaching the two cutouts to both sides of the cardboard, we waited a little bit to let the glue dry. In that time, I prepared the various materials necessary for personalizing their decorations. These included color markers, gold and silver glitter, different colors of yarn, felt pieces, ribbon, and buttons. **Q36** I told my students that their decoration could not use more than three different materials. One reason for this was aesthetic using too many different kinds of materials would result in a tacky decoration. The other reason was practical **Q37** for everyone there would be enough materials to share. As you can see I've brought some of the decorations my kids made to show you what the final results are. **Q38** Martin chose to use only the markers, and only two colors at that, but created really nice geometric stripes on his holiday decoration. **Q39** Lydia used three different types of material, the ribbon, buttons, and pieces of the black felt, to create a decoration that looked very much like an animal. The last one I want to show you is really great, and surprised me with it's creativity, **Q40** using just different lengths of colored yarn, Judy made a very convincing holiday landscape on her decoration. You can easily make out the hills and trees of what looks like a rural area. Well, I hope this presentation was useful. Thank you for your time.

Teacher   Wow, that was great Yuri. I think the other teachers will definitely learn something from this.

Teacher 안녕하세요, 여러분. 모두 잘 지내고 있나요? 우리는 오늘 Yuri가 준비한 발표를 들을 것입니다. 그녀는 지난번 교사 연수 기간 동안 했던 미술 과제에 대해 우리에게 발표할 것입니다. Yuri?

Yuri 대단히 감사합니다. 저는 11월과 12월에 Arlington 초등학교에서 근무했습니다. 저는 그곳에서 일부 5학년 수업을 했습니다. 휴가 기간이었기 때문에 저는 어린이들과 공예 과제를 하기로 선택했습니다. 공예 과제는 힘들지 않습니다. 과제 이후에 청소하는 것은 간단하고, 재료는 어디에서든 찾을 수 있습니다. 이 과제를 하기 위하여 여러분은 먼저 어린이들에게 왜 그들이 휴일 장식품을 만들어야 하는지에 대한 이유를 제시해야 합니다. 여러분은 그들에게 이번 기회에 다른 부류 사람들이 거행하는 몇 가지 전통이 있다는 것을 그들에게 말해줄 수 있습니다. 제가 면밀히 조사하고 있는 한 가지는 사실상 일반적이고 그들 누구에게도 이용될 수 있습니다. 한 가지 과제에서 저희는 종이 가방을 가지고 시작했습니다. 연필로 휴일 장식의 윤곽선을 그렸습니다. 윤곽선은 종이 가방의 경계선 내에 완전하게 있어야 하고 대체로 둥근 모양이어야 합니다. 일단 윤곽선이 그려지면, 저희는 조심스럽게 연필로 그린 윤곽선을 따라서 공작용 가위를 사용해 가방을 오렸습니다. 이것은 종이 가방에 하는 것이기 때문에 모든 어린이들은 똑같은 모양이지만 서로 대칭 이미지인 종이 2조각의 끝을 맞춰야 합니다. 다음 부분에서 저희는 두꺼운 마분지를 사용했습니다. 포스터보드나 스티로폼도 사용할 수 있습니다. 저희는 종이 가방 모양들 중 한 가지를 골라서 마분지에 윤곽선을 그렸습니다. 공작용 가위를 다시 사용해서 종이 가방에서 오려낸 것과 유사한 마분지 조각을 만들었습니다. 그 다음 저희는 그 과제의 나머지를 계속했습니다.

Yuri 과제를 마치기 위해 저희는 종이 가방에서 오려낸 것을 마분지에 붙여야 합니다. 어떤 종류의 접착제도 사용될 수 있지만 저희는 어린이용 딱풀을 선호합니다. 액체용 풀은 좀 지저분할 수 있으며, 사용되는 접착제의 양을 조절하기가 딱풀이 더 용이합니다. 마분지의 양 옆에서 오려낸 것들을 붙인 후 저희는 풀이 마르기를 조금 기다렸습니다. 그때 저는 개별적인 장식에 필요한 다양한 재료를 준비했습니다. 이것은 여러 색깔의 마커, 금색과 은색의 반짝이, 다른 색깔의 마, 펠트제 조각들, 리본 그리고 단추입니다. 저는 어린이들에게 그들의 장식은 세 가지 이상의 다른 재료를 사용할 수 없다고 말했습니다. 이것의 한 가지 이유는 심미성 때문이었습니다. 너무 많은 다양한 종류의 재료를 사용하는 것은 볼품 없는 장식이 될 수 있습니다. 또 다른 이유는 실질적인 것이었습니다. 모든 아이들이 재료를 충분히 나눠 써야 했기 때문입니다. 보시다시피, 마지막 결과가 어떤지 보여주기 위해서 저희 아이들이 만들었던 장식품을 가지고 왔습니다. Martin은 마커만을 골랐고, 단지 두 가지 색깔로 그의 휴일 장식에 정말 멋있는 기하학적인 줄무늬를 만들었습니다. Lydia는 리본, 단추, 그리고 검은 펠트 조각의 세 가지 다른 종류의 재료를 사용해서 동물처럼 보이는 장식을 만들었습니다. 제가 여러분에게 보여 드리고 싶은 마지막 작품은 다른 길이의 색깔을 가진 실을 사용한 것으로 그 창조성에 저는 정말 놀랐습니다. Judy는 매우 활기찬 휴일 풍경을 그녀의 장식에 만들어 넣었습니다. 여러분은 시골 지역처럼 보이는 언덕과 나무를 쉽게 만들 수 있습니다. 음, 저는 이 발표가 유익했기를 바랍니다. 경청해 주셔서 감사합니다.

Teacher 정말 대단합니다, Yuri. 다른 선생님들도 이 발표로부터 확실하게 무언가를 배울 거라고 생각합니다.

clean up 깨끗이 청소하다　**celebrate** 거행하다, 축하하다　**in nature** 사실상, 현실적으로　**paper bag** 종이 봉지　**outline** 윤곽, 외형(선)　**entirely** 완전히　**circular** 원의, 원형의　**in shape** 형상은　**trace** 그리다, 긋다　**cardboard** 판지, 마분지　**cutout** 오려내기　**finish up** 끝마치다　**adhesive** 접착제　**glue** 접착제　**affix** 첨부하다　**glitter** 반짝반짝 빛나다　**yarn** 직물 짜는 실　**aesthetic** 심미적인　**result in** 끝나다　**tacky** 초라한, 볼품 없는　**geometric** 기하학의　**creativity** 창조성, 독창력　**make out** 기초하다, 작성하다　**useful** 유익한